国际营销实务

李尔华 杨益新 主编

北京大学出版社
PEKING UNIVERSITY PRESS

图书在版编目(CIP)数据

国际营销实务/李尔华，杨益新主编. —北京：北京大学出版社，2005.8
(高职高专国际商务系列教材)
ISBN 978-7-301-09321-4

Ⅰ. 国… Ⅱ. ①李… ②杨… Ⅲ. 国际市场—市场营销学—高等学校：技术学校—教材
Ⅳ. F740.2

中国版本图书馆 CIP 数据核字(2005)第 069785 号

书　　名：国际营销实务
著作责任者：李尔华　杨益新　主编
责 任 编 辑：张慧卉　郝向菊
标 准 书 号：ISBN 978-7-301-09321-4/F · 1146
出 版 发 行：北京大学出版社
地　　址：北京市海淀区成府路 205 号　100871
网　　址：http://www.pup.cn　电子邮箱：em@pup.pku.edu.cn
电　　话：邮购部 62752015　发行部 62750672　编辑部 62752926　出版部 62754962
印　刷　者：北京飞达印刷有限责任公司
经　销　者：新华书店
787 毫米 × 960 毫米　16 开本　17.5 印张　405 千字
2005 年 8 月第 1 版　2010 年 2 月第 5 次印刷
定　　价：26.00 元

内容简介

本书是根据《教育部关于加强高职高专教育人才培养工作的意见》教高[2000]2号文件精神，为落实高职高专"国际商务"试点专业教育教学改革方案而编写的，适合高等职业院校国际商务专业学生使用。

全书共分为五个部分。第一部分介绍了国际营销的产生、特点和意义；国际市场的形成、特点和发展趋势。第二部分对国际营销的环境进行了分析；讨论了国际营销调研的有关问题。第三部分是国际营销决策，主要包括国际市场购买行为分析、市场细分和目标市场定位等问题。第四部分为国际营销策略，包括产品策略、价格策略、分销策略和促销策略。第五部分对国际营销活动的组织与控制作了介绍。为了方便学生自学，提高其实践技能，每章后还附有练习题、案例分析和技能实训题。

作者简介

李尔华，男，教授。1944 年 生于浙江杭州，1965 年毕业于浙江工业大学，在企业工作多年。1981 年考入清华大学经济管理学院攻读管理专业研究生，毕业后在北京市经济管理干部学院历任企业管理系副主任、工商管理系主任、经济贸易系主任及研究生部主任。1990 年作为访问学者赴联邦德国科隆大学以及科隆经济局研修考察。发表论文多篇，编著有《企业管理总论》、《现代经营管理全书》、《现代工商企业管理学》、《现代企业管理》、《国际市场营销学》、《跨国公司经营与管理》等书。

丛书编写说明

高等职业教育是我国高等教育体系的重要组成部分。深化高职教育改革，以服务为宗旨，以就业为导向，以培养高技能人才为目标，是满足社会发展和经济建设需要，促进高职教育持续健康发展的关键环节。为此，教育部启动了“新世纪高等教育教学改革工程”，在高职高专教育中开展专业教学改革试点工作，并分两批组织实施了《新世纪高职高专人才培养模式和教学内容体系改革与建设项目计划》。北京市经济管理干部学院的国际商务专业是北京市高职高专教育教学改革试点专业，也是教育部《新世纪高职高专教育人才培养模式和教学内容体系改革与建设项目计划》第二批批准立项的《高职高专教育财经类专业人才培养规格和课程体系改革、建设的研究与实践》(Ⅱ15—1)项目中重点研究和推广的优秀专业。“高职高专国际商务系列教材”正是几年来该试点专业根据高职教育培养目标的要求，在实践中进行教学内容和课程体系改革的成果。

“高职高专国际商务系列教材”的编写，坚持以就业为导向，以职业能力为本位，按照岗位要求设置课程、整合教学内容的指导思想，力求在建立完善的基本理论知识体系的同时，强化智能结构、知识结构对开发学生潜能的影响。该系列教材涵盖了国际商务及相关专业的骨干课程，旨在构建以核心职业能力培养为主线的理论与实务相结合的特色鲜明的课程教材体系。该系列教材在体例上力图新颖，各章前设“导读”，中间设“思一思”、“议一议”，章后设“本章小结”、“案例分析”、“思考与练习”、“技能实训”；在内容上，充分反映时代特点及国外同类教材之优点，并将学习、探究、实训、拓展有机结合，使大学生在学习知识的同时，自主学习能力得到提高。

“高职高专国际商务系列教材”是身处教学改革第一线的教师们，在深入研究高职教育思想，广泛汲取国内外优秀教材精华的基础上，以创新的意识和大胆改革、勇于实践的精神，经过集体研讨、反复试验而编写完成的。我们期待着这一成果能为推动高职教改作出贡献。我们国际商务高职试点专业的教学改革还在不断深入进行，这一系列教材能否得到广大老师和学生的认可，还有待在实践中检验。我们真诚地欢迎老师和同学们提出宝贵意见。

本系列教材不仅可作为高职高专财经类专业的教材，也可作为高职高专财经类大学生的自学用书。

课题组

2004 年 12 月

前言

经济全球化的发展，要求企业面对全球市场。如何根据国际市场的特点，运用好国际营销的理论，更好地掌握国际营销技能，制定科学的国际营销决策，已成为各国企业需要共同面对的问题。

我国加入 WTO 已经三年多了，这几年来，我国开始全面参与经济全球化进程，我国的不少企业在大力发展进出口贸易的基础上，进一步在海外投资兴办企业，利用国际资源，开展国际化经营。事实证明，我国企业只有走出去，才能更好地利用世贸组织成员国应有的权利，才能更好地迎接挑战，获得新的发展机遇。

在发展国际贸易，进行海外投资的同时，我国企业的国际营销活动也日益增多了。国际营销是商品经济高度发展的产物，它是随着国际市场的形成和国际经济交往的增加而逐步发展起来的。国际营销学是市场营销学的分支，是近几十年才建立起来的一门新兴的学科。它有自己的研究对象、内容体系和研究方法。国际营销学作为一门独立的学科，首先产生于西方发达国家，这也是必然的现象，因为这是国际范围内经济活动实践提出的客观要求。它一经产生，就显示出很强的生命力，对企业的国际营销活动起到了有力的指导作用。

面对经济全球化不断加强的新形势，深入学习和研究国际营销学，对于从事国际商务实际工作的人们或学习国际商务专业的学生来说都是十分必要的，因此，我们编写了《国际营销实务》一书。在本书的编写过程中，我们参考了当前最新的国际营销方面的相关书籍和资料，并结合我国企业开展国际营销的实际情况，力求使本书更具有系统性、实用性和可操作性。

首先是系统性。在本书的构思过程中，从整体设计和具体选题，到内容结构和章节安排，都尽可能做到条理清楚，层次清晰，力求系统、严密。

其次是实用性。为了适合广大高等职业院校学生和实际工作者的需要，便于他们学习、理解理论知识和提高实践技能，本书力求实用并具有针对性。一方面，在对具体理论的说明上，争取做到深入浅出，通俗易懂，并适当运用实例加以说明。另一方面，在各章最后都附有案例及讨论题供学生进行分析和讨论。选用案例时，尽量注意了案例的内容与各章述及的内容的相关性，以利于学生巩固所学的知识。

再次是可操作性。根据教学目标和实际工作的需要，本书还注重内容的可操作性。对于如何进行市场调查、市场分析以及在不同的市场环境下如何正确地综合运用产品、价格和分销策略，如何选择有效的促销手段和管理方法等，都结合例证进行了具体阐述，以便学生在以后的工作中能尽快进入状态。

本书的内容自然地分为五个部分。第一部分是国际营销概述，主要包括第一章国际营销导论，介绍了国际营销的产生、国际营销的特点和意义、企业的国际化经营与国际营销；第二章国际市场分析，介绍了国际市场的形成、特点和发展趋势。第二部分是国际营销环境的分析，主要包括第三章国际营销环境，叙述了国际营销的社会文化环境、政治法律环境、经济和人口环境的分析；第四章国际营销调研，讨论国际营销调研的方法、机构和调研活动的组织。第三部分是国际营销决策，主要包括第五章国际市场购买行为分析和第六章国际市场细分与市场进入，主要解决企业是否需要进入国际市场，进入哪些国家目标市场的问题。第四部分讨论的是国际营销策略问题。其中第七章为国际市场产品策略，它是其他营销策略的基础，也是营销策略组合中最重要的策略。第八章为国际市场价格策略，企业通过价格的制定来面对复杂的国际市场竞争环境，实现企业的预期利润。第九章是国际市场分销策略，第十章是国际市场促销策略。分销和促销也是企业国际营销策略组合的重要组成内容，分销策略主要解决产品如何从一个国家或地区的生产者转移到另一个国家或地区的消费者手中的问题；而要实现产品的这一转移还有赖于强有力的促销。企业要实现国际营销的目标，还必须对国际营销活动进行组织和控制，因此，第五部分的内容是国际营销管理，这部分的内容在书中的第十一章作了相应的叙述。

全书由李尔华、杨益新担任主编，王勤、林子祥参编。具体分工为：李尔华编写了第一、二、三、四、五、六章；杨益新编写了第七、八、九章；王勤编写了第十章；林子祥编写了第十一章，最后由李尔华统纂定稿。

本书是根据《教育部关于加强高职高专教育人才培养工作的意见》教高[2000]2号文件精神，为落实高职高专“国际商务”试点专业教育教学改革方案而编写的，适合高等职业院校国际商务专业学生使用。

在编写过程中吸取和引用了国内外有关专家学者的研究成果，在此一并表示感谢。由于笔者水平有限，书中难免存在不足及疏漏之处，敬请读者批评指正。

编 者

2005年4月

目录

第一章 国际营销导论

【导读】进入21世纪，随着经济全球化的发展和跨国公司在世界经济舞台上发挥越来越重要的作用，无论是发达国家还是发展中国家，都十分重视商品进出口、对外直接投资、承包工程、劳务合作、境外加工贸易等活动，企业经营活动的国际化已成为世界潮流。我国加入WTO以后，企业与世界各国的经济和文化往来也日益增多。如何有效地开拓国际市场，如何在国际市场上搞好经营与销售，如何在激烈竞争的国际市场上站稳脚跟、竞争制胜，已成为国内企业普遍关注的问题。

本章首先介绍了国际营销的含义，讨论国际营销与其他相关概念之间的联系与区别，然后介绍企业国际营销活动的动因及国际营销观念的演进和国际营销活动的基本形态，最后讨论了企业国际化经营的作用以及国际化经营与国际营销的相关策略。

第一节 国际营销的基本概念

一、国际营销

"市场"(market)一词来源于拉丁文"mercar"，其含义是"购买或交易"(to buy or trade)；而"mercar"一词又来源于"merx"一词，其含义为"商品"。所谓市场，就是出售或交易商品或服务的场所。现代社会中，市场的范围极为广泛，从一块互换农产品的露天场地，到一个完整的经济体(如欧盟市场)，或者仅仅是一种商业功能(如股票市场)，都可称之为市场。

市场营销(marketing)是指在不断变化的市场环境中，以发展消费者需求为起点，以满足消费者需求为目标，以系统的产品销售或劳务提供为手段，实现企业目标的一系列企业整体活动。它立足于全方位的思考，以系统的方法和策略达成销售，把销售作为一个更完整、更庞大的经营体系中的一个环节。

国际营销(international marketing)是指企业根据国外消费者和用户的需求，提供商品或劳务以满足这些需求的一切活动，是企业为了向国际市场推销商品及劳务而组织的整体经营活动。美国国际营销学者菲利普・R. 卡特奥拉(Philip R. Cateora)认为："国际营销是超越一个国家推行一些商业活动，使产品或劳务得以传递到消费者或用户，以获得利润的行为。"另一位知名学者米高・R. 史高达(Michael R. Czinkota)将国际营销解释为："国际营销是有关策划及执行通过国界的交易，目的是满足个人或机构的需要。"

二、国际营销与国内营销的联系和区别

国际营销是在市场营销的基础上发展起来的。作为市场营销学的不同分支，国际营销与国内营销既有联系，又有区别。

(一)国际营销与国内营销的联系

1．基础的共同性

国际营销与国内营销都以经济学的基本原理作为理论基础。现代管理学、统计学、数学、会计学、社会学、心理学等诸多学科的内容，既可以指导国内营销活动，又被广泛应用于国际营销活动之中。

2．观念的一致性

在当代经济活动中，国际营销观念与国内营销观念基本上是一致的，都以"市场观念"作为指导原则，以满足消费者和用户的需求为中心。所谓满足需求，一是指满足消费者和用户对商品或服务在使用价值上的需求；二是指满足消费者和用户的心理需求。由于观念的一致性，企业的国内外营销活动也具有一致性，即企业在国内外营销活动中都必须做到：(1) 企业生产、销售产

品与服务都要有自己的目标市场，即要有特定的用户作为自己的买主；(2) 企业提供的产品和服务，无论在物质功能上还是在价值观念上，都要满足目标市场的需求；(3) 企业销售产品与服务在时间、地点、方式、价格等方面，都必须便于顾客购买；(4) 及时为顾客提供信息和满意的售后服务，以满足现实顾客和潜在顾客对商品和服务的多种需要。

3．经营的延伸性

在经营上，国际营销与国内营销往往存在一定的联系。就其经营发生的过程来看，国际营销是国内营销的延伸。粗略说来，企业先从事国内营销，再逐渐发展到国际营销。也就是说，企业发展国际营销，一般都有一个渐进的过程。这一渐进过程可分为四个阶段：(1) 企业旨在面向国内市场，企业的经营方针、发展战略和销售组合策略，都以国内市场需求为导向，仅有部分产品由出口商销往国际市场。(2) 企业以国内市场为主，但遇有国内市场疲软、销售不景气时，则向国外市场寻求销路，伺机打入国际市场。(3) 随着企业进入国际上的目标市场，已能够及时捕捉国际市场信息，企业开始为满足国际市场需求安排生产、组织销售，以便能将越来越多的产品投入国际市场。(4) 在上述阶段的基础上，随着生产力的发展、先进技术的采用、企业规模的扩大、经济实力的增强和国际营销经验的积累，企业有条件主要面向国际市场，甚至在全球进行跨国营销，进行国际化营销活动。从这一渐进过程可以看出，企业一般先从国内经营开始，然后逐渐向国际市场扩展，并不断扩大国际营销的范围。由此可见，国际营销与国内营销在经营上是有一定联系的。

(二) 国际营销与国内营销的区别

国际营销与国内营销的区别主要表现在以下四个方面。

1．国际营销面临的市场环境更加复杂

国际营销比国内营销面临的市场环境更加复杂。国内营销在本国范围内进行，面临的是一种相对比较单纯的市场环境结构，它由企业比较熟悉的国内政治、经济、法律、文化等因素构成。国际营销所面临的市场环境则是多层次的复杂结构。这是因为，凡是从事国际营销的企业，都不可避免地要受到整个世界的市场环境的影响。这就要求企业首先要面对世界市场环境，包括当今世界政治、军事、经济、科技等诸多方面；同时，企业还要面对他国的市场环境，因为无论企业进入哪一个国家的市场，都要直接受到该国特定市场环境的影响。各国都有特定的政治制度、经济结构、法律规范、文化传统、消费习惯等。当企业不只是进入一个国家或地区而是进入两个或更多的国家和地区时，就要面临一个多重的、更加复杂的市场环境结构。企业进入的境外市场越多，所面临的市场环境就越复杂。

正因为如此，企业在正式进入国际市场以前，决策要慎重。需考虑的问题主要有：(1) 要不要进入国际市场开展国际营销活动；(2) 要进入哪些国际市场、哪个行业，销售什么产品，也就是要进行市场选择；(3) 采用什么方式进入目标市场；(4) 市场营销组合的规划和选择；(5) 进行哪些市场调研及作出相应的决策；(6) 组建国际营销组织机构，选派合格的营销人员。

2．国际营销面临的不确定因素更多

主观认识与客观实际的矛盾，加之客观过程的多变性，使得市场存在众多不确定因素。又由于国际市场比国内市场更为复杂，所以，对企业来说，国际市场比国内市场有更多的不确定因素。这些不确定因素主要表现在：(1) 与国内市场相比，国际市场对本企业产品的总需求量更加难以调查和预测。(2) 企业不易深入了解国际市场中谁是自己产品的购买者，往往只能通过中间商间接了解，一般消费品更是如此。因此，对本企业产品的市场需求变化趋势，以及消费者的购买动机、消费心理、对产品的评价等方面，都很难确定。(3) 在国际市场上竞争对手如林，当本企业的产品进入国际市场时，企业难以及时、准确地了解竞争对手的反应。(4) 本企业产品新进入某国市场时，很难确定一个合理的价格。因为要确定一个既让消费者愿意接受又让企业有利可图的价格，需要进行大量市场调研，而跨国进行市场调研难度较大。(5) 面对国际市场，企业难以选择比较合适的广告媒体和广告工具。即使选择了一种广告媒体和广告工具，对其经济效益和社会效果也难以迅速作出准确的评价，因为各国间的民族习惯和文化传统有很大的差异。(6) 由于不同国家市场的批发环节、零售结构、购买习惯、竞争者对营销渠道的垄断、有关法规对营销渠道的种种限制等因素各不相同，这就使得国际市场营销渠道的选择与控制也比较难以确定。所有这些，会给企业的国际营销活动带来种种不确定因素。

3．国际营销面临的营销方案选择更加多样

这主要是指国际营销方案的选择比国内营销更具多样性，从而也更加困难。企业在国内市场进行营销时，虽然也需对不同地区、不同目标市场制定不同的方案，采取不同的策略，甚至利用不同的促销方式，但企业的整体方案是一致的。然而，企业在国际营销活动中，其营销方案则具有多样性。这是因为国际市场是由不同国别的市场共同组成的，不同国别市场的差异显然远远大于国内不同地区市场之间的差异。企业在不同国别市场上销售自己的产品，不可能采用统一的营销方案，而必须为所在国市场分别制定不同的方案。比如，我国的纺织品企业要向日本、美国、中东分别推销自己的产品，就必须针对不同市场制定不同的产品策略、价格策略、促销策略等，从而使企业的国际营销方案具有多样性。

不仅如此，国际市场还比国内市场更为复杂，这种复杂性因素又经常变动，如国际政治局势，不同国家经济政策的调整，等等。而且，这些多变的政治、经济因素很难预测。国际营销环境的多变性，迫使企业的营销方案更具多样性；国际市场营销环境变化的难以预测性，也增加了制定营销方案的难度。

4．国际营销面临的营销难度更大

除了国际营销中的复杂性、不确定性和营销方案的多样性等因素的影响外，还有诸多因素使得国际营销比国内营销更加困难。这些因素有：(1) 国际经营具有更大的风险。近年来，国际上政局多变、汇率波动频繁、投机活动猖獗、国际诈骗增多等，都增加了国际营销的风险。(2)国际市场上的竞争激烈。国际市场上买方市场的市场格局更复杂，竞争对手的竞争策略更高明，市场的竞争空间更狭窄，突破所在国的种种贸易保护措施更困难。所以，在当今国际市场上，卖方之间除展开价格竞争之外，更注重展开非价格竞争，采用以优取胜、以信誉取胜、以方便取胜、以服务取胜、以满意取胜等多种手段和策略。(3) 国际营销对营销人员的要求更严格。它要求营销人员了解国际市场的形成和发展趋势；掌握国际市场调查、市场可行性分析和市场预测的方法；熟知国际营销中长期形成的国际惯例和有关法规；熟悉所在国的市场环境，以及所在国的风俗习惯；能灵活运用国际产品策略、价格策略、促销策略并灵活选择销售渠道；具有一定的外语水平；等等。所有这些，都增加了国际营销的难度。

三、国际营销与国际贸易的联系与区别

国际营销的研究对象与国际贸易的研究范围是有一定的联系的，所以，在实际工作中，有人往往把国际营销与国际贸易混淆起来。事实上，二者还是有很大的差别的。

(一)国际营销与国际贸易的联系

二者之间的联系主要表现在：它们都是在国际市场上从事经济活动；它们都是在商品和劳务方面互通有无；国际贸易的有关理论，如比较利益理论等，在国际营销中也有一定的参考价值。

(二)国际营销与国际贸易的区别

国际营销是从微观出发，研究一个企业怎样进行跨国界的营销活动；国际贸易是从国家整体出发，研究一个国家的进出口问题。它们之间具体的差异可归纳如下。

1．经营主体不同

国际营销的经营主体是企业，包括生产企业和经营企业，其中主要是生产企业，生产企业中包括国际性生产企业和国内生产企业。国际贸易的经营主体一般是一个国家的政府或对外贸易部门或对外贸易公司。

2．经营动力不同

国际营销的经营主体是企业，企业作为自主经营、自负盈亏的经济实体，它从事国际营销活动的动力是利润。最大限度地获得利润，是企业经营活动追求的目标。国际贸易的动力则是比较利益。由于各国资源条件不同，所以各国在生产同一种商品的成本费用上存在很大差异，这样，以较少的资源从他国换取一定商品，或以一定的资源从他国换取更多的商品便成为可能。这种贸易比较利益的存在，是国际贸易得以进行的原动力。

3．信息来源不同

市场信息是商品经济的产物。在现代经营活动中，掌握一定的市场信息是开展经营活动的前提。不同的经济活动有不同的信息来源渠道。国际营销信息的主要来源，是企业账户、企业营销

方面的记录和客户情况调查表等；国际贸易信息的主要来源，是国际收支表。

4．经营内容不同

国际营销不需要在国与国之间进行商品运输就可以开展业务活动。因为国际营销既可以是本国生产，国外销售；也可以是在国外某一国生产，在另一国销售；还可以是国外生产，当地销售。其中后一种国际营销活动，显然无需在国与国之间进行商品运输。据统计，在美国这种国际营销活动的贸易总额比其出口贸易总额要高出数倍，可见这种国际营销方式的重要性。而在国际贸易中，商品在国与国之间的运输是不可避免的。此外，国际营销包括市场环境分析、市场细分、目标市场选择、营销组合策略等一系列比较具体的营销内容。而国际贸易主要是指商品买卖过程。

5．业务范围不同

国际营销主要是开拓国外市场，开发市场需要的产品，销售企业的产品或服务。它的业务范围十分广泛，可以是在独立的企业之间进行交易，也可以是在跨国公司之间、母公司与子公司之间以及在子公司之间进行交易。因此，公司的国际性交易即使跨越国界，仍可能是在一个公司的范围内进行。而国际贸易则是在国与国之间，至少是独立的个体之间进行的交易。

总之，国际营销是国内营销跨国界的延伸，国际营销的这种跨国性，大大增加了它的复杂性、多变性和不确定性。

第二节　国际营销观念的演进与发展

一、企业走向国际市场的动因

企业开展国际化经营是由企业的内部因素或外部因素推动的。内部因素可能是管理者发现而且理解了国际市场的价值并决定追逐国际市场的机遇，或者是企业内部发生的事件推动企业走出国门。外部因素主要指海外对产品的需求，其他企业向国外扩展市场，商务活动强化了企业国际营销意识，出口代理商及政府的努力等。归纳起来有以下几点：

(一)国内市场需求饱和及市场竞争激烈

经济全球化及国内市场经济的发展，使各国经济、技术及文化日益交融在一起。如今，各国的大部分企业的经营活动已被纳入全球经济范围，每个企业都不可避免地要在全球市场中参与竞争。

国内市场经济的发展，一方面使企业为市场提供日益丰富的产品数量和品种；另一方面，广大消费者收入提高，对产品的选择更加挑剔，国内市场也日趋饱和，企业之间为实现产品销售的竞争激化。由于经济全球化，又使众多的国外产品迅猛地进入国内市场，从而使原已饱和的国内市场竞争更加激烈。企业要生存和发展，就必须寻求新的市场，国际市场的开拓是寻求新市场的重要途径之一，这是当今大多数企业从事国际营销的主要动因。

(二)国际市场的吸引力

使企业进入国际市场的另一动因是国际市场的吸引力，即国际市场存在着的大量潜在需求。许多发达国家人口虽少，但GDP很高，市场规模很大，颇具吸引力；许多发展中国家目前虽然还不富裕，但是人口众多，也存在着很大的潜在市场需求。

(三)政府鼓励与支持企业出口的政策

政府实施鼓励与支持企业出口的政策是促使企业走向国际市场开展国际营销的巨大推动力。政府实施的鼓励与支持主要包括：(1) 税收政策，如减税、退税；(2) 金融货币政策，如低息贷款、担保贷款、出口价格补贴；(3) 为企业提供服务，如提供外贸咨询，提供国际市场信息等。所有这些支持均有利于增强企业的国际市场竞争实力。

(四)科学技术的发展为企业开展国际营销提供了物质前提

任何企业走向国际市场，都离不开交通运输及通讯工具。随着科学技术的发展，出现了先进的交通工具和通讯工具，从而使国与国之间地理上、时间上和文化上的距离大大缩短。这使企业更容易走向国际市场，使企业能够在更广泛的范围内销售产品。通讯工具的现代化，尤其是国际互联网的发展，使国际营销突破了时空的限制，并使企业能快速准确地捕捉国际市场信息。

(五)我国企业走向国际市场的动因

1．国内市场竞争激烈

我国实行改革开放二十多年来，经济迅猛发展，近几年来，出现了国内市场供过于求的买方市场格局。这既是国内生产力发展的结果，也是某些行业重复引进及重复生产引起的产业结构及产品结构的不合理造成的。此外，我国加入WTO以后，由于降低关税和取消商品的配额限制，国外商品大量涌入国内市场，使国内市场呈现出饱和状态，为实现产品的销售目标，许多企业特别是实力较雄厚的大企业都在积极寻求向国际市场拓展的机会。

2．获取国外先进科学技术及先进的管理技术

我国属发展中国家，要顺利地过渡到经济发达国家，需要获取先进的科学技术及先进的管理技术。发展我国的经济，一方面主要通过国内自力更生，另一方面则要通过对外贸易与经济合作途径，了解、学习和引进国外先进科学技术及先进的管理技术。开展国际营销是我国企业了解和掌握国际市场信息、国外先进科技及先进管理技术的重要途径。

3．国际市场有更高的利润空间和盈利机会

企业开展国际营销可以为国家创收大量外汇，企业自身也可以获得更高的利润、创造更多的盈利机会，同时扩大了销售量，也实现了规模经济。

与此同时，开展国际营销的企业还可以避开目标市场的关税、配额等贸易壁垒，接近目标市

场，更直接地获取信息。以上种种因素，促成了我国企业“走出去”，进入国际市场。

二、国际营销观念的演进

国际营销观念的演进。大致可分为形成时期、应用时期和发展时期三个阶段。

(一)形成时期

从19世纪末到20世纪30年代，美国等西方工业国家先后完成了工业革命，生产迅速发展，城市人口增加。例如，美国在20世纪20年代初城市人口就已经超过农村人口。城市化趋势导致人们对商品的需求大量增加。在这一时期，市场以卖方市场为主要特征，不论卖方生产什么产品，都卖得出去，因而，这个时期的企业只关心如何增加生产、降低成本，企业营销的主导观念就是生产观念。

在生产观念指导下，企业认为，顾客可以接受任何买得到和买得起的产品，企业的主要任务理所当然地就是努力提高生产效率，扩大生产规模，降低生产成本，争取多获利润。这种观念的特征就是只考虑企业自身，即“我能生产什么产品，就销售什么产品”，而不考虑人们的需求是否得到满足。例如，美国福特汽车公司的创办人亨利·福特(Henry Ford)就曾说过：“不管顾客需要什么，我的汽车就是黑色的。”因为当时汽车供不应求，清一色的黑色汽车照样畅销。除了美国以外，其他西方工业国家如英国、德国、法国以及日本的大多数企业也持同样的观念。可见，生产观念是典型的“以产定销”。

为了提高劳动生产率，20世纪初期，美国工程师泰罗(Frederick Winslow Taylor)所著《科学管理原理》一书出版。由于他提出了生产管理的科学理论和方法，符合企业主的要求，因而受到普遍重视。许多企业推行泰罗的“科学管理方法”后，生产效率大大提高，产品逐渐丰富起来，打破了卖方在市场上为所欲为的局面。在这种情况下，少数较有远见的企业主在管理上开始重视开辟销售渠道和研究推销技巧。同时，一些经济学者也根据企业销售活动的需要，开始从理论上研究商品销售问题。1912年，美国哈佛大学的赫杰特齐(T. E. Hegertg)经过潜心研究，写出了第一本以“marketing”命名的教科书。

为了加强本企业的竞争力，在20世纪20年代初期，有些企业又提出并奉行了一种新的营销观念，即产品观念。产品观念是一种与生产观念类似的营销观念。这种观念认为，只要产品质量好，别具特色，就一定能获得经营成功。因此，企业只要持续地改进产品质量就能获得市场，无需大力推销。例如我国商界过去曾流传的“酒香不怕巷子深”、“一招鲜，吃遍天”等都是产品观念的反映。

思一思：

20世纪初，汽车是由技术工人手工制造而成，成本高、产量低、售价高。当时，拥有汽车是少数人的特权，是地位和身份的象征。

年轻的福特意识到这是个商业机会。福特认为，高价位妨碍了汽车市场的开拓，于是设法把汽车变成大众有能力购买的普通商品。福特用大规模生产实现了这一点，他创造了世界上第一条汽车装配流水线，大大节省了人工时间，降低了成本与价格。

为了满足市场对汽车的大量需求，福特采用了当时颇具创新意义的做法：只生产一种车型，即T型车；只有一种颜色，即黑色。于是，黑色的T型车几乎成了汽车的代名词。这样做的好处是能以最低的成本生产，用最低的价格向消费者提供汽车。

T型车几乎改变了日后美国人的生活方式，使美国变成了汽车王国。1908年冬天，T型车出厂后，美国人以825美元的价格就能买到一部轻巧、有力、双级变速、容易驾驶的T型车。福特公司成为了当时美国最大的汽车制造商。

T型车的成功使福特欣喜若狂，然而好景不长，市场开始悄悄地酝酿变革，消费者的偏好逐渐发生变化——不再喜欢千篇一律的T型车。但是，被胜利冲昏头脑的福特没有意识到这一点，没有及时随消费者需求的变化而采取对策。在19世纪20年代末期，福特在独霸廉价小汽车市场多年后，败给了通用汽车公司。通用汽车公司生产低价位的雪佛莱与福特竞争，除了具备福特所没有的舒适感以外，雪佛莱的产品质量更好。福特太喜爱他的T型车了，他顽固地坚持己见，还是不改变车型，后来售价下降到仅190美元。到1926年，T型车销售量大幅下降，福特不得不承认T型车的时代结束，1927年正式关闭了T型车生产线。

请问：福特公司为什么开始取得成功，而后来又不得不关闭T型车生产线呢？这一过程说明了什么？

西方国家企业的市场营销实践经验证明：如果企业奉行“产品观念”，就必然导致“市场营销近视”。企业只重视产品质量，而忽视市场需求的不断变化，即使质量再好、别具特色，其结果也必然是在竞争中失利。较为典型的事例是，20世纪70年代，由于能源危机，美国优质的豪华型汽车在市场上竞争不过日本的经济型汽车。这主要是因为前者虽然质量好，但耗油多，不适应消费者需求的改变。

到20世纪20年代末，西方国家的市场形势逐渐发生了变化，由于产品品种和产量的不断增加，市场出现供过于求，企业之间竞争开始加剧。这时，企业所担心的就不再是如何生产而是如何销售的问题了。由此，又出现了另一种营销观念，即推销观念。这种观念认为，顾客不会主动购买企业的产品，只有通过卖方的销售刺激，才能诱导顾客采取购买行动。因此，企业只有对大力推销已经生产出来的产品，才能增加销售量，获得利润。在这种观念指导下，企业的态度具体表现为“我推销什么，人们就购买什么”。尽管这时候的市场基本上还是卖方市场，但是有的企业为了招徕顾客，已开始重视运用积极的推销方法，大肆兜售其产品，以求在同行业竞争中占有优势。这种强化推销的观念，自 20 世纪 20 年代末期开始一直持续到第二次世界大战期间。

上述三种营销观念虽然各有侧重，但总的来看，都是以企业自身为出发点，以生产为中心，都属于陈旧的“以产定销”的营销观念。

（二）应用时期

20 世纪 30 年代至第二次世界大战结束，是市场营销观念广泛应用于商品流通领域的时期。1929—1933 年，西方国家发生了有史以来最严重的经济大危机，生产严重过剩，企业纷纷倒闭。这场危机使得长期以来的卖方市场一下子转变成了供过于求的买方市场。企业绞尽脑汁，想方设法把生产的产品推销出去。为了适应这种市场变化，市场营销专家在帮助企业销售产品、抢占市场的同时，提出了“创造需求”的新概念，并且开始重视市场调研，重视分析、预测和刺激消费者的需求。一些公司还设立了商情调研机构，派出推销人员从事推销工作。这时，广告已发展成为一个行业，为企业的促销活动提供服务。

这个阶段，企业重视的是如何更大规模地推销产品，市场营销的研究对象也仍然局限于商品推销和广告技巧，以及推销商品的组织机构和推销策略等，还没有超出商品流通的范围。

（三）发展时期

从 20 世纪 50 年代开始，随着世界经济和国际贸易的不断发展，市场营销的研究对象以及基本原理和概念都发生了重大变革。第二次世界大战结束后，以美国为首的西方工业国家纷纷将急剧膨胀的军事工业转向民用工业，加上科技革命的深入发展，劳动生产率大幅度提高，社会产品数量剧增，花色品种也日新月异。鉴于 20 世纪 30 年代经济危机的惨痛教训，西方发达国家政府开始致力于在生产力高度发达的基础上推行高工资、高福利、高消费的经济政策，这种刺激消费的政策实施的结果是使生产者和消费者的交易需求也越来越高。人们的消费品位日趋提高，对产品的性能要求日趋苛刻，产品和市场的竞争范围也更加广泛，原有的观念已经越来越不适应形势发展的需要，迫切需要变革。在这种情况下，企业的营销观念开始由“推销观念”转变为“市场营销观念”，这是企业营销思想历史性的质的飞跃。

资料卡

追求卓越的公司必须从顾客需求出发，顾客满意度已成为营销追求的目标。

20 世纪 80 年代以来，顾客满意度在日本、欧美各国兴起。从 1987 年开始，美国商务部设立的马尔科姆·鲍德里奇国家质量奖把顾客满意度置于最重要的地位，占 30% 的权重。顾客满意度的八个子项目进一步告诉我们应该如何实施顾客满意度战略。这些子项目是：对顾客要求和期望的认知程度、顾客关系管理、顾客服务标准、对顾客的承诺、对质量改进要求的解决、顾客满意度的确认、顾客满意效果、顾客满意度比较。而调研成为提高顾客满意度的必要手段。

从 1988 年美国开始颁发国家质量奖以来，摩托罗拉、施乐、联邦快递、IBM、丽兹·卡尔顿饭店、德州仪器及 AT&T 等公司先后获此殊荣，他们无一不在顾客满意度方面表现卓越。

资料来源：菲利普·科特勒著《营销管理》第 11 版，上海：上海人民出版社 2003 年版。

市场营销观念主张企业应以顾客需求为中心，在满足顾客需求的基础上获取利润。这种观念的主要特征是“以需定产”，即企业生产什么不是由企业来决定，而是由市场(顾客)来决定。

需要强调指出的是，在企业经营实践中，市场营销观念与推销观念往往容易混淆。有的企业认为，只要十分重视产品推销就是贯彻市场营销观念。这实际上是一种误解，这两种观念存在很大差异，两者不是同义词。市场营销观念是指企业的一切经济活动都必须以顾客的需求为判断标准。企业必须生产经营那些适销对路的产品，因而市场营销是一个含义更广的概念。现代市场营销活动包括市场营销研究、产品开发、定价、分销、广告、宣传报道、人员推销、营业推广、售后服务等。而推销仅仅是现代企业市场营销活动的一部分，且并非现代企业市场营销活动的最重要部分。推销是企业市场营销人员的职能之一，但不是其最重要的职能。如果企业的市场营销人员搞好市场营销研究，了解了消费者的需求，那么企业就能按照消费者的需求来设计和生产适销对路的产品，同时合理定价，搞好分销、促销等市场营销工作，那么这些产品自然就能轻而易举地销售出去。

进入 20 世纪 70 年代以后，美国的市场环境发生了许多变化，例如能源短缺、人口剧增、通货膨胀、失业增加、消费者保护运动盛行等。在这种历史背景下，人们纷纷对单纯的市场营销观念提出了质疑和指责，认为市场营销观念没有被真正付诸实践，即使某些企业真正实行了市场营销，也因忽视了满足消费者个人需要同社会长远利益之间的矛盾，造成了大量资源浪费和环境污染等社会问题。例如，汽车工业满足了人们交通的需要，却造成严重的环境污染并引起更多的交通事故；清洁剂工业满足了人们洗涤之需，但造成江湖河水的污染，影响了水产品生产等等。正是因为由此而引发的对社会生态环境及公众长远利益的种种担忧，人们才提出了一种新的观念来修正和代替单纯的市场营销观念，这就是社会市场营销观念。

社会市场营销观念认为，企业应在满足顾客需求并获得利润的同时，兼顾整个社会的利益，这样才能获得经营成功。这一观念目前已经在世界范围内获得认同。

三、新旧营销观念的对比

生产观念、产品观念、推销观念是以企业自身为中心的陈旧观念，是传统营销观念；而市场营销观念和社会市场营销观念则是以顾客为中心的新观念，是现代营销观念。新旧两类观念在营销的出发点、中心、原则、手段和目标等方面都有所不同。其具体表现在：

1．出发点不同

传统营销观念从企业出发；现代营销观念是从市场出发。

2．中心不同

传统营销观念以产品为中心，企业围绕产品的数量和结构来安排生产和购销计划；现代营销观念以顾客为中心，按照顾客需求来安排生产和购销计划。

3．指导原则不同

传统营销观念根据“以产定销”、“以进定销”的原则指导企业营销活动；现代营销观念则按照“以需定产”、“以需定进”的原则指导企业营销活动。

4．手段不同

传统营销观念以增加生产、加强推销为主要手段；现代营销观念则以整体市场营销为主要手段。

5．目标不同

传统营销观念注重通过扩大销售量来获取利润；现代营销观念强调通过满足需求获取利润。

6．活动的程序不同

营销活动程序的不同反映出两种不同的观念指导下的生产和经营活动的起点和终点的不同。秉承传统营销观念的企业，其正常的规划顺序是先发展产品和服务，然后按传统的运行路线向前运行，通过推销，将产品推向市场，使产品和服务从生产领域转移到流通领域，再从流通领域转移到消费领域。秉承现代营销观念的企业，其顺序一般是先根据市场需求及市场环境，拟定各种计划和策略，再来发展其产品和服务。这样，既可满足市场需要，又可得到利润。

四、国际营销的意义

前已述及，从事国际营销要比从事国内营销复杂得多，困难得多，市场竞争更为激烈，风险也要大得多。那么，企业为什么还要进入国际市场，开展国际营销呢？从实践上看，从事国际营销活动对企业具有重要意义。

1．有利于加速本国经济的发展

任何一个国家的经济发展都离不开产品和技术的进口，发展中国家更是如此。但是，要进口就必须有出口，出口可以换回外汇，因此必须开展国际营销，为进口创造条件，从而加速一国经济技术的发展。

2．有利于企业的发展扩大

企业的不断发展壮大，是现代企业追求的目标。通过国际营销，可以扩大企业现有产品的销售量，实现规模经济效益，使单位成本下降。

3．有利于获得更多的利润

在国外市场上企业有可能获得更多的利润。即使利润率不高，也有可能增加销售总额和利润总额。而且，在某些情况下，国际市场竞争的激烈程度反而有可能低于国内市场。这时，企业到国际市场另辟蹊径，反而可以得到生存和发展，可能获得比国内市场更大的利益。

4．可延长产品的生命周期

有些产品在国内市场上已处于产品的成熟期甚至衰退期，但在国外的某些市场上则可能正处于导入期或成长期，如果将这些产品推入这些市场，即可延长该产品的生命周期。

5．可获得更广阔的市场

国际市场的潜力是非常巨大的，任何一个国家的国内市场都远远小于国际市场。从目前来看，美国市场是世界上容量最大的市场，但也只占整个国际市场5%的人口和25%的购买力。其他任何一个国家的市场规模与整个世界的市场相比，更是不能相提并论的。

6．可以给企业带来更高的声望

一个能在国际市场上站稳脚跟的企业，一般来说知名度也会较高，企业的信誉也会较好。企业的知名度是一笔巨大的无形资产，它有助于加强企业的竞争力。

7．有利于实现企业的国际化经营

通过开展国际营销，有利于提高企业生产技术和经营管理水平。国际市场的竞争是非常激烈的，通过参与国际竞争，企业可以经受锻炼，学习其他国家企业的生产技术和经营管理经验，以增强自身的竞争力。

总之，开展国际营销对企业来说有巨大的现实意义。企业应该抱着积极的态度，尽快地进入国际市场。态度消极，反应迟钝，或者畏首畏尾，害怕竞争，因此而推迟进入国际市场，都会使企业处于被动地位。这是因为，在当今世界，产品、技术、资金在许多国家之间大规模流动，没有任何一个市场是绝对安全保险的，你不打出去，别人也会打进来，单纯的国内市场正在消失。在这种情况下，企业应该主动地在全球范围内发掘和利用新的发展机会。

当然，尽管进入国际市场是十分必要的，会给企业的发展带来很大利益，但也并不能刻板地要求所有的企业都必须开展国际营销。对一些不具备条件的企业来说，盲目地进入国际市场，往往会得不偿失。因此，企业在进行决策时，既要看到国际市场上的机会，又要考虑到本企业是否已具备资金、技术、人员等方面的必要条件。也就是说，只有当国际市场上存在较好的机会，而这些机会又适合发挥本企业的资源条件时，才能作出进入国际市场的决策。

第三节　企业国际化经营与国际营销

国际营销是企业国际化经营的重要组成部分，只有在广泛开展国际化经营的前提下，国际营销才能更好地发展。企业要开展国际营销，就要对国际化经营有明确的认识。

一、企业国际化经营的作用

随着科学技术的迅猛发展，世界各国经济和技术的交流日益扩大，各项资源的配置已经突破国界，争夺国际市场投资机会的竞争也愈演愈烈。企业必须抓住机遇，利用国际经济发展中的有利因素，最大限度地发挥自己的优势，促进经济的发展。我国企业开展国际化经营的作用主要体现在以下七个方面。

（一）绕过贸易壁垒，扩大出口

当前，不少国家都推行贸易保护主义政策，这使我国商品和劳务的出口受到很大的影响。我国的外汇收入主要来源于商品和劳务的出口，一旦别的国家采取贸易保护政策，就必然影响我国的出口，进而影响我国的外汇收入。国际化经营能起到单纯对外贸易起不到的作用，特别是在出口受阻的情况下，通过对外直接投资，可以绕过贸易壁垒，进入国际市场。在东道国设立企业，就地生产，就地销售，既保住了原有市场，又可以开拓新的市场，这样做比任何其他渠道都能更有效地克服和消除贸易障碍。此外，对外直接投资还可以带动出口。例如，在国外设立合资企业，以机器设备和技术折股投入，通过设备的更新、零件的提供，输出原辅材料和中间产品，这是扩大出口、增加外汇收入的重要渠道之一。

（二）利用国外资金

在国外办企业，还有利于直接在国际资本市场上融资，甚至可以在东道国就地筹资，从而扩大我国利用外资的规模。在海外设立企业，利用当地的生产设施和服务设施，是对国外资本的间接利用。海外企业汇回的利润、利息、股息、管理费、使用费以及相关的劳务收入等，构成了国际收支中收入的重要部分。从某种意义上说，“走出去”是“请进来”的有力保障，有利于在宏观上实现外汇收支的平衡，提高对外资的吸引能力和外债偿还能力。

（三）学习和引进国外先进技术和管理经验

我国企业在工业发达的国家和地区通过并购或创办一些技术密集型或高新技术企业，直接进行管理或参与经营管理，可以吸收一些先进技术和工艺，吸收一些行之有效的管理经验，把新技术和管理经验带到国内来，用以改造和提高国内企业的技术和工艺水平，改善企业经营管理，提高企业素质，缩小与发达国家之间的差距。

（四）扩大产品销售量，实现规模经济

我国的国内市场虽然很广阔，但也只是世界市场的一部分。企业开展国际化经营可以进一步扩大企业的产品销量，实现规模经济，从而使企业产品的单位成本下降，增强企业竞争力。

（五）拓宽企业发展空间，增强企业活力

根据产品周期理论，一些在国内市场相对饱和的产品，在国际市场上仍然是有需求的。在我

国是长线的产业，在有的国家和地区则可能是短线产业，有很大的回旋余地和发展空间。这也为我国产业结构的调整以及某些产业的向外转移提供了机会，对增强企业的实力和活力是十分有利的。

(六)利用国外资源

企业开展国际化经营还有利于弥补我国人均占有资源较少的缺陷。我国虽然地大物博，但由于人口过多，人均资源占有量相对较少，有些资源储量已经不多，不能满足国民经济日益发展的需要。在这种情况下，针对获得资源而进行的企业国际化经营，不仅能使企业自身得到不断的发展，也能缓解国内某些资源的供不应求。

(七)接近国际市场，使产品更加适销对路

企业通过国际化经营，与国际市场的距离更近了，可以及时而又广泛地掌握国际市场的信息，抓住有利的商机，根据不同国家和地区的社会环境、资源条件和市场需求，进行不同产品的综合开发和经营，使产品更加适销对路。

二、企业国际化经营的策略

(一)资源配置与市场的国际化

资源配置与市场的国际化是经济全球化过程中世界经济发展的重要趋势，也是企业根据国际社会分工从事国际化经营的客观环境。21 世纪，世界经济更加开放，科学技术和社会生产力进一步发生深刻的变化，因此，企业国际化经营的客观环境也不断发生变化。

1. 资源配置的国际化

在越来越多的生产经营领域，以国内市场为界限的生产经营活动已经不符合规模经济的要求了。在一些新兴产业部门，如高新技术产业和现代制造业等部门更是如此，据欧洲一些研究部门报告，现在试制一种新型的汽车发动机就要花费上亿美元。显然，昂贵的研制、设计费用是国内单独的企业所难以承受的，需要开展国际化经营，进行国际分工与协作。

2. 生产方式集约与分散相结合

高级的大规模与分散化相结合的混合生产方式成为可能。19 世纪到 20 世纪，由于机器大工业的出现，集约化、标准化和专业化的大规模生产成为可能。进入 21 世纪以来，信息技术、宇航技术、生物工程技术和遗传工程技术的广泛采用，导致了生产方式的变化。产品的设计制造过程，可以通过计算机编制程序，通过网络模拟，在国际范围内采用整体件、连续流水线生产制造，为用户量身订做他们需要的产品。

3. 信息技术与经济相结合

现代信息技术的发展，极大地拓展了企业经营的空间，计算机联网的“信息高速公路”，使世界各地商品交易的市场活动，就像在一间办公室里进行一样地方便快捷。

上述的种种变化，为资源配置和市场的国际化奠定了基础。资源配置与市场的国际化，集中反应在商品国际化、技术国际化、劳务国际化、资本国际化等方面，企业国际化经营便是以商品国际化为核心，全方位地从事国际经营活动。

(二)商品国际化

贸易、旅游、电视和计算机网络的快速发展，为生活方式全球化奠定了基础。生产和贸易的国际化，使资源配置跨越国界，形成商品国际化的趋势。

商品国际化有两方面的含义：一方面是商品生产与市场国际化；另一方面是商品国际化在经济国际化中的地位。

商品生产与市场国际化，是根据世界各国消费者的需求的国际化倾向，按照全球经营销售观念，制造出受世界各国普遍欢迎的“世界产品”，甚至采用统一的商标和促销手段，满足市场顾客的需要。

所谓商品国际化在经济国际化中的地位，是指商品国际化在世界经济国际化中的主导地位日益加强。商品国际化越发展，世界经济越开放。由此说明，从事国际营销的企业，必须树立全球营销的市场观念，走生产国际化商品的道路，这样才能在激烈竞争的国际市场中取得成功。

(三)技术国际化

技术国际化是指技术从一个国家或地区向世界其他国家或地区的有偿转移，这种方式的交易在国际经济往来中居于日益重要的地位。20 世纪 50 年代以来，国际技术贸易日趋活跃，规模不断扩大。国际技术贸易的增长速度，大大高于国际商品贸易的增长速度。

技术国际化是当代社会生产力发展的客观需要。首先，当代科技涉及的领域十分广泛，积极参与科技领域的科技分工，发展技术贸易，及时吸收国外先进技术，已成为各国的共识。其次，当代科技研发费用急剧增加，国际科技合作与交流成为客观需要。再次，当代科技开发周期大大缩短，目前全世界共有成熟的先进技术和专利四千多万项，为国际间技术贸易打下了坚实的物质基础。

技术国际化表现在从成果最终环节的国与国、企业与企业之间的转让到研究与开发等初始环节的国际化。在许多高科技领域，如宇宙空间利用、生态环境治理、艾滋病防治等方面更是如此。技术国际化还表现在技术引进和技术输出这两个方面的迅速增长。如今，信息已成为主要的战略资源，过去以产品交易为主导的国际贸易，已让位于知识和技术生产力。西方发达国家，特别是美国的为数众多的跨国公司正在大量出售加工制造、管理等方面的专利技术和专有技术的使用权。在市场交易格局方面，美、日、欧盟虽仍主宰着技术贸易，但发展中国家的企业也日趋活跃地参与到国际技术贸易之中，技术贸易来源日趋多极化，亚洲和环太平洋地区日益成为国际技术贸易的重要市场。面对上述情况，从事国际营销的企业，应当将技术商品的交换作为进入国际市场的重要方式，制定恰当的市场营销组合策略，实现企业的经营目标。

(四)服务国际化

服务亦可称为劳务。目前，服务输出贸易额在世界贸易总额中的比重达到 1/4，服务国际化也成为世界经济国际化的重要内容之一。国际服务输出包括对外工程承包、对外劳务合作和国际旅游等内容。

服务输出国际化程度的提高，给企业进入国际市场从事国际经营活动提供了新的机会。世界银行将服务输出按其性质分为两类：(1) 要素性服务，即劳动力的输出，包括境外的对外承包工程劳务输出、海外直接投资劳务输出和境内劳务输出(来件加工、来料加工、来样加工和境内外商投资企业雇用的当地劳动力等)；(2) 非要素性服务，即运输、保险、旅游、通讯、咨询服务、信息传递等。服务输出与商品出口不同，其生产过程与消费过程同时进行，企业应该将服务输出也作为进入国际市场的重要方式。

(五)资本国际化

资本国际化是指对外直接投资在世界经济中的地位和作用不断加强的趋势。自 20 世纪 50 年代以来，发达国家和发展中国家对外直接投资迅速增长。联合国贸易与发展组织近年的统计数据显示，因跨国投资活动所带来的全球商业效益要远高于全球总出口额。

国际市场对外直接投资的发展有其深层的原因。随着世界经济向区域化和一体化发展，为了争夺经济集团内部的市场机会和发展空间，加强行业竞争和垄断地位，突破日益森严的贸易壁垒，开发资源的区位优势，巩固高新技术的领先地位，对外直接投资和伴随融资的国际市场进入方式，发挥着日益重要的作用。

企业通过对外直接投资和对外融资而实现资本的国际化，有着丰富的内容。直接投资组建跨国公司从事国际经营活动，在国外投资兴办合作、合资或独资企业，伴随着融资的技术转让、商品租赁、补偿贸易等，都是当今国际经济贸易往来的常用方式。企业开展国际营销活动的同时，要积极转变观念，采用国际通用的对外直接投资方式，以提高企业的经济效益。

本章小结

国际营销是指根据国外消费者和用户的需求，提供商品或劳务以满足这些需求的一切活动，是企业为了向国际市场推销商品及劳务而组织的整体经营活动。国际营销与国内营销、国际营销与国际贸易均存在着诸多联系与区别。国际营销经历了从生产观念、产品观念、推销观念、营销观念到社会营销观念的演进。传统营销观念和现代营销观念有本质上的区别。国际营销是企业国际化经营的重要组成部分，对企业国际化经营有重要的作用。面对复杂的国际市场环境企业必须采用恰当的国际化经营策略。

案例分析

泰国东方饭店的故事

泰国东方饭店距今已有110年的历史，是世界十大饭店之一。东方饭店每天爆满，顾客想入住该饭店都要提前一个多月预订。能够经营成世界一流的饭店，肯定有其独特之处。台湾的余世伟博士在《成功经理人》讲座中给我们讲了关于这个饭店的故事：

我住在那里(东方饭店)的时候，早上一起来，服务生就迎上来问候："您早，余先生！"

"你怎么知道我姓余？"

"余先生，我们饭店有个规定：晚上客人睡觉的时候，这个楼层的服务生要背诵每一个房间客人的名字。"

这让我很欣慰。我坐电梯下楼，电梯门一开，已经有一位小姐站在那里。

"早上好，余先生，吃早餐吗？"

唉呀，她也知道我姓余呀！

"你怎么知道我姓余？"

"上面的电话刚下来，说余先生下来了。"

她带我到餐厅去，一进门服务生就问："老位置吗？"

哟，还老位置！

"余先生，去年4月17日你来过这里，坐靠河边的第二个窗口，是吗？喜不喜欢老位置？"

我说："老位置！"

我欣慰地坐下，原来他们的电脑里有关于我的记录。

"余先生，老菜单吗？"

我说："再加一个水果！"

我吃完以后非常愉快地结了账。

还有一次吃饭，有一道菜上来，我问服务生："这是什么东西？"

他看一下，后退一步，说："这是……"

我说："那又是什么东西？"

他上前看一下，又后退一步，说："那是……"

为什么后退一步？因为他怕他的口水会喷到我的饭菜里。

他居然后退一步！这种教养我在世界各地都很少见到。

回到台湾的两三年后，有一天我居然收到他们的一封信："尊敬的余先生，祝您生日快乐！您已经三年没来我们饭店了，我们全饭店的人都很想念您！"

今天是我的生日，他们竟然知道且没有忘记。

我的心里久久不能平静，我太感激了！发誓这辈子再到泰国一定还要去住那家东方饭店。

资料来源：闫国庆主编，《国际市场营销学》，北京：清华大学出版社 2004 年版。

问题：

1．台湾的余世伟博士所述有关泰国东方饭店的故事对我们有什么启示？

2．分析现实生活中，我国企业在经营思想和观念方面还有哪些差距？

思考与练习

1．什么是国际营销？国际营销与国内市场营销有什么联系与区别？

2．国际营销与国际贸易有什么联系与区别？

3．国际营销观念是如何形成与发展的？

4．传统营销观念与现代营销观念有什么区别？

5．国际营销有什么意义？

6．企业国际化经营的作用和策略是什么？

技能实训

观察和收集发生在社会环境中企业的不同经营行为的资料，并分析其采用何种营销观念。

第二章

国际市场分析

【导读】国际营销是跨国界的营销活动，国际市场是进行国际营销的场所。我们要讨论国际营销，例如讨论国际营销环境、营销战略、营销策略、营销方式等，就必须首先对国际市场有一个全面的了解。因为国际营销的上述内容，与国际市场的状况是分不开的。所以，国际营销人员对国际市场的了解越全面、越深入，国际营销活动就越主动。为此，本章探讨了国际市场的形成、特点和发展趋势，以及我国企业在开展国际营销过程中所面临的机遇与挑战。

第一节　国际市场的形成

国际市场亦称世界市场，它是在世界范围内因国际分工和经济联系而进行商品、劳务、技术等交换活动的场所，是国际经济体系的一个重要组成部分。国际市场，就其外延来说，指的是国际或地区间的经济贸易往来，其内涵则是指国际商品经济关系总和，包括各种形式的国际交易活动背后的生产者、经营者和消费者之间的经济关系。

一、国际市场的形成与国际贸易

国际市场的形成是与国际贸易的发展密不可分的。据史料记载，早在公元前，国际贸易就已经以多种形式存在了。例如，中外闻名的"丝绸之路"就是中国与西亚乃至欧洲国家进行贸易往来的重要渠道。公元初期，地中海沿岸国家的商品贸易也达到了相当繁荣的程度。但那时，国际性的市场还没有形成。这是因为，当时世界各国基本处于奴隶社会或封建社会，生产力水平低下，自给自足的自然经济占统治地位，用来进行国际交换的剩余产品也不充足。更重要的是，国际市场的形成要以运输的发展为前提条件，而当时的运输主要靠畜力、人力和运载量不大的帆船，运输周期长，且风险较大。在这种条件下，国际贸易的商品只能以体积小、重量轻、价值高且数量不大的奢侈品为主，如丝绸、香料、茶叶、宝石等。11 世纪以后，随着意大利北部、黑海和波罗的海沿岸城市的兴起，国际贸易的范围也扩大到地中海、黑海和波罗的海沿岸。但是从总体上看，16 世纪以前国际贸易的地理范围是很狭窄的。随着国际贸易范围的逐渐扩大，国际市场才慢慢形成。

二、国际市场的形成过程

一般认为，国际市场产生于 16 世纪，最终形成于 19 世纪。国际市场的产生大体上是因为具备了以下一些条件：(1) 欧洲一些主要国家统一的国内市场的形成。到 16 世纪，欧洲的一些国家，如英国、法国、荷兰、西班牙等已经形成占据一定疆界和中央政权的民族国家，并有统一的国内市场。国内市场是国外市场发展的基础，统一的国内市场的形成为对外贸易的发展创造了条件。(2) 资本主义工场手工业生产方式的确立。从 14 世纪开始，资本主义生产方式的萌芽就开始出现在地中海沿岸的一些城市里。到 16 世纪中叶，封建社会开始瓦解，资本主义工场手工业的生产方式逐步确立起来。这一时期，社会分工不断深化，生产力水平也有较大的发展，大批商品被生产出来，除了在国内市场销售外，还需要发展对外贸易，开拓国外市场。(3) 地理大发展和殖民贸易的兴起。地理大发展发生在 15 世纪末到 16 世纪初，其中最著名的几次是：1492—1493 年意大利哥伦布率领西班牙船队横渡大西洋发现美洲西印度群岛；1497—1498 年葡萄牙人达 · 伽马绕过非洲发现通往印度的新航路；1519—1522 年葡萄牙人麦哲伦率领的船队穿过大西洋，沿南美洲东岸绕过美洲大陆最南端转入太平洋到达菲律宾群岛，然后经印度洋绕过好望角返航，第一次完成了环球航行。地理大发现标志着殖民贸易的兴起。此后，欧洲新兴资产阶级开始抢占和掠夺殖民地，黄金、白银、香料及其他工业原料不断地从各殖民地涌入欧洲，而欧洲的手工业产品也随着殖民船队流向其他各洲。这一时期，大西洋、印度洋和太平洋逐渐成为国际贸易的主要运输航线，国际贸易交换商品的规模和范围有了相当大的发展，统一的国际市场开始形成。

19 世纪以前，国际市场基本上是以殖民贸易为主的，这就决定了当时的对外贸易必须建立在国家垄断的基础上，以国家的实力为贸易的后盾。这种贸易方式显然是不完善的。而且，当时资本主义工场手工业是以手工劳动为基础的，技术水平较低，生产发展受到很大限制。在这种条件下，社会分工和商品生产无法满足国际市场对商品的巨大需求，国际交换也受到很大限制，因此，国际市场尚未最终形成。

直到 19 世纪后半叶，国际市场才最终形成。其最终形成是由以下因素促成的：第一，欧美各主要国家先后进行了资产阶级革命，建立了资本主义政权，以国家强制力保证资本主义经济的发展，并加紧在世界范围内争夺殖民地。第二，18 世纪 70 年代至 19 世纪四五十年代，英、法等欧洲国家及美国先后进行了产业革命，用机器大工业代替了工场手工业，使生产力得到极大的提高，大量商品被源源不断地生产出来，致使商品价格降低。国内市场竞争激烈，大规模地开拓国外市场已经成为必然。第三，在产业革命的影响下，运输工业也有了划时代的进步。火车、轮船的出现，大大便利了各国和各洲间商品货物的运输。国际贸易的周期和风险缩小了，国际贸易的规模因此而成倍地扩大。这样，国际分工和商品交换在交通工具现代化和廉价商品大量涌现的基础上得到了深化和发展，并遍及世界各主要国家。此时，统一的国际市场最终形成。

三、国际市场的发展及其原因

(一)国际市场的发展

19 世纪末到第二次世界大战期间，是国际市场的发展阶段。在这个阶段，以电力的发展和使用为标志的第二次科学技术革命的发生，极大地提高了生产的社会化程度。伴随着资本主义世界经济体系的形成，国际市场得到了进一步的发展。然而更大的发展还是在第二次世界大战结束以后。战后，由于科学技术的进一步发展和以核技术、电子信息技术、石油化工为代表的新型工业部门的建立，国际市场发展到了前所未有的规模，具体表现在以下两方面。

1．国际市场规模扩大化

第二次世界大战后，国际市场规模迅速扩大。以出口贸易额为例，1950 年整个世界贸易额是 607 亿美元，到 1960 年世界贸易额达到 1 290 亿美元，1970 年为 3 150 亿美元，1975 年为 8 755 亿美元，1980 年为 2 万亿美元，1922 年达到 3.3 万多亿美元，到 2000 年已达到 6.4 万亿美元。在50年内，出口贸易额增长了90倍。

2．国际市场内容多元化

这包括两个方面：(1) 市场主体多元化。目前参加到国际市场中的国家数量空前增加，参加WTO的国家和地区已达到148个。按照经济发展水平，还可将不同国家的市场分为发达国家市场和发展中国家市场。前者主要包括美国等西方发达国家；后者则又可分为石油输出国市场、中等收入国家市场和低等收入国家市场。不同类型的国家市场具有各自不同的特点。此外，近些年来，在区域集团化的趋势下，不同类型的经济组织或国家集团纷纷建立，如欧洲联盟、北美自由贸易区、东盟等，这些自由贸易区或共同市场，一般对外实施保护，对内开放市场，俨然以超国家的方式存在。(2) 市场客体多元化。当前的国际市场已不再是单一的商品市场，它还包括资本市场、技术市场、劳务市场、房地产市场、信息市场等多种市场类型和交易客体。虽然国际间的商品贸易仍然是构成国际市场的主要方面，但其他市场所占比重有了相当大的提高。

(二)国际市场发展的原因

第二次世界大战后国际市场有如此迅猛的发展，其原因主要有以下几个方面。

1．科技革命推动下生产力的迅速发展

第二次世界大战后，科技革命蓬勃发展，科学成为推动社会生产力发展的直接因素。随着新能源和电子计算机的广泛应用，原有的工业部门得到了彻底的改造。电子工业、石油化学工业、核工业等新兴部门的发展将生产力推到了一个过去无法抵达的高度。

资料卡

20世纪80年代中期，关贸总协定的缔约国为90个，1990年增至100个，目前WTO的成员已增至148个。

据WTO统计，1996年全世界共有区域性一体化协议144项，到2002年底，全球共签署了259个区域协定，已生效的有176个。据日本《朝日新闻》披露，2003年全世界达成的自由贸易协定有180多个。

资料来源：闫国庆，《国际市场营销学》，北京：清华大学出版社2004年版。

高速发展的生产力对世界市场的巨大影响主要表现在以下几个方面：(1) 生产力的发展使产品的产量和品种成倍增加，生产成本大大降低，从而奠定了国际市场扩大的物质基础。(2) 科技革命和生产力的发展使运输工具不断改进，并使迅速有效的大规模洲际运输成为可能，大大推动了国际交换的发展。(3) 生产力的发展促进了生产专业化和生产协作的进一步加强，从而促进了国际分工的不断深化。(4) 随着科技水平和生产工艺的不断提高，新的产品大量涌现，它们在国际贸易中的比重不断上升，导致国际市场上商品结构发生很大变化。

2．经济国际化和全球化的发展

经济国际化是指世界许多国家都在使本国经济的发展和国际经济紧密结合起来，以国际经济的发展促进本国经济的发展。这一发展趋势的产生有其深刻的历史根源：(1) 第二次世界大战结束后，除了美国以外，西方各国都陷入一片萧条之中，为了帮助这些国家的经济复苏和出于军事对抗的需要，美国通过"马歇尔计划"对西欧和日本进行了大规模的援助。在这种援助下，不仅美国的产品充斥欧、日市场，而且其影响也深入西欧和日本的各个产业领域。西欧和日本经济恢复后，为摆脱其影响，夺回失去的国际市场，又同美国展开了竞争。通过竞争，双方的互相依赖大大加深了。(2) 第二次世界大战后，随着殖民主义势力的削弱，民族主义及民族自决运动在世界各地蓬勃兴起，一些新的国家相继建立起来。这些新的国家为了谋求经济上的独立，积极地发展本国的民族工业。为了加快发展速度，它们大多采用引进发达国家的先进技术、设备、人员或资金的经济政策，这就在很大程度上推动了国际贸易、国际经济和跨国公司的空前发展。

与此相应出现的经济全球化，是指在国际分工和国际交换大大深化的基础上，世界各国已成为统一的经济实体中的一个部分，并通过国际市场相互紧密地联系起来。可见，国民经济国际化与经济全球化是相辅相成的，它们共同推进了国际市场的发展。

3．区域经济一体化的影响

第二次世界大战后，国际市场的竞争日趋激烈，为确保本国在竞争中处于有利地位，各国政府对经济的干预不断加深，不仅运用货币政策和财政政策来调节本国国内生产和需求的矛盾，还力求通过政府间的合作扩大国际市场份额。区域经济一体化是近三四十年来许多国家进行的一种新的尝试。

区域经济一体化的建立，使该区域内实现了自由贸易，扩大了集团内部市场，有利于该地区成员国获得规模经济效益，有利于该地区对外贸易和经济的发展，也有利于集团内成员国之间的生产专业化与协作的发展，便于进行产业内的水平分工和技术协作，从而有力地推动了国际贸易和国际市场的发展。

4．国际金融体系的建立与发展

第二次世界大战后成立的国际货币基金组织和世界银行是当今世界上公认的两个最重要的国际性金融组织，它们在缓和国际金融的紧张局势、稳定国际金融体系、保护和促进国际贸易、保证国际市场的稳定与繁荣等方面，都起着相当重要的作用。与此同时，第二次世界大战后的国际金融业也取得了长足的进展，大型的跨国银行不断出现，为国际贸易和国际企业的发展提供了资金运转上的便利，从而大大促进了国际市场的扩展。

5．跨国公司的发展

作为对外直接投资主体的跨国公司，近四十年来发展迅速。从数量上看，全球的跨国公司已达到 6.3 万多家，在世界各地的分支机构总数已达到近 70 万个。这一客观现实引起了人们的高度关注。英国里丁大学的邓宁(John H. Dunning)教授所提出的跨国公司的国际生产折中理论认为，跨国公司的出现及发展是基于其国际生产的三种优势，即企业优势、内部化优势和区位优势。这三个优势是与各国经济发展水平相关的，而各国的经济发展水平又决定了各国在国际直接投资中的相对地位。

在当今世界中，与跨国公司相关联的技术合作、生产协作及销售安排，其广度和深度得到空前扩展。随着国际分工的发展，经济活动的专业化程度越来越高，跨国公司开始由技术垄断转向国际合作，从竞争中的对立转向合作中的竞争。国际间的协作由国内扩展到国外；由双边扩展到多边；由跨国公司及其子公司间的协作扩展到跨国公司之间、不同跨国公司的子公司之间的协作；由生产领域的横向协作延伸到科研、生产和销售全过程的纵向协作；由单机生产协作分解到零部件生产协作，甚至进一步发展为工序间协作。在大型跨国公司，特别是在它们的现代制造业中，越来越依靠公司签订的长期协议和合同来维持生产经营的正常运转，因而导致全部或部分用外国生产的零部件组装的“国际性综合产品”充斥世界市场。由此可见，跨国公司是推进国际市场扩大的重要力量。

第二节　国际市场的特点

随着国际市场的形成和发展，当代国际市场出现了许多新的特点。认识这些特点，对进行国际营销是至关重要的。

一、国际市场的内容发生了重大的变化

首先是国家机构上的变化。这主要表现在两个方面：一是第二次世界大战后一大批发展中国家的崛起，打破了过去欧、美、日垄断世界经济的传统格局。它们在国内努力自主发展经济，在国际市场上则通过联合，为建立国际经济新秩序而斗争，并取得了一定的进展和成果。二是第二次世界大战后，国际市场由原先的美国占绝对优势发展到美国与欧盟、日本三足鼎立争夺市场的局面。当然，与欧盟、日本相比较，美国在资本输出、跨国公司、技术贸易、货币地位和主要的国际贸易、金融组织中，仍占有支配地位。总之，第二次世界大战前少数几个西方国家一统天下的局面已经不复存在，发达国家、发展中国家等各种不同类型国家的市场体系共同构成了国际市场。

其次是商品构成发生了变化。这表现在商品构成的比重发生了变化，即初级产品比重下降，制成品比重上升；各大类商品中的种类不断增加。比如，在制成品中，资本和技术密集型产品不断增加，新产品日新月异、层出不穷；消费品和食品越来越多样化、高级化、优质化和环保化；最为突出的是科学技术知识成为商品，技术贸易发展迅速。

二、国际贸易方式多样化

国际贸易方式是指国际交易的具体形式或所使用的各种具有不同特点的交易方法。随着国际市场的扩大，国际贸易方式也在不断变化，并呈现多样化的趋势。当前，除了经常采用的单边进口和单边出口的经营方式外，还有包销、代理、展卖、寄售、拍卖、招标和投标、期货交易、补偿贸易、租赁贸易等多种方式。这些方式的采用，不仅减少了国际贸易中买卖双方的风险，节省了交易费用，而且在很大程度上减少了国际交换中由于国情等方面的差别给国际营销带来的不便。目前，国际贸易方式还在不断增加。

三、国际市场垄断性不断增强

生产和资本的集中导致垄断，是市场经济发展的必然趋势。在这一趋势作用下，西方各主要发达国家先后在19世纪末20世纪初进入垄断资本主义阶段。第二次世界大战后，垄断已发展到触及这些国家国民经济的各个领域、各个环节并在其中起着决定性作用的程度。随着国民经济与国际市场的联系越来越紧密，垄断也影响到国际市场，使其也具有了鲜明的垄断性。这主要表现在两个方面：(1) 国际市场的主要竞争是不同国家垄断集团的竞争。(2) 各西方主要发达国家的外贸业务日益集中在大贸易公司、国际工业垄断公司和以卡特尔为组织形式的垄断联盟手中。

国际市场垄断性的存在，削弱了国际贸易的自由竞争，而通过联合获得垄断地位的各垄断集团之间的竞争，则更具有经常性和激烈性，这些都加剧了国际市场的动荡。

四、国际市场贸易自由化进程不平衡，新的贸易保护主义抬头

与国际分工的深化和全球经济一体化相适应，国际贸易中的障碍不断减少，国际市场的发展从整体看呈现贸易自由化的趋势，但贸易自由化的进程在不同时期又呈现出不同的状况。这主要是因为各国特别是占国际市场份额较大的西方主要发达国家在经济发展的不同阶段采取不同的贸易政策，从而对整个国际市场贸易自由化产生影响。

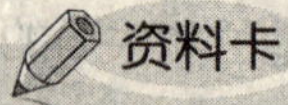

全球主要区域市场的若干信息

1. 美国市场：美国跨国公司拥有全球对外直接投资额的40%以上，所属子公司数量占全球各国海外子公司总数的1/3。美国市场占全球市场总容量的25%。人口2.5亿，消费者人均年收入2.1万美元。全美7 620万个家庭中一半左右属中等收入家庭，年平均收入为35 935美元，30%以上家庭年收入为5万美元以上。

2. 欧盟市场：人均GDP 20 790美元，GDP占全球总值1/4，3.8亿消费者，人均年消费

12 470 美元；1992 年 2 月 7 日通过了《欧洲联盟条约》，于 1993 年 1 月 1 日正式建立了欧洲统一市场，1999 年 1 月 1 日实现欧洲货币统一，欧元流通。

3．日本市场：人口 1.2 亿多，人口密度为每平方米 327 人，人均耕地 0.04 公顷；GDP 占全球总额的 10% 左右，为全球第三大进口市场。主要工业原料 100% 依靠进口；人均消费 1.12 万美元，90% 的人认为自己属于“中等阶层”。

4．东盟市场：面积 305 万平方公里，人口 3 亿多；新加坡、马来西亚、印度尼西亚、泰国每年进口均在百亿美元以上；食品、机械制品、化工产品的需求量大；印度尼西亚、马来西亚、文莱等国是石油出口国。

5．中东海湾市场：指亚、欧、非三洲连接地区，80% 以上居民信奉伊斯兰教；石油储量占世界总储量的 55% 以上，地处三大洲连接处，是交通贸易要道，是全球重要的承包和劳务市场，各国在该地区有激烈的政治和市场竞争。

资料来源：甘碧群、黄沛，《国际市场营销学》，武汉：武汉大学出版社 2001 年版。

第二次世界大战后，美国跃居世界头号强国，经济实力远远超过其他国家。据统计，20 世纪 40 年代后半期，美国的工业生产曾占世界工业生产的 53%，1948 年美国的出口贸易额占世界出口贸易额的 1/3，美国的黄金储备占世界黄金储备的 3/4。在这种情况下，为了对外扩张，美国提出贸易自由化的主张，要求通过谈判削减关税，抑制非关税壁垒，使贸易在较自由的基础上进行。由于当时其他西方国家继续得到美国援助，因而这一主张得以顺利地推行。所以，贸易自由化在 20 世纪 70 年代中期以前发展较快。主要表现在：(1) 关税与贸易总协定的实施，使各国在贸易谈判时有了合适的场所和监督者。(2) 在关税与贸易总协定的基础上进行的多边贸易谈判，使各缔约国间的进口关税大大降低。(3) 非关税壁垒受到了抑制。(4) 外汇管制放松，各发达国家实现了外汇自由化。

20 世纪 70 年代后，美国的经济地位相对有所下降，以其为首的西方发达国家又连遭石油提价和滞胀的打击，经济增长缓慢，失业率和通货膨胀率居高不下，各国都试图通过减少进口、扩大出口来遏制经济危机，从而导致贸易自由化进程放慢，出现了新的贸易保护主义。主要表现在：新一轮的世界贸易谈判旷日持久，各国都力图为自己争取更大的利益；新的非关税壁垒层出不穷，如进出口配额、进口许可证以及繁琐的海关手续、苛刻的卫生和技术标准等，限制了自由贸易的发展；经贸集团之间仍然采用较高的关税税率，阻碍了集团外部商品的自由进入。

在国际市场贸易自由化总体发展趋缓的形势下，局部的贸易自由化尤其是各区域集团内部的贸易自由化却有加快的趋势，在区域经济一体化的影响下，为了抵制全球范围的贸易保护主义而建立起来的区域集团，一般都采取对内免除或削减内部各国之间的关税，取消非关税壁垒，甚至力求取消资本、人员等生产要素流动限制的措施。这种差别待遇鼓励了以区域内的贸易代替区域外的贸易，从而使区域内贸易比区域外贸易以更快的速度发展。这样，从局部来看，区域一体化使贸易自由化加快。但从全球看，它却导致了贸易保护主义的抬头。

五、国际市场日益法制化、条约化、规范化

当今世界，国际贸易规模越来越大，内容越来越复杂，发展越来越快，国际市场变大，竞争日趋激烈，垄断性增强，贸易保护主义抬头，这些都是使国际贸易法规、国际条约和国际惯例越来越成为维护国际贸易各方当事人正当权益的重要工具。在国际贸易中，交易的磋商，支付、运输、保险等条件的选择，合同的签订与履行，索赔与理赔，都要参照有关条约纳入国际条约和法规的保护下。这一趋势已引起我国有关部门的高度重视。我国的企业开展跨国经营活动和国际营销活动应该特别熟识这方面的法规，以维护自己的正当权益。

第三节　国际市场的发展趋势

开展国际营销，不仅要了解国际市场的过去和现在，而且要了解国际市场今后的发展趋势。只有这样，才能更好地制定企业的长期营销战略，使其适应国际市场的发展需要，做到趋利避害，扬长避短，以更有效地开拓未来的国际市场。

国际市场的发展趋势，大体可归纳成以下几个方面。

一、国际市场规模仍将继续扩大

由于生产力在科学技术革命的推动下迅速发展，国际产业结构将不断细化和交叉，国际分工也将会不断扩大和深化，从而促使国际间商品、资本、技术等生产要素的交流更加频繁、流动规模更加巨大，国际市场的规模也将相应扩大和深化。其中，由于各国力图使本国产业升级换代，加之新科技的应用相对减少了初级产品的应用，初级产品在国际贸易中的比重将进一步下降；相反，对高科技产品需求的增加将使国际市场中该类产品的比重不断提高。

二、国际市场中商品的流向将有所变化

长期以来，人们对国际市场中商品流向的印象是，发达国家是制成品的主要出口国，发展中国家是制成品的主要进口国。从国际市场的发展趋势看，这种情况将不会长期存在。随着国际产业结构的变化，国际分工格局也在不断变化，并且，这种变化趋势今后将更加明显。这种变化反映在国际贸易上，就是商品流向的变化。近几十年来，由于一些发展中国家制造业生产能力的提高，制造业与社会经济其他部门在生产率方面的差距相对扩大了。同时，也由于发达国家各产业间劳动生产率的提高已转为均衡态势，即由以前主要是制造业生产率的快速提高，转为各个部门

在生产率上的差距缩小，甚至拉平。上述两个方面，促成了发达国家与发展中国家相对优势结构发生转变，从而使国际市场存在以下趋势：(1) 发达国家的初级产品出口比重降幅低于发展中国家的降幅，而进口降幅则高于发展中国家。这意味着初级产品的贸易地位在发达国家和发展中国家将呈反向变动趋势。(2) 在制成品方面，无论是发达国家还是发展中国家，也无论是出口还是进口，其比重都将呈上升趋势。但发达国家较之发展中国家，将增加进口，减少出口。最终发达国家与发展中国家将能够在国际市场上达到均势。

三、国际市场结构将出现更大的变化

自 20 世纪 80 年代以来，在国际产业结构变动和区域一体化的影响下，国际市场的结构已发生了重大的变化。在今后很长的时间内，这种变化还将继续下去。20 世纪 90 年代以后，随着欧洲统一大市场的建立，市场内部阻碍资金、人员、技术、商品等要素流动的障碍被消除，一个相对独立的区域市场呈现在人们的面前。在这种区域的影响下，北美自由贸易区也正在加紧运转。经济一直处于高速增长的西太平洋地区，虽然由于经济发展水平和体制方面的制约，不能很快建立起一个类似的区域经济一体化组织，但各种形式的经济合作也随着相互依赖的加深而不断出现，世界其他地区也是如此。可见，在国际产业变化的形势下，今后的国际市场将步入区域集团化的历史进程。在统一的国际市场中，将不可避免地形成几个相对独立的区域市场，并会对国际营销产生深刻影响。

当然，由于国际产业结构呈现交叉状态，各区域经济集团的国际分工也不再只表现为垂直和水平两种形式，而是转向多层次的交叉分工，这使得国际市场结构变得更加复杂。无论区域内部，还是区域之间，市场都将呈现多元化态势。

四、跨国公司在国际市场的作用将不断增大

跨国公司目前主要作为发达国家对外直接投资的行为主体，通过其跨国的要素配置和生产经营活动对国际市场产生影响。这种影响无疑是巨大的，但仍远未达到它所应达到的水平。

今后，在很长时间里，跨国公司都将是国际市场中最为活跃的因素。有些学者甚至预言，21 世纪将是“跨国公司时代”，跨国公司可能控制全球经济，左右世界经济命运。在 21 世纪，由跨国公司担当主要角色的国际市场的特点可以归纳为：以知识为基础，以金融为中心，以信息技术为先导，以跨国公司为依托。跨国公司通过其国际化的投资、生产、销售、研究与开发等跨国经营活动，将有利于技术转移的便利化、国际贸易的自由化、资金流动的加速化、资源配置的最优化，从而促进国际市场向一体化的方向发展。

第四节　加入WTO对我国企业开展国际营销的影响

世界贸易组织，英文称WTO，是致力于规范国际经贸活动、解决国际贸易争端和促使世界贸易自由化的国际组织。WTO的前身是1947年创立的关税与贸易总协定，英文简称GATT。我国是关税与贸易总协定的创始国之一，由于历史原因，与其中断联系三十多年。1986年我国正式申请恢复关税与贸易总协定缔约地位，并开始了艰苦的谈判历程。1995年WTO成立后，我国“复关”谈判转为加入WTO的谈判。经过15年的艰苦努力，2001年9月17日，WTO中国工作组第18次会议通过了我国加入WTO的全部法律文件，并决定将这些文件提交WTO总理事会。2001年11月10日，WTO在卡塔尔多哈召开的第四次部长级会议审议并通过了中国加入WTO的决定。从2001年12月11日起，我国正式成为WTO的成员。

随着社会主义市场经济体制的建立和改革开放的深化，以及加入WTO进程的深入，我国企业的国际营销迈出了新的一步。那么，我国企业要开展国际营销将会面临什么样的机遇与挑战呢？

思一思：

我国加入WTO已经三年多了。在这三年多的时间里我国外贸进出口额快速增长，当然也显露出来很多问题，例如，遭到越来越多的国外技术壁垒和反倾销投诉等。

那么，我国加入WTO，到底是利大于弊，还是弊大于利呢？收集资料并加以思考。

一、我国企业面临的机遇

国内外新的形势给我国企业带来了许多机遇。这主要表现在以下三个方面。

(一)进入国际市场已经成为我国企业发展的必然趋势

我国企业越来越迫切地需要走进国际市场，这是因为：

(1) 我国加入WTO后，对外开放进一步扩大，经济日益纳入世界经济运行的轨道。我国企业营销的对象和场所也逐渐从国内扩展到国外。为了适应这一转变，我国的对外贸易政策也有了较大的改变，进一步下放了外贸经营权，我国企业也开始注重产品的市场适应性。国内市场继而国际市场的需求成为左右企业生产的动因。为了满足国际市场的需要，大量新技术、新工艺被采用，新产品也大量涌现，这些都使我国企业进入国际市场成为可能。

(2) 国际市场规模巨大，发展迅速，对我国企业有巨大的吸引力。我国地域辽阔，人口众多，经济发展迅速，发达的东部地区和广大的中西部地区本身就是一个巨大的市场，但这与国际市场比较起来，就相形见绌了。巨大规模的国外市场为我国企业的发展提供了广阔的前景。我国企业进军国际市场不仅可行，而且十分必要，这是因为：一方面，在劳动生产率和技术工艺水平提高的情况下，我国部分行业生产能力过剩，国内市场趋于饱和；另一方面，参与国外竞争往往可以获取比在国内更高的利润，赚取外汇，并借此吸收国外先进的经验和技术，同时可以提高企业的国际营销能力。

(3) 加入 WTO 拓展了我国企业进入国际市场的范围，为我国企业进入国际市场提供了良好的条件。WTO 通过制定各国参与国际贸易竞争的共同标准，为每个成员国开展国际贸易提供了比较公平的竞争环境。WTO 成员间实行最惠国待遇和国民待遇原则，增强了竞争的公平性；实行透明度原则，增加了交易的可预见性；规定了在一些特殊情况下可以实施保障措施，避免成员国经济遭受不公平贸易的影响。加入 WTO，我国企业可以在国际贸易中享有更多的权利，获得更加稳定的国际经济贸易环境，享受其他国家和地区贸易投资自由化的便利，这对于充分发挥我国企业的比较优势、扩展国际市场、促进同各国和地区的贸易往来与合作能起到积极作用。

(二)我国政府积极创造条件，鼓励企业进入国际市场

我国政府对企业进入国际市场采取支持态度，主要表现在以下几方面。

(1) 除了加入 WTO 以外，我国政府还通过签署国际协议和条约，加强了同其他国家政府间长期稳定的经济合作，为企业国际营销提供了法律上的保护。

(2) 我国执行鼓励出口的外贸政策。例如，提供关税优惠，不仅调低出口税率，还对用于出口产品的进口原材料减免税收，以降低出口商品的生产成本。同时，还采取国内退税等方式对出口企业给予补偿。这些都有利于增强我国企业的市场竞争能力。

(3) 改革外汇制度。外汇制度的改革，使我国企业在外汇使用方面有了较大的自主权，便于国际交换的进行，也增强了企业的出口积极性。

(4) 国家鼓励企业联合，组织大型的企业集团，开展跨国经营，共同开拓国际市场。这对我国国际营销能力不强的企业打入国际市场，是极为有利的。

(三)发达国家的产业转移为我国制成品出口和向工业化社会过渡提供了良好的契机

从国际产业结构的变化趋势来看，发达国家正在向后工业化社会过渡。他们的一些制造业部门，或由于技术已经成熟，或由于劳动力价格昂贵而导致成本高昂，市场竞争力削弱，正通过跨国公司的对外直接投资向发展中国家转移。我国有安定的政治环境、丰富的自然资源和较低的劳动力成本，这些都是吸引跨国公司的有利条件。所以，我国企业应抓住这一有利时机，加强与国外跨国公司的联系与合作。通过合资、合作等不同形式，大量引进外资，引进外国的先进技术、设备和科学的管理经验，从而带动我国制成品的出口，填补发达国家产业升级后留下的空缺，并促进我国企业劳动生产率的提高和对传统企业的改造，以加速工业化的进程。

二、我国企业面临的挑战

加入 WTO，固然给我国企业开拓国际市场、开展国际营销带来了千载难逢的机遇，但与此同时，应该承认我国企业开展国际化经营也还面临着许多问题，能否很好地解决这些问题，对我

国企业来说是严峻的挑战。

(一)国有企业进一步深化改革是我国企业国际化的前提

加入 WTO，客观上有利于推动我国国有企业的改革。我国国有企业长期生存在计划经济环境中，缺乏竞争意识和竞争能力。虽然经过改革开放二十余年的磨炼，这种现象已有所改观，但多数企业与国外企业相比，还相差甚远。加入 WTO 后，随着市场的开放和国外跨国公司的进入，我国企业将不得不接受国际竞争的冲击与考验，只有通过改善自身素质，积极参与竞争，我国企业才能继续生存并求得发展。

(二)科技水平落后、人才匮乏是我国企业打入国际市场的又一障碍

近二十年来，我国的科学技术和生产力水平虽然都有了大幅度的提高，但与发达国家，乃至一些制造业占优势的发展中国家相比，还存在着很大差距。而从今后的发展趋势看，在国际市场竞争中，科学技术水平将成为竞争成败的关键，各国对进口商品的技术标准、卫生检疫标准、安全标准、质量标准等，也都将有更新、更高的要求。因此，加入 WTO 后，如果我国企业不努力提高科技水平，以适应国际市场的变化，而只依赖于劳动力成本低的比较优势，将很难在国际市场竞争中获胜。

(三)世界贸易保护主义的泛滥和区域经济一体化的发展，使我国的企业处于不利的地位

当前，主要发达国家经济发展速度趋缓，所以它们试图通过国际市场转嫁经济负担，这使得国际市场竞争更加激烈，贸易保护主义盛行。我国虽然已加入 WTO，但应该看到，世界各地的区域经济一体化进程正在加剧，欧洲统一大市场已建立，北美自由贸易区进入了实施阶段，东盟等组织也不甘落后，联合与协作更加紧密。而我国目前尚不属于任何经济集团，得不到区域一体化内部的便利，反而面临着被排斥在区域市场外部的危险。加上我国现阶段对国际市场的参与主要是通过进出口的单一形式，很少以跨国公司直接投资的方式打入各地区域集团，所以，随着区域一体化的发展，我国企业的国际营销更易受非关税壁垒的限制，形势是十分严峻的。

三、面对机遇与挑战我国应采取的对策

为了抓住机遇，打入国际市场，根据我国国情，我国应采取以下措施。

(一)转变观念，深化改革，为企业国际化铺平道路

按照市场经济的要求，我国还需要进一步深化企业产权、国家税收、金融及外汇制度等方面的一系列改革，使商品的生产与经营符合价值规律的要求，使企业成为真正独立的商品生产者和经营者，从而为企业进行国际营销清除体制上的障碍。我们要抓紧学习、熟悉 WTO 的有关规则，制定相应的政策法规，认真履行我国加入 WTO 的承诺，并充分利用享有的权利。

(二)加快法律、法规、规章的制定、修改和废止工作

要在深入理解和准确把握WTO规则、我国对外承诺的基础上，抓紧制定既能严格履行我国对外承诺又能利用WTO规则保护和发展我国经济的法律、法规和规章。对现行有关的法律、法规和规章进行整理，按照法制统一、公开、透明的原则，对违反WTO规则的规定酌情修改和废止，使我国的经济法律制度进一步符合国际通用做法。建立和完善市场准入的法律法规和标准体系，规范行政审批和管理制度。加强对国际标准的研究和应用，逐步完善技术、质量、环保、安全等技术标准方面的法律法规，为我国产品走向国际市场提供便利的通道。

(三)加强国际间的经贸合作，发挥潜在优势

据有关方面预测，21世纪将是亚洲和太平洋世纪。我国是亚太地区的大国，有着丰富的资源、广阔的国内市场以及较低的劳动力成本，这些都是我国在国际竞争中的优势。在未来的对外经贸关系中，我国应继续全方位开放，并侧重发行环太平洋地区的经济贸易关系，利用我国优势，吸引外资，扩大出口，加强与其他国家在竞争中的合作。

(四)加快科技进步步伐，提高制造业水平

我们应充分利用发达国家产业结构调整带来的良好契机，通过大力发展科学技术和吸引跨国公司来华投资合作，提高制造业水平，在注重经济效益的基础上扩大制成品出口，促进我国产业结构的改进和国民经济的稳步、协调发展。

(五)组建大型跨国企业集团，实行跨国经营

为了减少区域一体化和贸易保护主义对我国企业进入国际市场的影响，我国应从宏观上考虑组建产、供、销一条龙的大型企业集团，并在条件成熟的情况下，在国外投资设厂。除了组建大型跨国公司以外，具有比较优势的企业，也应努力开展跨国经营。这样做不仅可以学习当地的先进管理经验和技术，而且可绕过贸易壁垒开展营销活动。优化国际营销的产品结构，并适时地走企业国际化的道路，确保在国际营销中立于不败之地。

本章小结

国际市场的发展，主要应该归结为科技革命推动下生产的迅速发展、经济的国际化和全球化、区域经济一体化、国际金融体系的建立与发展、跨国公司的发展等原因。随着国际市场的发展，市场的内容发生了很大的变化，贸易方式越来越多样化，市场垄断性不断增强，新的贸易保护主义抬头，同时国际市场又逐渐向法制化、条约化、规范化发展。

从长远来看，国际市场规模将继续扩大，国际贸易中技术密集型商品的比重将有较大幅度的提高；商品流向将会出现变化，发展中国家的制成品出口将与发达国家形成均势；市场结构也将出现重大变化；跨国公司的作用将不断增强。

加入WTO给我国企业开展国际营销既带来了机遇，又带来了严峻的挑战。我们只有

正确认识并认真对待之，才能在新的形势下取得更大的发展。

案例分析

GE公司如何打入中国市场？

年销售额达1 298亿美元，居2001年《财富》500家公司排名第8位的通用电气公司(GE)在中国入世后加快了推进在华业务的步伐。该公司大中华区传播及公共关系总经理刘波说："目前，通用电气在中国的投资额是15亿美元，在未来5年内，要力争将这个数字翻一番，即30亿美元乃至40亿、50亿或者更多。"

一、GE进入中国市场的步伐

早在1910年，GE就开始同中国发展贸易，向中国出口电扇、电冰箱和蒸汽机车等产品，是当时中国市场上最活跃和最具影响力的公司之一。

1979年，GE重新在北京设立了办事处。同年，GE旗下的医疗系统集团又在北京设立了GE医疗系统中国公司。随之，GE发动机集团开始向中国出售小型飞机和直升机的发动机，并从沈阳和西安的飞机制造厂购买飞机发动机部件。

1991年，GE完成了它在中国的第一个生产型投资项目——GE航卫医疗系统，开始对华试验性投资。

1994年，随着通用电气(中国)有限公司的成立，GE走上了正规化、大规模对华投资的道路。

如今，GE所有业务集团都在中国发展业务，拥有本地员工八千多名，建立了二十多家办事处和近三十家合资或独资企业。

对GE而言，已经完成的这些项目只不过是公司伸入中国的一个小手指头，从营业额看，GE在中国的营业额只相当于其全球总营业额的1.2%。

二、韦尔奇的继任者打算把中国市场做得更大

在GE担任了20年董事长和CEO的杰克·韦尔奇在卸任前曾经说过，未来10年内，GE的CEO面临的最大挑战是中国市场。

业内人士说，韦尔奇在中国问题上有过失误，他以为照明设备是高科技产业，需要投入大量资金，GE在中国应该是有所作为的，估计竞争对手只有4家国际企业。然而实际情况又如何呢？实际上后来中国各省都发展起来了生产这类设备的企业，结果竞争对手多达两千多个。

"当他们开始追求某些东西时，真是势不可挡"，韦尔奇这样评价中国人。

在20年的时间里，韦尔奇靠4个法宝，使通用电气公司保持了旺盛的生命力，这4个法宝是全球化、服务、质量和数字化。

刚刚接替韦尔奇的杰佛雷·伊梅尔特说："我要做的就是继续把这4个法宝发扬光大，同时要更加突出战略重点。”这表明通用电气公司会在中国、日本、欧洲做得更大。

杰佛雷·伊梅尔特上任之前在通用电气公司内部领导着一个系统集团，这个公司在通用电器的所有公司中，是全球化工作做得最好的公司之一。

三、管理升级，业务全面准备

GE 重现中国市场，对中国市场作了全面充分的调研。管理上把重心放在管理机构、业务领域、投资和销售额等方面。

在 GE(中国)公司担任五年董事长兼 CEO 的王建民，不久前被调回 GE 总部，担任总公司的中国战略发展总经理，接替王建民担任 GE(中国)领导人的是 41 岁的孙礼达，与此同时，中国区领导人的职位有所上升，级别相当于公司的副总裁。也就是说，现在的通用电气公司有两位高级领导人在关注着中国业务的发展。

GE 承认自己在中国投资相当谨慎，但始终没有停止过。比如，派 GE 副董事长加里·罗杰斯赴华访问，访问期间办了两件大事。一是 GE 医疗系统工业园奠基。这个工业园将是 GE 全球的生产基地，也是中国最大的医疗生产、技术研发、市场营销的基地。二是在上海，GE 和东芝公司合资成立的“GE 东芝有机硅有限公司”投产。

四、GE 想卖得更多，也想买得更多

中国入世以后，给各国的企业提供了很多在中国发展的机会。GE 同样想在中国卖得更多，也想买得更多。

入世后的中国市场非常广阔，而 GE 的产品确实也比较多，在更多的市场和更多的消费者中找到了合作的机会。至于想买得更多，是因为中国的生产能力很强，甚至在很多方面出现了生产过剩。GE 的思路是，他们可以尽量利用中国的生产能力，他们称之为“采购投资思路”，这种思路对 GE 来说，就是可以用很有竞争力的价格来购得完全符合要求的产品，也免去了投资建厂的诸多环节和风险；中国企业则通过和 GE 这样的公司合作，在人才、管理、质量等诸多方面得到提升，从而很快成为世界的供应商。

GE 把 2008 年北京的奥运会也看成一个好机会。GE 很多业务集团都有很多机会为奥运提供服务。悉尼奥运会期间，GE 的照明系统、电子商务、医疗设备等业务就曾经发挥了很好的作用。

资料来源：顾春梅，《国际市场营销学》，北京：中国物资出版社 2002 年版。

问题：

1．GE 公司的前任 CEO 杰克·韦尔奇对中国市场是如何评价的？GE 公司在中国市场上取得了什么样的成功？

2．GE 公司在中国市场上预计还会取得什么样的业绩？你认为中国加入 WTO 给国外企业进入中国市场带来哪些机遇？

思考与练习

1．第二次世界大战后国际市场迅速发展的原因是什么？

2．当代国际市场有哪些新的特点？

3．国际市场未来的发展趋势如何？

4．加入 WTO 给我国企业开展国际营销带来了哪些影响？

5．面对 WTO 带给我国企业的机遇和挑战，我国企业应采取什么对策？

技能实训

1．收集有关我国企业走向国际市场的资料，分析其开展国际化经营取得的成绩和存在的问题。

2．课外进行书面准备，课堂组织题为《加入 WTO 以后我国企业面临的机遇与挑战》的讨论。

第三章 国际营销环境

【导读】随着我国对外经济发展战略的进一步深入实施，越来越多的企业走向国际市场，参与国际交流和国际竞争。任何企业开展国际化经营和国际营销，进入国际市场，都必须面对错综复杂、变化多端的国际营销环境。环境对企业的影响很大，某种程度上甚至可以决定企业的生存和发展。

本章主要介绍了国际营销不同的环境因素，包括政治和法律环境、经济和人口环境、社会文化环境等。

第一节　国际营销环境概述

一、国际营销环境的内容

企业从事国际营销活动，会直接受到国际市场环境中错综复杂的各种因素的影响。这些因素概括起来可以分为两大类，即可控因素和不可控因素。

可控因素指的是企业通过自身努力，可以左右和改变的因素。企业可控制的营销因素很多，概括起来可以分为四类：产品(product)、价格(price)、分销地点(place)、促销方式(promotion)，简称"4Ps"。这类因素不是孤立存在的，而是相互影响，形成一个整体，因而称之为营销因素组合(marketing mix)。

不可控因素指的是企业不能左右的因素，也就是企业开展国际营销时所处的外部客观环境，这也是本章所要重点讨论的内容。对于这种环境，企业虽然难以预料和改变其作用，但可以通过对环境变化的预测、研究，不断地调整营销策略。企业开展国际营销时所处的国内外客观环境主要可以概括为政治和法律环境、经济和人口环境、社会文化环境以及自然环境、科技环境和竞争环境等。

二、国际营销环境中的机会与威胁

企业开展国际营销时分析、研究环境的目的在于避免环境威胁和发现营销机会。所谓环境威胁，指的是环境中有碍企业开展国际营销的趋势。所谓营销机会，则是指尚未得到满足而企业又有能力满足并能取得竞争优势和差别利益的市场需求。环境的每一个发展变化，都可能给企业带来新的环境威胁和新的营销机会。因此，从这个意义上说，国际营销环境就等于机会加威胁，企业应该如何去面对呢?

(一)企业必须创造并适时地利用营销机会

任何企业都面临着发现和利用市场营销机会的问题。企业通过分析和评估确认市场对某种产品有某种需求、有顾客购买、企业也有营销能力后，应积极地创造和适时地利用市场机会。例如，服装市场瞬息万变，每年服装花样翻新的速度很快，服装产品的生命周期多则一年，少则两三个月，企业如果不适时利用市场机会，就会在竞争中失利；反之，如果能适时、果断地利用市场机会，便可提高企业的经济效益。以下是企业创造并利用市场机会的四种常见方式。

1．企业可利用社会上出现的"时尚热"开展营销活动

例如，我国少年儿童很喜欢科幻电影，当前美国的"哈利·波特"系列片是许多孩子的最爱，如果某一企业抓住这一时机，及时生产相应的玩具向市场推出，将给企业带来良好的经济效益。

2．利用“体育热”创造营销机会

社会经济的发展，人民教育文化水平的提高，促进了人们对体育的兴趣爱好。现在很多人非常喜爱看各种体育比赛，特别是球类比赛，这就为许多企业创造了极好的营销机会。不少企业顺应体育爱好者追星的心理，生产出印有“英超”、“德甲”、“西甲”等足球联赛和NBA、CBA等篮球联赛有关图案的衣服和用具，满足了体育爱好者们的需求，同时给企业创造了盈利。

3．利用社会知名人士的生活习惯创造企业的营销机会

英国王妃戴安娜生前在穿着打扮上花费极大。有人统计过，从1988年2月到7月的160天里，她在公开场合露面109次，至少穿了74套不同款式的服装。一家服装公司感觉十分敏锐，立即仿制了一种“王妃服”推向市场，销售情况非常好。戴安娜王妃在公开场合的露面无异于“时装表演”，这种表演促使许多崇拜者竞相模仿，上面所述的这家服装公司正是利用戴安娜王妃的社交活动作“免费广告”创造营销机会，从而赚取了巨额利润。

4．利用影响较大的社会事件创造营销机会

1984年我国曾经向美国人民赠送大熊猫，美国人民热烈欢迎，随即在全美国出现一股“熊猫热”，不少中外厂商看准这一机会，及时生产了绘有熊猫图案的服装和玩具在美国出售，获得了成功。

(二)企业应谨慎应对环境威胁

企业面对环境威胁一般可选择下面三种策略。

1．反对策略

即限制或扭转不利因素的发展。例如，20世纪80年代初，瑞士手表企业由于忽略电子表和石英表的重要性，低估了日本卡西欧、西铁城、精工舍等品牌的石英表、电子表生产厂家的市场营销能力，加上当时瑞士法郎汇率上升，该企业遭受了沉重的打击。在危急关头，瑞士的一些钟表企业携手合作，开展集团经营，共同研制出了一种成本低廉，款式新颖，具有防震、耐高温性能的薄型手表，对日本厂商的挑战予以回击，并采取集中促销的策略，终于取得了表类产品反对策略的成功。又如，20世纪70年代末，苹果电脑曾经遭到来自IBM公司和泰迪公司电脑的严重冲击。当时苹果公司势单力薄，既缺乏像IBM公司那样多的直销人员，又没有像泰迪公司那样的特约经销网络，于是，苹果公司将反击“法宝”押在促销方面，实施促销反击。苹果公司抢占黄金时间，在电视上大作广告，在美国各地开展贸易展销，以争取消费者的认同，提高知名度，最终削弱了IBM和泰迪的攻势。

2．减轻策略

即企业通过改变营销策略，来减轻“环境威胁”的程度。例如，美国的列维·施特劳斯公司曾经于20世纪70年代末花费了1 200万—1 400万美元，希望能够在奥运会上把列维服装作为“美国的国服”，并为此作了大量的广告宣传，后因苏联出兵阿富汗，美国拒绝参加在莫斯科举行的

1980年夏季奥运会，对该公司造成了一种环境威胁。在此恶劣的情况下，该公司立即改变了营销策略把大量费用转移到美国全国的电视广告上，并改变广告宣传内容，鼓励人们购买其服装作为圣诞节的礼物，结果，该企业将环境威胁转化成了有利的营销机会。

3．转移策略

即把产品转移到其他市场，或把经营重点转移到其他盈利更多的产品行业，实行多元化经营。例如，近年来，美国市场充斥着外国产品，美国生产的许多产品在国内市场上竞争的激烈程度远远高于国际市场。迫于国内市场的压力，不少美国企业不得不到国外市场上寻求新的营销机会。另外，美国的烟草公司由于当局对吸烟的限制日益增多，而纷纷转向其他产业，如酒类、软饮料和冷冻食品等，从而保证了企业的兴旺发达。

总之，环境因素对企业开展国际营销有重大影响，而企业营销的一个主要任务，就是制定合适的营销组合(可控因素)，使之适应不断发展变化着的客观环境(不可控因素)。

第二节 国际营销的社会文化环境

世界各地消费者的消费方式和需求满足的侧重点是以社会文化为基础的。各国的社会文化背景不同，风俗习惯、教育水平、语言文字、宗教信仰、价值观念、艺术和美学观念、生活习惯等方面差异很大。不同的国家、不同的文化，对同一产品可能会有不同的态度。这直接影响到产品的设计、产品被接受的程度、信息传递的方法及分销和推广的措施等。企业在开展国际营销时，不能忽视这一点。而且，对于有社会文化因素形成的不同消费习惯和消费心理，只有加以适应，投其所好，避其所忌，才能将国际营销搞活。

一、文化的含义和特征

(一)文化的含义

在历史学中往往用“文化”两个字表示某个社会的文明所具有的某些闻名于世的特征。比如，希腊文化就与艺术和文学紧密相关。不过，对于国际营销人员来说，文化仅仅局限于这个范围就过于狭隘了。在国际营销中，我们应该从更广的角度，比如从人类学家的角度来理解文化的含义。任何一个人类群体或社会都拥有文化，文化是人类在社会历史发展过程中所创造的物质财富和精神财富的总和，它涉及人类生活的一切方面，从食物到服装，从家务劳动到工业技术，从礼仪形式到大众传媒，从工作节奏到常规习俗，等等，其基本因素包括物质文化、语言、教育、宗教、价值观念、风俗习惯和社会组织。

(二)文化的特征

1．文化并非与生俱来，而是通过后天学习而获得的一个民族或一个人类群体共同享有的东西不一定属于文化的范畴。比如，一个民族中的人有同样颜色的头发和肤色，但这不能称为文化，因为头发的颜色和肤色是由遗传决定的。人无对吃、穿、住的需要也不属于文化范畴，而吃什么、穿什么、住什么和怎样吃、穿、住却是后天学习得到的，因此，不同的民族和群体就会有不同的饮食文化、服饰文化、民居文化。例如，在饮食文化方面，中国人吃饭大多数用筷子，欧美国家的人往往用刀叉，世界上还有人吃饭用手抓；韩国人喜爱吃狗肉而欧美国家的人绝对不吃狗肉，等等。

2．文化有一种无形的力量，规范和制约人的行为

文化是我们身外的东西，但它对每个人施加着强大的力量。平时我们往往感觉不到文化的强制力量，这主要是因为我们通常总是与文化所要求的行为和思想模式保持着一致的缘故。然而，当我们真正试图反抗或改变文化强制时，其力量就会明显地体现出来。

3．存在的文化必然是合理的文化

任何民族的文化必然要适应该民族生存的自然和社会环境。一种有损于民族和社会生存的习俗不大可能长时间持续存在，若人们固守这种习俗，则最后有可能会与这种习俗同归于尽。当我们发现某一民族和社会具有某种特殊习俗时，就应该想一想，从适应社会特定环境的角度看，这种习俗是否合乎情理。有许多看起来不可理解的文化现象，如果将其视为对环境的适应就变得可以理解了。

4．文化是人类适应客观环境的一种手段

当客观环境改变时，文化自然也会随之而改变。文化的变化是经常可以感觉得到的，例如，老年人在将自己的生活习惯和方式与青年人相比较的时候就会明显地感觉到“时代变了”。实际上，世界上没有一成不变的文化模式，文化的变迁是一个永恒的社会现象。文化只能在不断变迁中才能获得发展和进步，这是一个不以人的意志为转移的客观规律。

二、社会文化差异与国际营销

不同的民族有着不同的语言文化、观念文化、行为文化、物质文化等，这就是社会文化差异。一个民族的文化直接影响到该民族的人们对事物的认识。

(一)社会文化差异产生的原因

自然地理环境是造成社会文化差异最根本和最直接的原因。山川、海洋、沙漠等天然屏障长期以来阻碍了不同民族之间的文化传播和交流。客观上为不同民族社会文化的个性的独立发展提供了机会。

除了自然地理环境以外，社会文化自身的因素往往是造成社会文化差异的第二个重要原因。在社会文化自身的因素中，首要的一点便是各民族的价值观念和文化传统的差异。价值观念和文化传统，是各个民族不同的社会文化经过长期的分化和发展形成的，它们既是区分不同民族社会

文化的重要标志，同时也是进一步再生产或再创造这种民族社会文化差异的一个重要原因。所以说，地理环境的不同及其隔离机制使不同的民族形成了自己特有的价值观念和文化传统，两者的不同往往又形成一种无形的隔离机制，反过来又进一步强化了这种差异。

造成社会文化差异的第三个重要原因是各民族普遍存在的“民族中心主义”思想。每个民族总是习惯按自己的眼光去观察、理解和对待其他民族的社会文化，总是把本民族的文化说成是最优秀的、最文明的、最中心的，而把其他民族的文化说成是较低劣的、较野蛮的、较边缘的。

(二)社会文化差异对国际营销的影响

企业在本土开展国际营销活动时，感觉得心应手，丝毫意识不到社会文化环境的压力。可是一旦离开本土开展国际营销活动，就会感到对其他社会文化的不适应。这是因为企业离开了原有的社会文化环境，进入到另一种新的社会文化环境中。

在国际营销中，每一个国外的市场都存在与本国市场不同的社会文化和习惯行为。每个国家和地区不仅有自己独特的社会文化，而且大多数国家和地区还存在着亚文化，譬如不同的道德、宗教、种族等。要想在国际营销中成功，企业就必须能够适应这一变幻莫测的社会文化环境。社会文化环境是影响国际营销的重要因素，这是因为：

(1) 社会文化渗透于国际营销活动的各个方面。产品要根据各国文化特点与要求设计，价格要根据各国消费者不同的价值观念及支付能力来确定，分销要根据各国不同的社会文化与习惯来选择分销渠道，促销则要根据各国不同的文化特点来设计广告，等等。

(2) 国际营销活动本身就是社会文化的一个组成部分，国际营销活动推动着社会文化的发展。国际营销活动既应该适应各国现有的社会文化，又应该创造新的社会文化，例如，创造新的需求、新的生活方式等。

(3) 国际营销成果的好坏要接受各国社会文化的裁判。当地消费者对企业产品的接收与否，便是其社会文化意识的反映。

可见，适应各国各地区的社会文化环境对国际营销是多么的重要！但要适应某一个国家或某一个地区的社会文化，说起来很容易，做起来实际上是比较困难的。这是因为，社会文化环境可以从根本上影响人们对客观世界的看法和行为，也就是说，社会文化环境使人们的行为产生了一种自我参照准则，当人们接触到异域文化时，自我参照准则就会起作用。所以很多企业在起初接触国外消费者时，往往用自我参照准则来衡量国外消费者，因而难以理解为什么他们会有不同的想法或做出一些无法理解的行为。

三、国际营销中应考虑的社会文化环境要素

社会文化涉及人类生活的各个方面，其基本要素大体包括语言文字、物质文化、美学观、态度与价值观、社会组织、教育水平、宗教信仰、风俗习惯等。在国际营销中充分考虑这些要素是

非常必要的。

(一)语言文字

语言文字是文化的载体，也是文化的要素之一。企业在开展国际营销活动时，应充分重视对语言文字的研究。全世界使用的语言文字有两百多种，为95%以上人口经常使用的不到100种，其中，使用人口超过5 500万的共有13种，即汉语、英语、法语、西班牙语、俄语、阿拉伯语、印地语、孟加拉语、日语、葡萄牙语、德语、印尼语、意大利语。不同的语言有着不同的适用范围。使用汉语的人数最多，主要是中国及其周边的一些国家，还有旅居世界的华侨；懂英语的人口约十亿多，英语是国际上最主要的商业语言；西班牙语除西班牙本国使用外，还有拉美国家使用；阿拉伯语在整个阿拉伯地区使用；俄语除俄罗斯等国家使用外，还在中亚、东欧等一些国家使用。

语言文字是人们在国际营销中相互沟通的主要工具。通讯联系、洽谈合同、广告宣传等都离不开语言文字。要搞好国际营销必须十分注意语言文字的适用性。例如，在国际范围内开展国际营销不能只懂英语，因为许多国家如德国、日本等规定某些商业文件必须用本国语言。有些国家还同时或分区使用不同的语言和文字。如加拿大有英语区和法语区；瑞士、比利时等国通用三种语言；卢森堡人口虽然只有三十多万，使用的官方语言却有法语和德语两种。我国一些出口商品的主要顾客是散布于世界各国的华侨和华裔人士，因此商标标签上的文字应该避免使用简体字和拼音文字，否则顾客将看不懂。

此外，还应注意语言文字的翻译问题。翻译实际上是两种文化的交流，稍有不慎便可能出现错误。例如，美国通用汽车公司生产的“Nova”牌汽车，在美国很畅销，但是销往拉丁美洲却无人问津，原因是拉美许多国家都讲西班牙语，而“Nova”一词在西班牙语中意为“不动”。试想一下，谁愿意买“不动”牌汽车呢？我国企业在外销产品的文字翻译中也常出现错误，例如，某一企业把“芳芳”牌唇膏产品直译为“Fang Fang Lipstick”向美国出口，而“Fang Fang”在英文中有“毒牙”的含义。我国企业又常常以“价廉物美”为自己商品的优势特征进行宣传，但如果把“价廉”直接翻译成英文“Cheap”，外国消费者就会理解为“劣等货”。以上这些情况都难以唤起甚至会抑制消费者的购买欲望。

所以，在翻译商标和广告时，必须注意了解各种语言文字在表达上的特点、忌讳、隐喻等。具体地说，在外销翻译时可以参考以下一些做法：

(1) 到某国去开展国际营销活动时，应邀请精通该国语言和文化的人作翻译。(2) 必要的时候，可使用两个翻译人员，即先由我方一名翻译将中文译成外文，再由外方一名翻译把外文译成中文，如果外方翻译的中文还能体现原来中文的精神和创意，那么这个译文就是可取的。(3) 译文由我方翻译，最后再由外国当地人员审核。审核人必须很熟悉产品才能准确判断翻译质量的好坏。一般来说，代理商和经销商是最佳人选。(4) 在翻译时应避免使用生僻的成语和俚语。(5) 在确定产品品牌名称或公司名称时，有一条经验是可以借鉴的，即名字在各国均能发音，但在各国语言中均无具体含义。“柯达”(Kodak)、“索尼”(Sony)便是成功的例子。这两家公司在确定名称以前都进行了长期的调研，发现这些名称在世界各主要语言中都能发音且无具体的含义，非常符合公司的全球推广战略，也方便了世界各地的消费者记忆，让该品牌在世界各地都能被消费者轻易辨认出来。

(二)物质文化

物质文化包括人们生产商品、劳务时所使用的工具、知识、技术、工艺以及对商品劳务的分配和消费方式。物质文化体现了一个社会的生活水平和经济发展程度。所谓发达国家、新兴工业化国家、发展中国家，主要是以物质文化为划分标准的。同社会文化的其他要素相比，在物质文化方面可以用更多、更确切的统计数据来衡量和说明。

物质文化的基本组成是技术和经济状况。技术是人们制造物质产品的技艺，包括基础研究及其在生产中的应用和市场营销、融资、管理水平等。经济状况指人们运用自身能力创造财富的方式和分配财富的方式，包括产品和劳务的生产、分配、交换和消费方式等。

世界各国的物质文化差异，导致了各国需求水平和需求结构的极大差别。在进入国际市场之前，国际营销人员必须首先评估该国的各种物质文化因素，如交通运输状况、通讯系统、动力系统、住房、保健条件等。产品能否为当地市场所接受，这一点常常受东道国物质文化要素的限制。例如，在电力供应不足的地区，家用电器可能就没有市场。巴西和巴基斯坦虽然都是发展中国家，但通过对其物质文化进行调查研究表明，两国的需求还是很不一样的：巴西比较发达一些，对唱片、电视机等产品的需求量比较大；巴基斯坦由于农业还占很大比重，因此对农具的需求量较大。电动牙刷、电动切肉刀在美国很畅销，但在一些发展中国家却卖不掉，因为人们将其视为高档消费品，在现有的物质文化条件下，他们宁愿将可支配的有限收入用在一些更有实际意义的项目上，如改善住房、吃饭、穿衣等。除了产品策略外，企业的其他营销策略也受物质文化的影响。例如，企业要在目标国作广告，就必须了解该国电视机、收音机、报纸、杂志等传媒的普及率和有效性。

(三)美学观

美学观是指一种文化的审美观念和审美能力，通常表现在对艺术、音乐、戏剧、舞蹈及颜色、形状等的鉴赏能力上。不同的国家、不同的民族和地区，由于长期的生活习惯和传统文化的不同，形成了不同的美学观。

企业在设计产品、包装产品或作广告时，要注意各地美学观的差异。例如，在联邦德国，方形比圆形更受欢迎；带六角形的包装不宜向中东地区的国家出口。又如，中国人一般忌讳乌龟，而日本却视乌龟为长寿的象征；中国人喜爱荷花，而日本人认为荷花意味着祭奠；中国人以中秋赏菊为乐事，而欧洲人却常在葬礼上摆放菊花。

不同的颜色在不同的国家表示不同的含义。在西方，黑色代表丧事，白色则是女士婚服的颜色；而在亚洲，白色代表丧事；在巴西，紫色则是哀悼死亡的颜色；摩洛哥人一般不穿白衣，认为白色是贫困的象征；绿色在美国表示安详，而在一些亚洲国家却表示疾病。所以，在确定产品包装以及广告色彩时，一定要注意所用的颜色在目标市场国是否代表不吉利的含义。

在选择广告的配乐与形式时，也要考虑各个国家的不同偏好。美国人比较喜欢民谣；在巴西，桑巴舞曲则较为流行。在美国制作广告，如果把产品与牛仔(cowboy)联系起来，会产生很好的效果；但是这个方法在智利和阿根廷就行不通，因为在这两个国家，牛仔仅仅是一种职业，丝毫不具有浪漫的形象。在墨西哥，“唱歌的蟋蟀”(singing cricket)这首歌几乎家喻户晓，企业如果了解这一点，用这首歌作广告所取得的效果不会亚于在美国用米老鼠作广告的效果。

(四)态度与价值观

态度是指以价值观为基础对某些事物的评价，而价值观则是人们对客观事物的评价标准。不同的社会文化对实践、变革、物质财富、风险等有不同的态度和价值观，从而影响着人们的消费行为和消费方式。

各国对时间的不同态度往往在潜移默化中制约着人们的行为，例如，在一些发达国家，人们工作紧张，生活节奏快，所以速溶咖啡、快餐、一分钟米饭等快速食品很受欢迎。但是，在一些经济不发达的发展中国家里，人们不太重视时间，对快速食品就不一定能接受。他们宁可买普通的咖啡慢慢地煮，也不会去买速溶咖啡；宁可自己动手洗衣服，也不愿意买洗衣机。

各国对变革的态度也有所不同。美国人喜欢新事物，所以在美国新产品、新技术容易被接受；而欧盟许多国家传统观念较强，对新产品往往持怀疑态度，因而企业在向传统观念较强的市场推出新产品时，就必须努力使消费者相信，新产品保持了传统产品的大部分或全部特点，并具有许多新的优点。

资料卡

与消费者行为相关的价值观

他人导向价值观

- 个人与集体。社会是重视个人活动和个人意见，还是重视集体活动与集体依从？
- 扩展家庭与核心家庭。一个人应在多大程度上对各种各样的家庭成员承担义务和责任？
- 成人与小孩。家庭生活是更多地满足大人的还是小孩的需求和欲望？
- 男性与女性。社会权利的天平在多大程度上自动偏向男性一方？
- 竞争与合作。一个人的成功是更多地依赖于超越别人，还是更多地依赖于与别人的合作？
- 年轻与年长。荣誉和地位是授予年轻人还是年长的人？

环境导向价值观

- 清洁。社会对清洁的追求在多大程度上超过健康所要求的程度？

- 绩效与等级。社会激励系统是建立在绩效的基础上还是建立在实际因素的基础上？
- 传统与变化。现在的行为模式是否被认为优于新的行为模式？
- 承担风险与重视安定。勇于承担风险，克服困难去达成目标的人是否更受到尊重和羡慕？
- 能动解决问题与宿命论。人们是积极地解决问题还是采取一种听天由命的态度？
- 自然界。人们视自然界为被征服的对象还是视其为令人景仰的圣地？

自我导向价值观

- 主动与被动。要积极、主动的生活取向是否更为社会所看重？
- 物质性与非物质性。获取物质财富的动机到底有多强烈？
- 勤奋工作与休闲。拼命工作是否更为社会所提倡？
- 延迟享受与及时行乐。是鼓励人们及时行乐还是为获得“长远利益”而牺牲“眼前享受”？
- 纵欲与节欲。感官愉悦的享受如吃、喝、玩、乐在多大程度上被接受？
- 严肃与幽默。生活是被视为极为严肃的事情，还是认为应该轻松地去面对？

资料来源：〔美〕霍金斯著，符国群等译，《消费者行为学》，北京：机械工业出版社 2000 年版。

一般来说，消费者购买一件商品也就承担了风险，这类风险包括：价格是否合算；产品是否耐用；对健康是否有损害；使用这种产品是否有损形象等等。不同国家的消费者对待风险的态度不一样，例如，美国人讲究实际，因而产品保修是必须的；而墨西哥人大多数相信宿命论，认为人类对未来事业的发展无能为力，所以对风险并不在意，因此在墨西哥提供产品保修就不像在美国那样吸引人。不同消费者对各种风险的重视程度也有所不同，企业要相应地制定不同的营销策略。如果人们较重视经济风险，就应强调产品价廉物美；如果人们更看重安全风险(多与购买电器、化妆品、食品等相关)，这时企业就应该更强调产品的安全性和无害性；如果人们更重视形象，则应该强调产品的高档次、高品位。

对物质财富的不同态度也会影响市场的规模和潜力。一些发达国家，不少人崇尚能挣会花，对产品的要求是方便和舒适。在这种观念的指导下，人们的消费水平比较高，市场规模和潜力也比较大，一次性产品如一次性纸尿布、纸餐巾、纸餐具等有较大市场。而在小生产观念占主导地位的国家里，消费水平比较低，消费者观念和消费方式与消费者水平高的市场有很大差别。

态度和价值观念的不同还表现在其他方面。例如，随着社会的进步，人们会有更多的时间和娱乐爱好，会更追求个性的多样化，也会越来越多地参加社会工作，因此，能够简化家务劳动的电器产品和方便食品将有较为广阔的市场。

(五)社会组织

社会组织是指一个社会中人与人之间重要的联系媒介。社会组织可以分为两类：一类是以血缘关系为基础的群体，如家庭、部落等；另一类是按年龄、性别或共同的兴趣等组成的群体。各国不同的社会组织结构会影响市场营销。例如，欧美一些国家的家庭常常是父母与子女组成的小型家庭；而在一些发展中国家，家庭往往扩大到祖父母、叔姑、堂兄弟姐妹等。这就使企业难以确定家庭中谁是商品购买的决定者和影响者。产品的大小和包装也要适应不同的情况。例如，供应意大利市场的洗衣机、洗碗机、冰箱等体积都要比较大，因为他们的家庭成员比较多。

一个人在社会组织中的作用和地位在不同的国家也是不一样的，因而对消费也会产生不同影响。在许多国家，女性往往身兼数职，她可能是妻子、母亲、企业领导人或雇员，其中哪一个角色是主要的则因国家而异。大多数瑞士妇女认为整理房间、洗衣服等家务劳动是妇女的本分，所以不愿使用那些减轻家务劳动的电器设备；而许多美国妇女不愿被家务劳动所束缚，更热衷于请钟点工，从而将节省下来的时间用于参加社会活动。

社会的个体可以按年龄、性别、职业、爱好等组成许多群体，这些群体对企业的国际营销也有很大的影响。例如，消费者组织常常可以迫使企业改变产品、促销手段甚至是价格。不同的群体，消费观念会有很大差异。有一些总体的社会文化不能接受的产品，对某个年龄组来说可能很受欢迎。比如，无论是发达国家还是发展中国家，服装、唱片等年轻人喜爱的商品都有很大的市场，即使在一些很传统的国家里，也会有很多年轻人喜欢现代摇滚乐。

(六)教育水平

衡量一国教育水平的指标通常是识字率或文盲率，以及不同年龄阶段的人的受教育程度等。不同国家的教育水平差距很大。在一些发达国家，国民教育条件较好，大部分国民受过良好的教育。而在一些发展中国家，有许多人没有受过教育，文化水平很低。

教育水平的高低往往与经济发展水平相一致，同时也与消费结构、购买行为存在着密切关系。教育水平往往影响需求水平、需求结构、购买决策特点，可以作为市场细分的标准之一。一般来说，受教育程度高的消费者往往因从事良好职业而具有较高的购买力，他们对于新产品的鉴别能力和接受能力较强，购买时理性程度较高，对产品的质量和品牌比较挑剔，有的还有个性化要求；受教育少的消费者，对产品需求低，对产品的质量和品牌比较不在乎，在接受广告信息方面偏向于图案、颜色和声响。

总体而言，如果某一国家或地区的识字率低，则企业在该国的营销调研效率就无法提高。这是因为：首先，该国的统计工作往往较差，可供利用的二手资料少，这时的企业在收集市场信息方面的成本增加，工作量加大；其次，企业难以在当地找到合适的调研机构和调研人员；最后，由于当地的识字率普遍较低，企业无法通过问卷调查获取所需要的信息，并且在与被调查者沟通时的难度也较大，影响调研的进度。

教育水平往往还影响企业的国际营销策略。比如，在指定产品决策时，一定要使产品的复杂程度、技术性能适应当地的教育程度，如果受教育程度低或根本不识字，作广告最好不要用文字形式，而用电视广告、广播广告、现场示范、户外广告牌、灯光等促销方式更容易为当地消费者所接受。此外，从拓展国外市场的角度看，如果目标市场国的受教育程度低，企业便要派较多的经理人和营销人员到该国发展业务，而难以倚重该国人才。

同时，我们还要注意各国实行教育方法的不同。一般来说，欧洲国家的教育比较重视知识和思想的传授，美国则比较重视启发和实务。这些对聘用雇员和培训营销人员都是有影响的。

(七)宗教信仰

在当今世界，宗教有强大的势力。据不完全统计，全世界信仰伊斯兰教的有九亿多人；信仰基督教的有十七亿多人。佛教立国的虽说只有泰国、缅甸、柬埔寨等国，但佛教在南亚、日本和我国均有广泛影响。宗教信仰往往给人们树立了道义准则和禁忌，这些会直接影响人们的生活习惯和消费行为，从而对企业国际营销活动产生深远影响。具体地说，各国宗教对企业国际营销的影响主要体现在如下几方面。

1．宗教节日

世界上的宗教节日很多。基督教与伊斯兰教的节日是不同的，信奉伊斯兰教国家的重要节日是“斋月”(即伊斯兰教历第九个月)，该月内教徒白天禁食。信奉基督教国家的盛大节日是圣诞节。在西方的大多数国家，圣诞前夕是消费者的购买高峰。这些不同的节日都直接影响企业的出口销售日程，企业要了解这种宗教习惯才能抓住推销商品的旺销时机。

2．宗教要求与禁忌

各种宗教都有其独特的要求和禁忌。企业倘若忽视这些宗教习惯和禁忌，业务经营必然会碰壁。

3．宗教组织

宗教组织本身往往在经济事务中起着相当大的作用。如果一个宗教集团认为某种产品或技术发明对该宗教构成了威胁，它就可能公开出面阻止这种产品或技术进入市场；反之，如果一个宗教组织认为某种产品或技术对该宗教有利，则可能号召教徒使用和购买，因此会非常有效地促进该产品或技术的推广和普及。

4．政治风险

宗教导致的政治风险是最常见的政治风险之一。不同宗教之间的对立以及同一宗教派之间的对立，都会给国际营销带来诸多困难。不同的教派可能会把市场分成几个层面，企业要占领东道国市场，就不得不根据产品特点，迎合不同教派的要求，制定不同的国际营销策略。

资料卡

表3-1 全球宗教百年发展统计表

（单位：万人）

年代 / 人数 / 宗教类别	1900		1970		1980		1985		1990		公布国家数 1989
	人数	%	人数	%	人数	%	人数	%	人数	%	
基督教	55 806	34.3	121 658	33.7	143 269	32.8	154 859	32.4	175 878	33.2	251
伊斯兰教	20 010	12.4	55 092	15.3	72 269	16.5	81 707	17.1	93 484	17.6	172
非宗教	292	0.2	54 307	15.0	71 590	16.4	80 578	16.7	86 643	16.3	220
印度教	20 303	12.5	46 578	12.8	58 275	13.3	64 757	13.5	70 535	13.3	88
佛教	12 716	7.8	23 167	6.4	27 372	6.3	29 557	6.2	32 335	6.1	86
无神论者	23	0.0	16 529	4.6	19 512	4.5	20 535	4.3	23 310	4.4	130
新兴宗教	591	0.4	7 644	2.1	9 602	2.2	10 632	2.2	11 759	2.2	25
部落宗教	10 634	6.6	8 808	2.4	8 996	2.1	9 042	1.2	9 942	1.9	98
犹太教	1 227	0.8	1 519	0.4	1 694	0.4	1 803	0.38	1 772	0.3	125
锡克教	296	0.2	1 061	0.3	1 424	0.3	1 615	0.3	1 815	0.3	20
其他宗教	40 091	24.7	24 641	7.0	23 362	5.3	22 489	4.5	22 131	4.2	—
世界人口	161 989	100.0	361 003	100.0	437 392	100.0	478 112	100.0	529 704	100.0	251

资料来源：宗教研究中心，《世界宗教总览》，北京：东方出版社 1993 年版。

(八)风俗习惯

风俗习惯是人们根据自己的生活内容、生活方式和自然环境，在一定的社会物质生产条件下长期形成并世代相传的约束人们思想和行为的规范。它在吃、穿、住、行、用、时间、空间、数字、颜色、图案、物质、文化、友谊交往等方面都表现出独特性，主要体现在心理特征、道德伦理、行为方式和生活习惯等诸方面。中国有句古语："入境而问禁，入国而问俗，入门而问讳。"了解目标市场消费者的禁忌、习俗、避讳、信仰、伦理观念等，是企业进行国际营销的重要前提。

穿的方面，世界各国正向一致化方向发展。牛仔裤源于美国，目前已风行于世界各地。西服本是欧美人的服装，现已成为国际商务活动中正式着装的代表。不过，各国衣着习惯仍有差别。例如，我国男士习惯于衬衫内穿汗背心，而西方人一般在衬衫内不加别的衣服。另外，各国均在服装上标有大(L)、中(M)、小(S)三个型号，但各国的大中小型号并没有统一规格。还有，各国的传统服装仍有强大的势力，经营服饰的国际企业不但应注意各国衣着习惯的差异，还应仔细地研究各国人民审美观念的差异性。例如，在东方，越是正式隆重的场合，女性的着装越严密；而西方人正好相反，在高雅的交际场合，女士服装往往袒胸露背，以此为美。不少国家的人们认为化妆打扮只是青年人的事，老年人则很少打扮；一些欧美国家的人们却持不同的态度，他们认为，青年人有自然美尚要化妆以增姿色，老年人已失去自然美，更需要化妆，以弥补失去的自然美，因而老年女士往往浓妆艳抹，老年男士仍穿花格衬衫或艳色外衣，以显年轻。

吃的方面，世界各地更是千差万别，口味各异。一般来说，东方人素食较多，西方人肉食较多；东南亚国家以稻米为主食，而西方人多以面粉做成的面包为主食；一些宗教规定禁食猪肉，而西方许多国家虽吃猪肉，但不吃内脏；对蛇，有些国家的人望而生畏，不敢品尝，而我国广东和香港等地却每年要吃掉 100 多万条蛇，吃掉蛇胆 20 多万个，总价值在 2 000 万港元以上；许多国家的人爱吃鸡蛋，不过坦桑尼亚人却不让他们的小孩子们吃，认为鸡蛋会使孩子将来长成秃了或丧失性机能。再以做菜为例，中国菜以炒闻名于世界，而欧美人很少炒菜，通常都是煮、烤、煎等。凡此种种说明，在饮食习俗风尚上，各国的差异很大。

各国人民住的情况也有较大差异。由于经济发展水平不同，气候环境各异，人口密集程度有疏有密，加之传统的生活方式各有特点，因此各国建筑及居住条件也各具特色。

各国人民的时间观念往往也不同。企业对各国的时间习惯也必须有所了解。在美国，进行商业通信时，如果迅速回复，表示重视所提之事；延迟若干时间才作答复，显然表示缺乏兴趣；而在日本，有时却故意延迟答复，但这并不代表不感兴趣，而旨在拖延时间，迫使对方让步；在埃塞俄比亚，企业规定所需的时间长短则与事项的重要性呈正比例递减。此外，与欧美人约会必须按时赴约，否则他们会感到受了污辱；拉美人认为让对方久候并没有什么不妥；非洲人认为时间是有伸缩性的，严格地限定时间会引起非洲人的猜疑。对于“做生意”的态度，各国也有自己的特点，美国大企业实行事业部制，一般习惯于速战速决；日本大企业习惯于领导层的集体决策，重大业务由企业领导层讨论决定，时间会拖得比较长。

各国商人对空间的看法也有差异。英美商人常以交易对手的办公室大小来判断他们在该公司地位的重要性，在美国地位越高者，办公室面积越大；在阿拉伯国家和拉丁美洲国家就不能以办公室大小来衡量他们在该公司地位的重要性。在洽谈生意时，美国人不喜欢过于接近；而拉丁美洲人与别人谈生意时，往往坐得离对方很近，有时近到几乎鼻子碰鼻子。

除去数字本身的意义以外，不同国家的人们对于某些数字往往有喜好和禁忌之分，例如认为某些数字吉利或不吉利。我国和非洲许多国家的人们传统上喜欢双数；日本人喜欢用以三或五为一套；西方人惯以“打”(dozen)为计数单位；我国不少地区认为“8”是幸运的数字。特别值得注意的是不同地区对某些数字的禁忌。在我国、日本、韩国等一些东方国家，不少人把“4”视为预示会带来厄运的数字；印度认为以“0”结尾是不祥之兆；“13”这个数字在西方基督教徒较多的国家里最让人们忌讳，在这些国家，很多宾馆、办公大厦没有第 13 层，第 12 层上面就是第 14 层。

开展国际营销时，经常要与数字打交道，比如商品计价、商品编配、宴请人数等，都不能忽视这些细节。

总之，了解各国社会环境上的差异对国际营销活动非常重要，从事国际营销的企业必须对国外社会文化环境给予特别注意。实践证明，“重视社会文化环境者营销得到成功，而忽略社会文化环境者营销失败”，这已经成为国际商界的一条规律。

第三节 国际营销的政治和法律环境

国际营销主要是结合跨国经营(其中也包括进出口贸易)来实现的，它作为一种跨国商务活动，不可避免地受到国际政治、法律环境的影响，因此，企业在进入国际市场之前必须了解和分析国际、国内的政治和法律环境，以便预见各种环境变化，防患于未然。

一、政治环境

政治环境是指影响企业国际活动的各种政治因素。这些政治因素有些是来自企业母国的，有些是来自目标市场国的，有些则是国际性的。我们在这里重点讨论的是来自目标市场国的政治因素。企业如果准备到某国去从事国际营销活动，必须先对该国的政治情况进行系统分析，并在此基础上进行政治风险评估，进而制定出规避或减少风险的措施。对国际营销的国际政治环境的了解应着重于以下几个方面。

(一)国家机构

这主要指的是国家的基本结构是单一制还是复合制。单一制国家以中央集权为特征，各地方行政绝对服从于中央政府的领导。全国有统一的宪法、法令，可以在全国范围内进行广泛一致的活动。目前，世界上大多数国家都属于这种类型。在复合制的国家中，联邦各国就是典型的联邦制国家，国家结构决定了市场的某些特性。相比之下，在单一制的国家中，各项贸易法规、商业政策较为统一、直观，容易把握，国内市场的统一性也较强，便于营销的推广。在复合制国家里，各种法规、政策琐碎繁多，地方之间也有很大差异，具有更大的易变性和不可控性。此外，地方的行政管辖独立性还可能造成市场的某种分割，从而增加国际营销的难度。

(二)政治体制

这是指一国政府的基本结构和基本组织形式，即政府类型是属于民主政治还是专制政治。专制政治包括君主专制和独裁专制。目前只有非洲、亚洲和拉丁美洲的少数国家属于专制的政治制度。民主政治又可分为君主立宪制和民主共和制两种。英国、日本是君主立宪制国家，美国实行的是典型的民主共和制。

(三)政治党派

一个国家的政治体制同政党是分不开的。不同的政党有不同的政治主张、政策纲领。一个国家的正当体制和各个党派尤其是现行执政党的性质及所持政纲，对于国家政策和政府行为起着决定作用，影响着政府对外国的商务活动所持的态度以及各项经济、贸易政策的具体实施。

(四)利益集团

除了政党以外，各国的利益集团也具有很大的政治影响力。利益集团是社会上各行各业具有共同利益的人们或对某些问题有共同主张的人们，为促使政府维护其切身利益或实现其主张而形成的集团、组织。利益集团形成的组织既可以是实业界组织，也可以是劳工组织，还可能是由社会不同阶层中具有某种特殊共同利益者组织成的谋求各种社会福利的集团。随着利益集团的发展，它在许多国家的政治作用越来越明显，在某些方面甚至超过了其原本的作用，成为影响国家政治、经济的重要力量。他们为谋求本集团的利益，常通过掌握宣传工具来影响舆论，对国会和政府施加压力，或者通过社会活动，促使国会通过有利于该利益集团的法案，阻挠他们不赞成的法案。

(五)政府的经济参与程度及方针政策

目前，各国政府在本国的经济事务中都起着重要作用，这种作用主要表现在政府所扮演的两类角色上：一是经济事务的参与者；二是经济方针政策的制定者。

政府作为经济事务的参与者，其参与程度因国而异。一般来说，中央计划控制的国家和经济转型国家的政府比完全市场经济国家的政府对经济事务的参与程度要高，发展中国家的政府比发达国家的政府对经济事务的参与程度高。企业在开展国际营销时之所以要关心目标市场国政府在经济事务中的参与程度，主要是因为：(1) 在政府参与程度较高的目标市场国，企业的力量会明显减弱，因为政府往往垄断了某一行业的生产和经营，使国外的企业无法涉足其中；(2) 在任何国家，政府都是产品和服务的最大买主，是企业经营的主要对象；(3) 政府参与经济的常见形式是直接与外商建立合营企业，此时政府是以合伙者的身份出现的，在一些发展中国家这种现象是很常见的。

目标市场国政府还是经济方针政策的制定者。各国政府往往通过其制定的经济政策、贸易法令、条例规章和税则税率等来实现本国的经济目标，对此企业应有足够的了解和估计，否则就会影响企业营销的成效。例如，美国和欧盟的贸易方针政策对我国就有一定的歧视性，诸如纺织品配额限制、非关税壁垒等，对我国企业开展国际营销影响较大。

(六)市场国的政治稳定性和长期性

开展国际营销的企业不仅要注意目标市场国目前的政治气氛，还要考虑其将来的稳定程度，分析其政治与经济走向。如果该国处在战争状态，或有可能发生战争和各种骚乱，就会有很大的风险。此外，如果民众因对政府不满意，经常出现大规模示威和骚动，导致政府经常出现危机，或民族之间发生武装冲突和存在游击战争，恐怖组织活动泛滥，政治谋杀事件频繁，政府领导屡次不正常地更替等，这些都是政治不稳定的表现，在这些国家中自然难以开展正常的营销业务活动，如果企业在此以前已与该国发生了经贸活动，就应该考虑及时采取相应措施停止这些活动。

(七)政府的政治干预

政治干预是指政府采取各种措施，迫使外国企业改变其经营方式、经营战略和策略的行为。政府干预的形势有以下几种。

1．没收、征用和国有化

没收是指政府强迫企业交出其资产，且不给企业以任何经济补偿。征用是指政府强迫企业交出资产，但给企业一定的经济补偿，而对企业来说，这绝不是一桩自愿的买卖。国有化是指政府将企业的资产收归国有，由政府接管。没收、征用和国有化的区别在于：没收、征用时政府强迫外国企业交出其资产，但不一定由政府接管，而可能由该国的民营企业接管；而国有化则是指政府强迫外国企业交出资产后由政府接管。目标市场国政府的没收、征用和国有化是企业开展国际营销面临的最大的政治风险。

目标市场国政府之所以采取这些措施，是认为该行业对国家的国防、国家主权、国民福利、经济增长至关重要，不能任其掌握在外国企业的手中。一般来说，最容易被没收、征用和国有化的行业包括公共事业和某些自然资源的开采业，如交通运输、煤炭、石油等。近年来，采取这些极端措施的国家越来越少，但这些现象依然存在，仍然是企业从事国际营销的最大风险，企业不可对此掉以轻心。

2．本国化

近年来，越来越多的国家采取本国化措施来对付国外企业的投资。本国化实际上是一种逐渐地控制外来投资的过程，最终结果与征用或国有化相似，只是不像征用和国有化那样突然和激烈。一些国家特别是发展中国家这样做，主要是出于对外来资本的某种恐惧感，这种恐惧感主要表现在：第一，害怕规模庞大的外资企业会吞并本国企业；第二，担心外资企业会牺牲本国人民的利益，剥削本国经济；第三，认为外资企业可能由于某种原因不愿努力促进东道国经济和社会的发展；第四，害怕外资企业的经营方式所带来的外国文化会影响本国文化，尤其害怕本国过分他国化。目标市场国政府采取本国化的具体措施包括：(1) 逐渐使外国企业缩小其在本国某一行业或某一企业的所有权比例；(2) 提拔本国人担任企业的高级管理职务；(3) 使本国人有更大的决策权；(4) 使更多产品国产化，而不仅限于进口后在本国组装；(5) 制定有关出口法规使本国企业更多地参与国际市场。由此可见，目标市场国政府的这种干预形式，对企业的国际营销来说也是一种较为严重的政治风险。

3．外汇管制

有些国家由于国际收支逆差严重，外汇储备短缺，不能维持本国货币对外汇的比价，在这种情况下，政府就可能对外汇买卖、国际结算和外汇汇率实行管制。外汇管制的主要目的是促进国际收支平衡，防止资金外流，增加外汇储备与维持货币信用的稳定。外汇管制对企业的影响主要表现在：一是企业所得全部或部分利润、资本不能从进口国汇回母国公司；二是进口国实行差别汇率或汇率发生变动，使出口企业的利润有可能遭受损失；三是企业生产所需的原料、设备和零部件不能自由地从国外进口，因为目标市场国政府限制企业自由买进外汇。因此，企业在开展国际营销以前，必须了解目标市场国外汇管制的各项措施，搞清楚该国是否实行差别汇率制，并预测汇率可能发生的变动，以减小外汇管制带来的风险。

4．贸易壁垒

贸易壁垒是指一个国家为了限制外国商品进口所设置的障碍，分为关税壁垒和非关税壁垒。关税壁垒是指一国采取提高关税的办法，以阻止、限制外国商品进口，削减其竞争力，用高关税来保护国内市场。关税的种类繁多，主要有进口税、出口税、过境税、高额进口税、普惠税、进口附加税等。征税的方法有从量税、从价税、混合税和选择税四种。除关税外，各国还经常使用非关税壁垒来限制商品的进口。非关税壁垒即进口限制，具体是指市场国政府在法律上和行政上限制进口的各项措施。目前，在贸易保护主义浪潮席卷全球之际，非关税壁垒被许多国家采用。通常使用的非关税壁垒有：进出口许可证；进口配额；关税的分类和估价；复杂的海关手续；政府采购手续及国家补贴；过严的卫生、安全、技术质量标准；特定的包装装潢条例等。据统计，非关税壁垒的种类已有近千种之多，归纳起来主要有两大类：一类是限制进口数量的各种措施；另一类是限制国外产品在本国市场销售的各种措施。各国采用非关税壁垒手段限制进口的做法已影响到世界贸易总额的40%左右。在个别商品部门中，其影响范围更大，例如，纺织品和服装贸易的世界贸易额的80%受到非关税壁垒的限制。和关税壁垒比较起来，非关税壁垒具有保护作用稳定、针对性强、机动性大、隐蔽性强、遭到报复的可能性小等特点。因此，在国际营销中，企业应该了解目标市场国贸易壁垒的各项规定和措施，以便准确估计进行国际营销的可能性及发展前景。

5．税收管制

目标市场国政府在税收方面的管制措施也会对企业的经营活动产生影响。如一些较贫困的国家，其经济发展经常受到外汇短缺的威胁，因此，在税收控制的情况下，当地政府往往不作任何通知，就征收外国企业较高的营业税或其他税种，以保证东道国的财政利益。有时政府还对外来企业征收特别税，这种歧视性的税收政策间接表示了东道国政府不再欢迎外国企业在本国经营。另外，政府还会违背前约，提前结束企业的免税期。这些措施都会导致外国企业利益受损。

6．价格管制

面对通货膨胀危机，政府往往会对重要物资、重要产品，尤其是日常生活用品，如食品、药品、汽油、橡胶等，实行价格管制。政府实行价格管制的目的通常是维护本国公众的利益，保障公众的基本生活，但这种价格控制直接干预了企业的定价决策。不少国家对进口商品实行最高限价，减少进口商品的利润以达到减少进口的目的；有的国家又对进口商品实行最低价格的限制，减少进口商品的市场竞争力或达到减少进口的目的。因此，价格管制也是保护政策的一种方式，在实行价格管制的国家开展营销就会碰到很大的麻烦。

7．劳动力限制

在许多国家，工会的力量很强大，很有政治影响，往往能使政府制定很严格的法规来限制外资企业的人事政策，例如，不允许任意解雇工人、不允许关闭工厂等，从而构成了对劳动力使用的限制。在欧盟的一些国家，人们认为社会必须充分就业，若失业人数稍有增加，尤其是遭到外资企业解雇而造成短期失业的人数增加，就会认为发生了国家危机。因此，在国际营销中也要考虑目标市场国的劳动力使用问题。

8．行政组织结构及其办事效率

每个国家的政府组织结构都不相同，各国有关经济管理的组织机构名称不同，分工也不一样，企业进入市场前必须了解清楚，方能有效进行业务联系。这些组织机构办事效率的高低、法制观念的强弱、办事是否清廉，对企业的业务开拓来说至关重要。从政府机构的设置及其办事态度中更能看出政府有关经济管理的战略要点，其中包括对外国投资的态度、政府归还内债和外债的能力、国家对待经济增长的态度和措施、国家创造外汇的能力、国家管理经济的财政及货币措施等。这些是企业国际营销能否顺利进行的重要因素。

9．政治制裁

当今，从事国际营销的企业，特别是大的跨国企业集团很容易被卷入几个国家之间或一个国家内的若干政治派别之间的政治争端中去。这些企业，或是被相互对立的国家及政治派别当做武器来对付其政治对手，或是在一个国家对另一个国家进行政治制裁时成为这一制裁的牺牲品。一方面，其中一方可通过对企业实施暴力来迫使对方政府作出反应；另一方面，一方又可能会利用对企业的贸易限制来反击另一方，迫使其改变自己的行为。而这一切都会使企业莫名其妙地成为受害者。

10．目标市场国的国际关系

在研究一国国内政治环境时，还要考虑该国的国际关系。原因在于：第一，对目标市场国来说，开展国际经营活动的企业本身就是外国的一部分，因而也是该国国际关系的一部分；第二，企业在目标市场国的经营过程中，在产品及生产的工序方面都或多或少地与其他国家发生往来，目标市场国与其他国家的关系必然会影响到企业的这些贸易往来。

目标市场国与企业母国的关系正常，则对企业在那里的经营是有利的；但如果该国对我国的内外政策持敌对态度，就可能给我国的企业造成很不利的影响。

研究目标市场国国际关系时应注意的另一个重要问题，是该国与其他国家的关系。如果某国是某一区域性组织(如欧盟、东南亚国家联盟、阿拉伯国家联盟、拉美自由贸易联盟等)的成员国，企业在决定是否在该国进行贸易或投资时，就必须考虑这一因素。如果某国与许多国家均为敌对关系，企业在决定是否在该国进行贸易或投资时就需要谨慎从事，要认真研究该国一般从哪些国家进口商品，又向那些国家出口商品。例如，非洲国家曾限制与南非的贸易；又如，阿拉伯国家不与以色列贸易，并对在以色列投资建厂的所有国家的企业实行抵制政策。据估算，被抵制的企业或品牌达 1 800 多个，其中 1 500 多个是美国的企业和品牌，如通用汽车公司、施乐公司、可口可乐公司等均为被抵制的企业。

此外，一个国家参加国际组织的状况也对该国的经贸政策产生影响。例如，WTO 成员国不得擅自增设新的贸易壁垒；一国参加了国际货币基金组织可以改善该国的财政状况，但同时其经济政策也受到某种程度的制约。许多国际组织或国际协定都对其成员国或缔约国的经济政策或经济行为规定了某些限制性的条件。一般来说，某国参加的国际组织或国际协定越多，则受规章束缚也越大，采取各种极端性经济政策和措施的可能性也就越小。

政治形势包罗万象，牵涉面广。政治形势的各个方面深刻地影响着经贸活动。因此，开展国际营销活动的企业必须对相关国家的政治形势进行调查研究和分析，才能争取主动，避免损失。

二、法律环境

对于开展国际营销的企业来说，仅仅了解政治环境还不够，因为一个国家政府对外来产品和投资的态度往往是通过法律来体现的。法律具体规定了企业竞争和经营等行为的规则。所以，有关人员在掌握并遵守本国政府颁布的有关经营、贸易、投资等方面的规则的基础上，还应了解国际营销的法律环境。

国际营销的法律环境主要是指与商业和市场经营活动密切相关的国际法律规范的总和。

国际营销所面临的法律环境主要由三个层次构成：一是本国的相关法规；二是目标市场国的相关法规；三是国际法与国际惯例。在这里，我们分别加以讨论。

(一)各国的法律体系差异

要研究国际营销的法律环境，必须对各国的法律体系有一个基本的认识。世界各国的法律体系可分为大陆法系和普通法系两种类型。大陆法系的基础是一个由成文法规(法典)构成的无所不包的法律体系，大陆法系是由罗马人创造出来的，大多数国家属于大陆法系国家；普通法系的基础是传统的、过去的惯例以及原有已成文的法律对案例的判决。普通法系也称为英美法系，以英国、美国、加拿大及澳大利亚等英联邦国家为代表。

上述两大法律体系对于同一问题的解释和处理方法有较大的区别。例如，在大陆法系国家，工业产权的所有权按“注册优先”原则确定；而在普通法系国家，则按“使用优先”原则确定。由此可见，法律体系的差别会对企业的国际营销活动产生较大的影响。因此，企业在国际营销活动中，首先必须了解目标市场国家的法律体系。当然同属一个法律体系的不同国家的具体法律也不尽相同，企业还必须了解和把握各国具体的法律法规。

（二）国际营销企业母国的相关法规

各国政府为了维护国家的整体利益，出于政治、军事、经济等方面的考虑，往往会制定一系列法规，对从事国际营销活动的本国企业加以限制和保护。

母国政府对本国企业的国际营销活动往往进行出口管制，出口管制包括出口产品管制、市场管制和价格管制等。出口活动中的产品管制主要是限制那些具有战略意义或国家稀缺资源和产品的出口管制。出口管制的商品通常有以下几类：战略物资，如军火等；高科技产品及技术资料，如航天技术、通讯设备等；国内奇缺的原材料和某些消费品；古董、艺术品等。此外，各国的法律还对出口产品本身有所规定，如我国的《进出口商检条例》、《出口食品卫生管理法》等。市场管制主要是限制产品出口的目标市场，防止产品进入敌对国市场。价格管制是对出口价格的约束。

出口管制的主要手段是出口许可证。政府根据出口管制的有关规定，制定出口管制货单和输往国别分组管制表，然后采用许可证办理出口申请和通关手续。出口管制的目的是防止国内物资短缺、保障国家安全和推行国家对外政策等。

各国政府为了鼓励本国企业扩大出口，加快对国外市场的开拓，也采取一系列鼓励的措施，各国鼓励出口贸易的措施主要有税收减免、出口退税、出口信贷、出口补贴等。

（三）目标市场国的相关法规

国际营销企业需要重点了解并研究的是目标市场国的法律法规。这里具体包括两方面的法律，一是与企业进入市场有关的法律；二是与企业进入目标市场国以后的营销活动直接相关的法律。

1．与进入市场有关的法律

(1) 与出口进入有关的法律。主要是与关税和非关税壁垒有关的法规。其中非关税壁垒又包括进出口配额制、自动限制出口、进口许可证制、商品检验制度、外汇管制、反倾销法等。

资料卡

表 3-2　国外对华反倾销案件数量表

（截止日期：2001 年 1 月 31 日）

国别	数量		国别	数量	
	累计	2000 年		累计	2000 年
欧盟	90	6	澳大利亚	32	2
印度	38	11	南非	25	4
阿根廷	29	0	加拿大	17	2

（续表）

国别	数量		国别	数量	
	累计	2000年		累计	2000年
墨西哥	20	0	韩国	14	0
巴西	15	0	新西兰	8	0
土耳其	10	0	智利	4	0
秘鲁	8	0	波兰	4	0
哥伦比亚	4	0	菲律宾	3	1
委内瑞拉	3	0	印度尼西亚	2	0
日本	2	0	以色列	1	0
埃及	2	1	斯洛伐克	1	0
泰国	1	0	尼日利亚	1	0
乌克兰	1	0	厄瓜多尔	1	0
乌拉圭	1	0	其他	1	0

表3-3 世界前五位遭受反倾销措施的国家和地区统计

单位：件

	1995年	1996年	1997年	1998年	1999年	2000年	2001年	2002年	2003年	总计
中国(不含港澳台)	20	43	33	28	40	43	53	51	45	356
韩国	14	11	15	24	34	22	23	23	16	182
美国	12	21	15	15	14	13	15	12	18	135
中国台湾地区	4	9	16	10	22	16	19	16	11	123
日本	5	6	12	13	22	9	13	13	13	106
世界	157	224	243	256	355	294	366	311	210	2 416

资料来源：王英辉、李文陆编著，《入世：企业反倾销的技巧与策略》，北京：中国物价出版社2002年版。

(2) 与合约进入有关的法律，主要涉及保护知识产权的有关规定等。

(3) 与投资进入有关的法律，主要是公司法、企业法、外商投资法等有关法律法规。

2．与目标国家市场营销有关的法律

(1) 与产品策略有关的法律。在国际营销活动中产品策略是最基本的策略，而产品策略也是限制条件最多的策略。各个国家都对产品制定了许多相关的法律、法规，对产品的质量、包装、品牌等有相应的要求。如各国对产品的质量要求，除了要求产品的纯度、安全性、性能等物理、化学、生物指标达标外，还有严格的环保要求。例如，向美国出口的汽车必须装上防污染装置，否则难以满足美国防污染法对汽车排泄控制的严格要求。日本要求护发护肤用品不得含有甲醛，所以欧美一些化妆品出口厂商只能对产品作相应的调整，否则无法进入日本市场。除此以外，各国还制定了严格的产品包装法，如美国的食品包装法要求对食品的成分及所含的微量元素进行详细标注，否则不符合要求；丹麦的包装法规定软饮料的瓶子必须是可以回收的，这使得许多法国矿泉水厂商对该国市场望而却步，因为要把瓶子运回法国的成本实在太高了；英国禁止进口法国牛奶的理由是法国的牛奶是以公升为计量单位的，这不符合英国以品脱为单位的食品计量法。此外，许多国家还对产品商标的使用等有相关的法律规定。

(2) 与分销策略有关的法律。在营销组合策略中，渠道策略受到的法律限制可以说是最小的。厂商往往可以根据市场条件自由地选择分销渠道，但是如果企业一旦与当地分销商签订分销合同，就会出现法律上的问题，因为在一些国家，不能随意中止与本国代理商的协议，否则将带来很大的麻烦。因此，企业在开展国际营销活动时需谨慎行事。

(3) 与价格策略有关的法律。买卖双方对价格要素均非常敏感。各国政府为了保护本国公民的利益，均制定了一系列控制物价的法规，但具体做法有差异。一般情况下，发展中国家对价格的控制较发达国家更加严格，其通常做法是：规定最高限价、最低限价或限制价格变动等。有些国家采取直接控制利润率的做法，例如，加纳政府就曾按不同行业，把生产企业的利润率规定在25%—40%之间。德国政府虽未对利润率作出规定，但要求企业详细地申报其价格和利润方面的资料。各国还制定有针对进口商品价格的反倾销法，以此来保护国内相关行业的企业。产品价格的管制，可能是针对全部产品，也可能是针对部分重要产品。例如，比利时政府规定了药品的最高限价，同时规定药品的批发毛利率和零售毛利率分别不得超过12.5%和30%；阿根廷政府规定制药企业的标准利润率为11%。政府的价格管制一般针对食品、药品、日常用品等。

(4) 与促销策略有关的法律。各国对产品的促销活动也都制定了相应的法规，对企业的广告宣传、营销推广等促销活动都作了严格的规定。在此仅以广告为例，探讨各国法律对企业广告决策的影响。许多国家都以法律的形式对广告加以管理和限制，一般主要采取以下几种形式：(1) 对广告信息内容进行管制。如德国法律规定，广告用语中禁止使用“比……好”或“较好、最好”等比较性词汇；在阿根廷，企业在作药品广告以前，须经政府卫生部审查、批准；法国法律规定，如果企业传达的广告信息与事实不符，法庭可以令其自费更改广告内容，对社会造成损害的要追究法律责任。(2) 对某些产品的广告进行管制。例如，美、英等国法律禁止烟、酒类商品在电视上作广告；芬兰的法律更为严格，禁止在报刊上和电视上作政治团体广告、宗教性广告、酒精饮料广告、殡仪广告、减肥药品广告及不道德的文学作品广告等。(3) 对广告媒体进行限制。有些国家的法律规定不允许以电视和广播作为广告媒体，英国就是如此。在斯堪的纳维亚半岛，除芬兰外，其余国家的国营电视和广播均不办理广告业务。(4) 对广告课税。为了控制广告，缩小出口国产品在本国的影响，一些国家采取征收广告税的办法对外来产品进行限制，如秘鲁就对涉外广告征收 8% 的税款。

(四) 国际法与国际惯例

世界上并不存在制定和执行国际法的机构，所谓的国际法事实上只是具有相应法律效力的国际公约、条约，具有法律效力的国际惯例，以及国际性组织的规章制度。

1．国际条约与国际营销

国际条约是国际法最重要的渊源。国际企业的行为必须符合母国缔结或参加的有关国际经济、贸易和金融方面的条约。国际条约包括双边和多边条约。战后多边条约逐渐增多，如关税与贸易总协定就是最重要的多边条约之一。

对国际营销活动影响比较大的国际条约主要有：有关国际货物的买卖公约；有关产品责任的公约；有关保护工业产权的公约。

2．国际组织与国际营销

国际性组织及其规章制度对成员国来说具有法律效应，因此参加相应国际性组织的成员国必须在承担相应义务的同时才能享受相应的权利。对国际营销活动具有直接影响的国际组织主要有：

(1) 世界贸易组织。世界贸易组织的前身是关贸总协定，它代表着全球性的多边贸易体制，它既是多边贸易的规则或契约，又是多边贸易的法制场所，也是解决多边贸易争端的机构。关贸总协定于 1947 年签订，到 2001 年底已拥有 144 个缔约国和地区，缔约国和地区之间的贸易额已占贸易总额的 90% 左右，后转为世界贸易组织。它所制定的多边贸易规则，已成为各国普遍接受的国际关系准则，而且多边贸易所规范的领域也不断扩大，从关税到非关税措施，从货物贸易到服务贸易、知识产权和投资措施等。关贸总协定及世界贸易组织的宗旨是通过多边贸易体制，在成员之间“达成互惠互利协议，大幅度地削减关税和其他贸易障碍，取消国际贸易中的歧视待遇”，“以提高生活水平，保证充分就业、保证实际收入和有效需求的持续增长，实现世界资源的充分利用以及发展商品的生产交换”。

(2) 国际货币基金组织。国际货币基金组织是影响全球多边贸易关系的联合国组织，是世界上最有影响力的国际金融组织，它对国际营销有着重要的影响。

国际货币基金组织成立于 1945 年，现有成员国 179 个，总部设在美国首都华盛顿。它对国际营销活动的影响主要表现为：①稳定国际汇率、减少汇率波动，使国际营销有一个比较稳定的金融环境；②消除妨碍国际营销的外汇管制，促进各国货币的自由兑换，从而促进国际贸易和投资的自由化；③通过国际货币储备和国际短期贷款解决成员在国际收支上出现的暂时性困难，以提高成员国的外汇支付能力，从而促进和维护国际贸易；④参与贸发会议和世界贸易组织的某些审议活动。

(3) 国际标准化组织(ISO, International Organization for Standardization)。国际标准化组织是一个非政府性的专业国际标准化团体，是联合国经济社会理事会的甲级咨询机构，成立于1947年2月23日，其前身为国家标准化协议国际联合会(ISA)和联合国标准化协议联合会(UNSCC)，我国以中国标准化协会的名义已于1984年正式加入ISO。

ISO包括ISO 9001、ISO 9002、ISO 14000等一组密切相关的质量管理体系标准。

3．国际惯例与国际营销

国际惯例是国际组织或者权威机构为了减少贸易争端、规范贸易行为，从长期的、大量的贸易实践的基础上总结出来的规则，并在实践中不断地修改和丰富其内容。它不是法律，没有法律的绝对的约束力，但是，它是在当事人意愿自治的基础上制定出来的，因此，对贸易双方当事人具有强制的约束力。国际惯例是在国际交往中逐渐形成的不成文的法律规范，这些国际上普遍承认的惯例可以发展为规则，成为国际营销活动中自觉遵守的规范。对国际营销活动产生影响的国际惯例主要有国际贸易术语解释等。如果在交易中发生争议，国际惯例即是双方奉行的所期望的行为模式。例如，FAS通常称为装运港交货，按这一贸易术语成交时，卖方要提供商业发票或电子信息，并自负风险，提供通常的证明其完成交货义务的单据；如果在买方要求下，由买方承担费用和风险的情况下，卖方可协助买方取得运输单据，有关货物过境所需的出口证及其他官方文件，均可由卖方负责办理。如果交易发生争议，法院或仲裁机构也会引用这一惯例判决或裁决。由此可以看出，国际惯例虽然不是法律，但通过各国的立法或国际公约，却赋予了它法律的效力。

综上所述，企业开展国际营销，涉及的法律问题十分广泛，也较为复杂，所以要根据不同的法律环境，制定相应的国际营销策略，妥善处理好国际商务中出现的各种法律问题，以免遇到不应发生的损失。

第四节　国际营销的经济和人口环境

企业在进入目标国市场时应对该国的经济、人口等因素作全面的了解。因为经济、人口是决定一个国家市场规模进而影响一国市场吸引力的重要因素。当然，要衡量一个国家的市场容量和潜力，必须综合考虑经济和人口的因素。有时，一个贫穷的大国其市场吸引力可能远远不如一个富裕的小国。

资料卡

当前，世界贫富差距问题十分突出。2002年，全球GDP达到322 524.80亿美元，其中低收入国家的人口占世界人口的40.6%，这些国家的GDP仅占世界GDP的3.51%；高收入国家的人口仅占世界人口的 14.9%，而这些国家的 GDP 却占世界 GDP 的 80.59%。

美国《福布斯》杂志评出 2002 年 497 名净财产超过 10 亿美元的富翁，他们的总财产达 15 400 亿美元，接近中国和印度 2000 年 23.77 亿人口的 GDP(15 593.58 亿美元)；世界最富有的前十大富翁的财产达 2 664 亿美元，超过俄罗斯 1.46 亿人口的 GDP(2 510.92 亿美元)；世界首富比尔·盖茨的净财产达 530 亿美元，超过孟加拉国 1.3 亿人口的 GDP(478.64 亿美元)。富国人均 GDP 达 3.5 万美元，穷国人均 GDP 仅 200 美元，差距为 175 倍。现在世界人口中有 1/4 以上生活在绝对贫困线(收入低于 1 美元/天)以下。

表 3–4　2002 年 GDP 在全球的分布

序号	分　类	GDP(百万美元)	所占比例(%)	划分标准(根据 NI)
	全球总量	32 252 480	100.00	
1	低收入国家	1 130 469	3.51	人均 NI 低于 $735
2	中收入国家	5 127 124	15.96	人均 NI$736—$9 075
	中低收入	3 400 282	10.54	人均 NI$736—$2 935
	中高收入	1 726 842	5.42	人均 NI$2 936—$9 075
	东亚和中亚	1 802 082	5.59	
	东欧和中欧	1 135 666	3.52	
	拉美、加勒比	1 672 945	5.19	
	中东和北非	693 526	2.15	
	南亚	654 955	2.03	
	非撒哈拉南	318 631	0.99	
3	高收入国家	25 991 523	80.59	人均 NI 大于 $9 076
	欧盟	6 605 786	20.48	
	美、日、加、澳及其他	19 385 737	60.11	

注：NI 是 National Income 的缩写，指国民收入。

资料来源：世界银行(www.worldbank.org)，世界发展指标数据库，2003 年 7 月。

一、经济环境

国际营销本质上是一种经济活动，当然要受到各国经济环境的影响，因而企业开展国际营销时必须对国际经济环境作特别细致的调查研究，以作出适应各国经济环境的营销决策。

国际营销的经济环境十分复杂，涉及的因素很多，主要有各国的经济体制、经济规模、经济发展阶段、经济一体化程度和基础设施等。这些因素都会对国际营销决策产生影响。

(一)经济体制

经济体制是指在一定的历史发展阶段，国家采用何种方式来管理企业的具体规则。世界各国的经济体制如果根据财产的所有权来划分，可以分为私有制经济和公有制经济。按照资源分配和控制方法来划分，经济体制又可划分为计划经济和市场经济。随着经济的发展，世界上还出现了一种新的经济形态，即混合经济，它介于市场经济与计划经济之间。事实上，一个国家的经济体制是比较复杂的，某种纯粹的经济体制是不存在的。比如，在私有制经济下，对资源的分配可以是市场调节，也可以是计划分配，还可以是市场调节与计划调节相结合。因此，一国的经济往往是多种经济体制相互交叉、相互制约、相互补充。不同的经济体制对国际营销的影响是不同的。在市场经济条件下，价格调节着市场供求关系，市场供求又自发地调节生产、资源的分配，企业完全根据自身的经济目标及条件来制定营销策略，企业的产品也容易进入市场。而在计划经济体制下，由国家下达指令性计划，资源的分配、产品的生产都由计划部门统筹计划安排和分配，进而调节市场的供给，各个企业的营销策略、营销活动都必须服从国家计划，因此，市场开拓就比较困难。此外，一个国家一定时期的经济政策如国家关税、配额外汇管制以及有关的管理制度，对企业国际营销活动也有较大的影响。

(二)经济规模

经济规模衡量的是一国的潜在市场。市场就是拥有购买力的公众，一个潜在的市场必须有足够的可以购买商品的能力。要估计某一市场的潜力，就需要了解有关的经济因素及其变化速度。这些经济因素包括国内生产总值、收入分配、个人消费模式等有关购买力的变量。

1．国内生产总值

它是指一国或地区在一年内用货币表示的所有最终产品和服务价值的总和，表明了一国经济的发展水平。从国际营销的角度看，它是反映一国总需求规模的指标。但是，仅仅看国内生产总值指标是片面的，要把握一国或地区的购买力，还要注意收入的分配。

2．人均国内生产总值和收入分配

人均国内生产总值是指一国或地区的国内生产总值在该国或地区常驻居民每人名下的平均数。人均国内生产总值与消费者的购买习惯、消费能力密切相关。从国际范围看，收入差距已成为不同国家消费商品购买差异的主要原因。人均国内生产总值高的国家，其个人消费水平也高，因而高档商品在收入高的国家有较大的潜在市场。一般而言，一国或地区的人均国内生产总值越高，经济发展水平也越高，但是石油生产国除外。尽管这些国家的人均国内生产总值很高，但其总体经济水平并非如此，所以在这些国家，潜在的市场仅体现在某些方面。

另外，人均国内生产总值仅意味着实际收入分配的均等情况。各国收入的分配方式不同，收入的均等程度也就不同。在有些国家，一小部分人的收入水平可能远远高于国内平均水平，而大部分人的收入水平则在平均水平以下，在这类国家中只有穷人和富人之分，中产阶级人数较少。

在此种情况下，人均国内生产总值并不能反映这些国家真实的市场购买力。对此，国际营销人员应该对目标市场国不同收入层次的消费者进行分析，不能仅仅从人均国内生产总值得出结论。根据收入分配状况，消费者可归纳为以下几类：家庭收入很低、家庭收入大部分很低、家庭收入两极分化、家庭收入低中高分布和家庭收入大部分中等型。

在使用有关人均国内生产总值统计资料时，需要注意的另一个问题是，并不是所有国家都用统一的人口标准。最常用的人口标准有三个：家庭人口、经济活动人口(指能从事工作、雇用别人或被雇用的人)、收入获得者。有的国家这三组统计资料都有，这就便于不同国家以相同口径进行计算和比较。

通过对收入分配的比较可以看出，尽管发达国家和发展中国家都存在着收入分配的差异，但是一般而言，经济越发达，收入分配越有公平的趋向，而在经济发展的初期，收入分配的不公平程度会加剧。据国外一些学者统计，当人均收入为300—500美元时，收入分配不公平的程度最高，此后，如果收入水平继续提高，收入分配不公平的程度会逐步改善。国际营销人员把握这一变化趋势就可以大体估计出相关市场的潜力。

3．个人消费

以国内生产总值、人均国内生产总值和收入分配为基础的计算，可以判断某一国市场是否有前途，如果证明了这个市场是有前途的，则还需要进一步分析个人消费。国际营销人员需要了解目标市场消费者如何分配他们的可支配收入及其消费模式。消费者个人收入一般包括工资、红利、租金、退休金和赠与等方面的收入。可支配收入是指扣除消费者个人缴纳的各项税款后可用于个人消费和储蓄的那部分收入。个人储蓄增加，意味着现实购买力减少，潜在购买力增加。消费信贷则可以刺激现实购买力的增长。

收入的变化会引起消费者支出模式的变化。恩格尔定律指出，随着收入水平上升，必需品消费所占比例会逐渐下降。因此，随着整个世界的收入水平上升，奢侈品或耐用消费品的贸易会呈增加趋势，生活必需品的贸易在整个贸易中的比例会逐渐下降，该类产品的价格也会降低。此外，消费者家庭所处的生命周期阶段(青年人家庭、中年人家庭或老年人家庭)、消费者家庭的居住环境等因素，也会影响消费者的消费模式。

4．行业规模

与总的经济情况相比较，特定行业的某些因素对国际营销有更重要的意义。例如，一个市场的汽车需求量及增长速度对一个仪表制造企业可能有重要意义，但是对一个玩具制造商则毫无意义。对于行业的分析，不仅要关注竞争者的有关信息，还要注意分析供应者、联合者和购买者的信息。

5．其他因素

除上述因素外，私人投资、外贸余额、工业化程度、竞争性产品的价格等都会影响一个市场的规模。其中，私人投资的增加可提高国内生产总值和就业水平，从而促进市场潜力的扩大。

(三)经济发展阶段

企业开展国际营销的目标市场国可能处于不同的经济发展阶段，通常是将处于不同阶段的国家分为发达国家和发展中国家。国际上有经济学专家将社会经济细分为传统社会、起飞前准备、起飞趋向成熟、高消费和追求生活质量等六个阶段。

(1) 传统社会。处于这一阶段的国家缺乏先进的生产力，不能用现代科学技术从事生产活动，文化水平普遍较低。

(2) 起飞前准备阶段。这一阶段是向经济起飞的过渡阶段，现代技术开始被应用，国家的交通、通讯设施逐步建立，教育、医疗卫生和其他公共事业开始发展。

(3) 起飞阶段。处于这一阶段的经济，大致已见成长之雏形，各种社会设施及人力资源的运用已达到一定水平，农业及各种产品逐渐现代化。

(4) 趋向成熟阶段。在此阶段，不但社会能够维持持续的经济进步，而且能不断追求更现代化的科技，并应用于各种经济活动。同时，国家和企业更多地参与国际经济活动。

(5) 高消费阶段。这一阶段经济已脱离拥有经济主导部门的经济形态，着重发展服务行业和耐用消费品行业。人均实际收入激增，大量的人拥有可观的可支配收入。公共设施、福利设施日益完善，社会产品进入大量生产、大量消费阶段。

(6) 追求生活质量阶段。这一阶段被认为是人类社会发展的重大突破。在人类历史上，将第一次不再以有形产品的多少来衡量社会的成就，而是以劳务形式的生活质量作为成就的标志。

在上述六个阶段中，处于前三个阶段的国家被认为是发展中国家，而处于后三个阶段的国家被认为是发达国家。每一个经济发展阶段都有一个相适应的生产、营销体系。在工业品市场方面，发达国家着重于资本、技术密集型的生产设备；发展中国家则偏重于多使用劳动力、节省资金的生产设备。在消费品市场方面，发达地区强调产品的款式、性能及特色，重视大规模的广告宣传及其他促销手段，质量竞争重于价格竞争；发展中国家则侧重于产品的功能及实用性，推广活动受到文化水平和传播媒体的限制，价格因素重于产品质量。由于收入水平、技术水平等方面的差距，一些耐用消费品在发达地区早已普及，而在发展中国家仍处于初级试销阶段。由此可见，国际营销企业面临的市场机遇和困难会因目标市场国处于不同经济发展阶段而大大不同。

(四)经济一体化

1. 经济一体化的形成

第二次世界大战以后，经济一体化已成为影响世界市场发展的主要因素之一。其中最有影响的是全球最大的经济贸易组织 WTO。除此之外，区域经济合作也有很大的发展，其主要形式包括自由贸易区、关税同盟、共同市场和经济联盟等。

(1) 自由贸易区。这是约束最少、最为松散的经济一体化形式。在自由贸易区内，成员国之间拆除了贸易壁垒，实行产品和服务的自由贸易，但成员国各自保留对非成员国贸易限制的权力。例如，北美自由贸易区、东南亚国家联盟、拉美一体化联盟等就是典型的自由贸易区。

(2) 关税同盟。与自由贸易区相比，关税同盟在经济一体化道路上又前进了一步，它不仅在成员国之间拆除了一切产品和服务的贸易壁垒，而且各成员国实行一致的对外贸易保护政策，有共同的对外关税。

(3) 经济联盟。经济联盟是指成员国之间实现了商品、劳务、资本、人员的自由流动，并且实行统一的外贸政策和货币政策，如欧洲国家联盟。

2．经济一体化的影响

国际经济一体化组织涉及的国家范围很广，对世界经济和国际营销有很大的影响。区域外出口商和区域内企业主要受其两个方面的影响。

(1) 特惠效应。一体化的基本特征就是为区域内生产和贸易提供优惠，这就使区域外出口商受到歧视性待遇，难以与区域内企业进行公平竞争。在这种情况下，区域外公司就会采取对外直接投资的办法开展国际营销。

(2) 增长效应。经济一体化会造就较大规模的统一市场，这种市场规模的扩大会刺激区域内企业扩大生产规模，而这对区域外的企业是极为不利的。在这种情况下，区域外企业不得不改变营销策略，以减轻经济一体化造成的负面影响。

(五) 基础设施

基础设施是指一个国家的能源供应、交通运输、通讯设施、商业、金融机构等。企业进行国际营销活动在很大程度上要依赖于目标国市场的基础设施。一般来说，目标市场的经济发展水平越高，基础设施越完善，国际营销活动就越顺利。基础设施大体包括以下几个方面。

1．交通运输

企业的后勤工作依赖于目标市场国的交通运输设施，包括公路、铁路、码头、机场等。具体而言，铁路、公路的长度，铁路每公里装载吨数，客车、公共汽车、卡车的数量，船舶数量及运载量，航道的容量等等，都反映着一个国家或地区的运输能力，从一定意义上可表明该国市场经济发达的程度。这些设施水平是随着经济发展水平而变化的。经济发展水平低的国家，交通运输系统也相对比较薄弱，效率较低。

2．通讯

衡量通讯基础设施的指标包括可使用的电话、互联网、广播、电视、印刷媒体及邮递服务等，各国的条件不同，这些传播媒体的发达程度也不同。传播媒体的发达程度对企业国际营销选择促销手段具有重大影响。

3．商业基础设施

国际营销除了依赖于运输和通讯设施以外，还依赖于商业基础设施，即广告公司、批发商、零售商、市场调研及咨询公司等。这些设施也存在着很大的国际差异。广告的作用与经济发展水平密切相关。一般来说，经济发展水平越高的国家越注重广告在营销中的作用，因而广告公司的数量也相对较多。批发和零售是营销过程中不可缺少的两个部分。各国批发业和零售业的结构有所不同，有的国家批发商的作用很大，而另外一些国家零售商的作用可能很明显。

除了以上因素外，一个国家的自然条件，如土地面积、自然资源、地形和气候等对企业是否能进入目标市场及所应采取的营销组合方式也有直接和间接的影响。

二、人口环境

研究国际营销环境时，必须同时研究人口环境。在人口环境中，人口总量是要首先考虑的因素。在一定的条件下，一个国家的人口越多，市场规模就越大。但是，当人口增加过多时(如一些发展中国家)，也会影响消费者的购买力和高档产品的生产和销售。此外，人口增长率、人口构成、人口地理分布、家庭结构等对市场也会产生多方面的影响。

(一)人口总量

人口总量是决定市场规模和潜量的一个基本要素，往往可以根据一个国家的人口总量来估计市场对产品的需求总量。在收入水平保持不变的前提下，一个国家的人口越多，对食物、衣着、日用品等生活必需品的需求量也越大；反之，对生活必需品的需求量就小。例如，中国有13亿人口，是上述必需品的大市场；而科威特只有200万人口，与中国比，显然是小市场。

(二)人口增长率

人口增长率是预测市场规模增长的依据之一。人口增长有三种情况，即正增长、负增长和零增长。正增长是指净人口数越来越多；负增长是指净人口数越来越少；零增长则意味着净人口数基本不变。人口增长与国际营销的关系是很密切的。如果一个国家的人口总数不少，而增长率很低，甚至负增长，那么从长远看那个市场的潜力很小；如果一个国家的人口增长很快，其对食品、衣着和住房等消费品的需求量也会迅速增长，这样的市场无疑是一个潜在的大市场。

(三)人口构成

从事国际营销的企业，特别是经营消费品出口的企业，在了解各国人口数量和增长率的基础上，还需要调查和预测人口的构成。从人口构成来看，主要应该研究年龄构成和性别构成两个方面。

年龄构成会对市场需求产生直接的影响，因为不同年龄段的人有不同的生理特点、兴趣爱好、生活习惯和价值观念。因此，根据不同年龄段人们的特点，可以把整个市场分为许多独具特色的消费者市场。目前，世界人口年龄结构正出现两个明显的趋势：一是许多国家的人口趋于老龄化，老年人市场正在明显扩大；二是西方国家出生率下降，婴幼儿减少。这两个趋势已促使有关的企业转移经营目标，改行经营其他产品。

人口构成的另一个重要方面是性别构成。性别构成会使市场消费的需求内容、购买习惯、购买行为有显著差异。许多商品和劳务都有男性市场和女性市场之分。如日常生活用品、化妆品、服装等一般属于女性市场中的重要商品；大件商品、技术性能高的商品一般属于男性市场中的重要商品。当今世界各国尤其是西方发达国家，人口增长的一个值得注意的趋势是女性增长比男性高。西欧最为突出，女性人口已占总人口数的 60.5%；美国的女性占总人口的 51.9%。性别比例对市场供应商品的影响是显而易见的，因为女性市场和家庭用品市场的容量及发展前途与性别构成密切相关。

（四）人口地理分布

世界人口的地理分布有两个明显的趋势：一是农村人口减少，城市人口增加；二是市区人口减少，郊区人口增加。20 世纪 50 年代，世界仅有 20% 的人口住在 2 万人以上的城市，而现在却有 40% 以上的人口住在城市里。这种农村人口流向城市的趋势正在增强，且由于农村人口减少，城市人口增加，分销结构可能发生很大的变化。此外，由于市区交通日益拥挤，污染日益严重，加上高速公路、地铁等的发展，发达国家中的许多人纷纷从市区转向郊区，这种动向使许多国家的市场零售结构发生了变化。

各国人口分布还有一种情况，就是版图大的国家人口分布很不平均。例如，我国人口沿海多，内地少；美国则是东西部多，中部少。许多国家的人口还往往集中在几个大城区，例如，法国人口五千多万，80% 集中在巴黎、里昂、马赛、里尔四大城市；加拿大人口的 1/3 集中在多伦多、渥太华、温哥华三个城市。人口聚居地往往就是主要的市场所在地。研究市场人口分布，对于企业制定营销策略，特别是销售渠道策略有重要意义。

（五）家庭结构

一个国家或地区的家庭单位的多少、家庭成员平均数量以及家庭成员结构等，对市场需求及购买方式的影响很大。近几十年来，西方发达国家和一些发展中国家的家庭成员数量正在减少，每个家庭的平均人数在 4 人以下。家庭的这种发展状况刺激了家电等家庭用品的增加，同时要求住宅市场和租赁市场有相应的发展。与家庭规模小型化并存的是部分发展中国家稳定的大家庭特征。比如，扎伊尔、刚果等国家的家庭人口一般都在十几人至二三十人。由于许多产品（如家用电器）是以家庭为单位进行购买和消费的，所以一个与发达国家人口数量相近而具有大家庭特征的发展中国家，商品的需求量与购买量会小于发达国家，或者购买数量不少，只是购买次数减少。因此，开展国际营销的企业在分析市场潜力、制定营销决策时必须考虑家庭结构的情况。

表 3–5　2000 年不同国家人口的年龄公布

（单位：千人）

年龄组	中国		德国		印度		日本		乌干达	
	人数	%	人数	%	人数	%	人数	%	人数	%
0—9	199 067	15.61	8 139	9.89	237 173	23.32	12 053	9.49	8 623	36.72
10—19	218 405	17.13	9 390	11.41	210 836	20.73	14 047	11.06	5 691	24.23
20—29	219 165	17.19	9 554	11.61	172 018	16.92	18 521	14.58	3 847	16.38
30—39	231 120	18.12	14 161	17.21	142 572	14.02	16 926	13.32	2 094	8.92
40—49	169 620	13.30	12 025	14.61	106 290	10.45	16 736	13.17	1 336	5.69
50—59	109 087	8.55	9 921	12.06	71 288	7.01	19 198	15.11	967	4.12
60—69	76 517	6.00	9 686	11.77	47 605	4.68	14 776	11.63	578	2.46
70—79	40 839	3.20	6 555	7.97	23 043	2.27	9 965	7.84	285	1.21
>80	11 397	0.89	2 853	3.47	6 110	0.60	4 812	3.79	64	0.27
总数	1 275 217	100.00	82 284	100.00	1 016 935	100.00	127 034	100.00	23 485	100.00

表 3–6　2000 年不同国家人口的性别公布

	中国	德国	印度	日本	乌干达
男性比例 %	51.43	48.81	51.57	48.95	49.63
女性比例 %	48.57	51.19	48.43	51.05	50.37

资料来源：联合国网站 www.un.org；逯宇铎，《国际市场营销》，北京：机械工业出版社 2004 年版。

议一议：

1．面对世界上不同的宗教文化，企业开展国际营销应注意什么？

2．在日本有这样一句谚语，“冒尖的钉子挨锤敲”，而在美国有另外一句谚语，“嘎吱叫的车轮先上油”。如何理解这两句出自不同文化背景的谚语？这与国际营销有什么联系呢？

3．中国人口的年龄分布和性别分布有什么特点？对营销有什么启示？

上面我们讨论了企业在开展国际营销活动中受到营销环境因素的影响，主要的因素包括社会文化、政治法律、经济人口等方面，除此以外，还有科技、自然、金融等因素。对国际营销企业来说，这些因素一般是不可控制因素，企业必须设法适应这些环境，才能较顺利地开展国际营销活动。当然企业也可以通过向外提供产品和劳务，传播信息及开展公关活动来影响外部的某些环境因素，使之变得有利于企业实现自己的目标。

本章小结

影响企业开展国际营销的因素包括可控因素和不可控因素，其中不可控因素是指企业开展国际营销时所处的外部客观环境。

国际营销的外部环境包括的范围很广，主要有社会文化环境、政治和法律环境、经济和人口环境等方面。

社会文化环境涉及语言文化、物质文化、美学观、态度和价值观念、社会组织、教育水平、宗教信仰、风俗习惯等。这些因素渗透于国际营销活动的各个方面；同时国际营销本身又应是社会文化的组成部分，反过来又推动社会文化的发展；国际营销还要受各国社会文化的裁判。

国际营销活动还不可避免地受到国际政治、法律环境的影响。因此，企业在进入国际市场之前必须了解、分析国际的政治、法律环境，以便预见变化，防患于未然。

此外，企业在开展国际营销活动时还应该分析目标市场国的经济、人口等因素，因为它们是决定一个国家市场规模进而影响一国市场吸引力的重要因素。

案例分析

丰田进入美国市场

提起丰田汽车，人们便很容易想起“皇冠”牌小汽车和“车到山前必有路，有路必有丰田车”这一广告用语，这是因为丰田公司如今已享有很高的知名度。然而谁能想到30年前，当丰田首次向美国出口小汽车时，仅售出223辆呢？

丰田首次向美国推出的产品名叫“丰田宝贝”，它的外形很像一个方盒子，整个产品存在严重的缺陷，发动机开起来像卡车一样响，内部装修既粗糙又不舒服，灯光也非常暗。“丰田宝贝”失败后，丰田公司针对消费进的需求对美国市场进行了大量的调查和研究。

丰田公司发现美国人把汽车作为地位象征的传统倾向在减弱，其态度正变得实用化，汽车在很大程度上被看成是一种交通工具。美国人喜欢腿部活动空间大、容易驾驶且行驶平稳的美国车，但又希望能大幅度地减少拥有汽车的花费，例如最初的购置费少、耗油少、耐用和维修方便等。丰田还发现消费者也认识到交通拥挤状况的日益恶化，因此希望能有停靠方便和转弯灵活的小型车。丰田还发现大众公司的成功在很大程度上是由于该公司建立了一套卓越的服务系统。例如，提供维修服务就能成功地打消顾客对外国车买得起、用不起、很难买到零部件的顾虑。

经过研究分析，丰田制定了一整套打入美国市场的营销战略。其中丰田的产品战略是生产小型的、经过改装的“底特律”式小汽车。这种美国化的做法在于增加产品的可接受性。新推出的“皇冠”牌小汽车满足了各方面的要求，比竞争对手大众公司的“甲壳虫”小汽车在发动机功率和性能上都提高了一倍，并且容易操纵、省油，还具备了小型车的各种便利。此种车外部造型优美，内部装备了所有美国人都渴望的装修，如柔软舒适的座椅、柔色的玻璃、侧壁有白圈的轮胎等。这种车作为一种交通工具出口，从这个意义上说，它几乎完美无缺，就连扶手的长度和腿部活动空间的大小都是按美国人的身材设计的。丰田甚至对一些不大引人注意的细节也给予了充分的重视，无论是在打入美国市场之前还是之后，丰田都在不断进行市场调查和研究，力图使各种问题得到妥善解决。这样，丰田的"皇冠"很快就建立了质量信誉，每销售 100 辆，顾客不满意的车数从 1969 年的 4.5 辆，下降到 1973 年的 2.3 辆。

丰田车在美国市场站住脚以后，就转而采取市场扩张战略，以不断改进产品以满足顾客需要作为其产品策略，1970 年和 1974 年，丰田对皇冠产品系列的设计进行了两次大的修改，扩大车身，加宽踏板，同时提高了稳定性能。所有这些改变都是为了满足美国消费者的偏好。

丰田将质量理解为"适合顾客需要"，产品改变从顾客的角度出发而不是将其看成是产品自身的要求。在广泛的调查研究和收集顾客反馈意见的基础上，丰田公司综合顾客的要求，尽可能提供与之相适应的产品。丰田将提高产品质量的努力集中在对生产过程质量的控制上，采取了各种质量控制方法，如通过"无缺陷"概念来寻找不合格产品的原因，通过"QC 小组"鼓励员工为改进产品和生产过程献计献策，等等。此外，丰田还在高度相互信任的基础上，培养了与零部件供应商之间强有力的协作关系，从而把住了协作公司零部件的质量关。

时至今日，丰田在美国的年销售量已超过 50 万辆，超过其竞争对手大众汽车公司，在美国市场上居领先地位，成为当今世界上最大的汽车制造商之一。

资料来源：逯宇铎、常士正，《国际市场营销学》，北京：机械工业出版社 2004 年版。

问题：

1. 美国市场的汽车文化发生着什么样的变化？与日本的汽车文化有什么不同？
2. 随着国际营销环境的不同，丰田公司在美国市场上采取了哪些不同的产品策略？
3. 丰田公司将质量理解为"适合顾客需要"，并与零部件供应商建立强有力的协作关系，这对当今经济全球化时代的国际营销者有何启示？

思考与练习

1. 什么是国际营销活动中的可控因素和不可控因素？它们分别包括什么内容？
2. 国际社会文化环境是由哪些因素构成的？你认为它对社会文化进行分析有什么重要性？
3. 什么是政治干预？目标市场国政府对外国企业的经营进行政治干预的形式主要有哪些？
4. 分析研究各国经济发展阶段对企业国际营销有何意义。
5. 试述人口环境包括哪些因素，这些因素对企业营销有何影响。

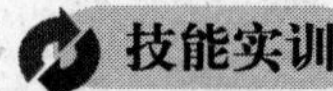

技能实训

完成案例分析报告并收集有关的资料，分析企业因为营销环境的影响而成功或失败的经验或教训。

第四章

国际营销调研

【导读】国际营销的中心任务是以国际市场消费者为中心，通过开展整体国际营销活动，在满足国际市场顾客需求的过程中实现企业利润。因此，企业必须通过国际营销调研来搜集有关顾客需求和营销决策方面的信息。在企业进行国际营销分析、计划、实施和控制的每一个阶段，都需要关于消费者、用户、竞争者、中间商及有关营销决策的其他方面因素的信息。营销调研是帮助管理者获取准确信息、减少营销决策中不确定因素的最重要的途径。

国际营销环境与国内营销环境相比显得更加复杂，因而国际营销调研工作也更加困难，而且国际市场变化莫测，从事国际营销的企业对信息的要求无论在数量上、质量上、范围上都比国内营销更大、更高、更广。因此，国际营销调研人员所具备的素质和技能要求更高。

本章首先介绍国际营销调研的概念、作用和意义，列出了国际营销调研的内容和影响国际调研的因素，然后讨论了国际营销调研的方法，最后介绍了国际营销调研机构和营销调研活动的组织等问题。

第一节　国际营销调研概述

一、国际营销调研的概念

(一)含义

国际营销调研是指从事国际营销的企业(包括跨国公司、开展跨国经营的企业和产品出口的企业)运用科学方法，以扩大国外市场、开展海外营销为目的，有计划、有系统地收集、整理、分析国际市场环境和市场情报，并从中了解国际市场商品供求发展变化的历史和现状，找出发展变化的规律，寻找和发现进入国际市场的各种机会。

为了进一步明确国际营销调研的概念，应该对营销调研作一些具体说明。

(1) 营销调研是企业经营决策的重要手段，其涉及的范围相当广泛，尤其不能仅仅局限于市场静态的研究，而必须贯穿于经营管理的全过程。它强调企业在整个生产、销售等经营过程中都要随时注意了解市场动向，把握市场机会，发现营销中的失误，随时改进企业的国际营销活动。

(2) 营销调研本身是一种管理工具，目的是为了促进营销活动。同时，作为一种管理工具，调研必须依附于管理问题而存在，对营销调研的具体运用必须适应解决管理问题上的需要。

(3) 在进行营销调研时，必须符合科学原则，采用科学的方法，以确保调研结果准确可信。营销调研是一项复杂且技术性较强的工作，它需要综合运用经济学、管理学、统计学、社会学等多门学科知识，采用现代科技手段，对市场状况进行研究和分析。所以，调研人员在具体的调研工作中，必须充分运用这些方法和技巧，对调研工作进行合理的组织和安排，以科学的结论来指导企业进行营销活动。

(4) 营销调研是调查和研究的紧密结合，两者互为表里，缺一不可。但现实的调研活动往往仅局限于汇编有关市场的大量统计数字和一些市场现象，没有什么实际价值，因为这只是完成了调查这一步骤。要做好调研还必须针对所要解决的问题，通过对所获资料的分析、判断，进行权衡和解释，并得出结论。这些结论必须相当具体和明确，足以供领导层就本企业进入某一目标市场国和制造营销计划作出正确决策。

以上内容对国际营销调研来说也是适用的。

(二)国内营销调研与国际营销调研

营销调研可分为国际营销调研和国内营销调研，国际营销调研比国内营销调研的范围更广泛。这主要表现在两方面：一是市场范围扩大。企业所面对的是广阔的世界市场，调研活动可能在许多国家同时进行。同时，不同的国家，不同的种族，经济发展状况及政治环境也会有所不同，因而各个市场具有相对独立的特征，市场状况变得更加复杂了。二是对某一个特定的目标市场国，营销调研所考虑的影响因素的范围更广。国际市场往往存在更多的变数，那些在国内市场是熟悉和稳定的因素，如法律系统和营销渠道等，在国外市场都可能成为不确定的因素，需要重新进行研究才能作出回答，因此也就需要收集更多的资料。此外，不仅需要研究各个相关市场国内部的各种因素，还需要研究那些可能影响营销方案的国际性因素，如国际政治和外汇汇率等。总之，国际营销调研相对国内营销调研来说，范围更广，也更加复杂。

二、国际营销调研的作用

当前，在国际市场竞争日益激烈的情况下，开展国际营销活动的不少企业越来越清楚地认识到，企业国际营销的基本职能就是要满足国际市场消费者的需要。为了达到这一目的，企业决策人员必须认真分析研究国际市场的各种影响因素，制定各种有效的国际营销方案，并随着市场形势的不断变化适时调整自己的国际营销策略。然而国际市场是复杂多变的，认识和把握国际市场不是一件简单的、一目了然的事，这要求企业对面临的国际市场进行全面的调查和研究。因此，只有通过大量的国际营销调研，企业才能获取、处理、分析从环境中反馈回来的信息，并据此进行决策。

国际营销在企业管理中的作用是十分明显的，大体体现在以下几个方面。

(一)发现市场机会，开拓潜在市场

企业在决定将产品打入国际市场之前，必须选择对其有利的市场，这就要求企业对其产品在哪些国外市场销售前景更为广阔、某一特定目标市场国的市场容量有多大和应采用何种策略进入该市场等问题有一个正确的认识和判断。但是，企业决策人员通常对其他国家的地理、文化、经济和政治等情况了解有限，对正确估计产品在国外市场销售情况所需的资料和信息相对缺乏。而且世界市场瞬息万变，市场环境复杂多样，难以准确预测，激烈的竞争更使世界市场难以进入。所以，在决定把产品打入目标市场国之前，企业首先要对这个市场进行深入的调查研究，这样才能准确选择和把握市场机会。

此外，国际营销调研还可以帮助企业寻找和选择有利的新市场，并稳定扩大企业产品的市场范围，避免不必要的费用支出及盲目的营销行为造成的损失。

(二)制定正确的国际营销组合策略，寻找可能发生问题的原因

发现市场机会与将产品打入国际市场、顺利地开展国际营销，是两个不同的问题，它们之间存在很大的差别。找到一个有潜力的市场，只是为产品的销售指明了一个正确的方向，并不意味着产品一定能为该市场的消费者所接受。因此，在这一阶段也必须进行市场调研，为企业提供具体的信息和结论，帮助企业的产品稳步占领市场。

同时还应该认识到，完美的营销活动实际上是不存在的，因为市场本身复杂多变，人们往往一时不能充分认识和把握市场；且调研工作的不充分、决策人员的失误、计划的具体实施不当等现象时刻存在，影响了营销活动正常地开展。失误并不可怕，关键是要找到问题出现的原因，及

时地调整和修正。营销调研的一大作用就在于可为管理人员解释为什么经营活动会出现差错以及错在哪一个环节。通过国际营销调研，企业可以广泛收集信息，寻找问题产生的根源，迅速抓住问题的本质，并针对问题有的放矢地加以解决。常常有这样的情况，一些本来应该销路很好的产品因为营销策略上的失误而滞销。这种错误的策略可能包括错误的分销渠道、不现实的价格、不适当的促销或其他方面的失误。有些出口企业也常常遇到这样的情况，某项对企业本身和国内消费者来说似乎很好的产品，却不被外国消费者所接受。有的产品是因为未达到同类竞争产品的水平，有的则可能是因为不适合目标市场的标准和口味。有针对性的国际营销调研，可以找出上述情况发生的原因，使企业及时调整国际营销的战略和策略。

(三)监测和评价国际营销活动的实施

在许多情况下，营销调研的目的是描述市场上发生的情况。国际企业的决策者经常需要了解购买企业产品的对象，掌握企业在国外市场上所占市场份额的大小及其变化情况，摸清影响企业营销的竞争者的行动，以及衡量本企业营销活动是否按计划认真执行，而要做到这一点只有通过仔细地研究当前的市场信息。企业只有清楚地了解营销计划实施的情况，才能根据营销调研所得的信息，对营销策略进行必要的评估和修正，从而保证营销活动的正常进行。

(四)预测未来的情况

虽然在营销活动中出现失误是不可避免的，但是如果能在错误发生以前进行预防，就既能节省更多的资金和时间，又能把国际营销工作做得更好。在任何异常发生以前总会有预兆出现，营销调研可以寻找这些预兆和非正常现象，凭此对未来市场的变化发展趋势进行估计，帮助企业决策者及时调整和制定合理的营销计划，应付可能出现的变化，使企业在国际市场的竞争中掌握主动权，立于不败之地。

三、正确认识国际营销调研的意义

国际营销调研对我国企业具有特别重要的意义。长期以来，由于计划经济体制的影响，我国的对外贸易体制僵化、单一，企业缺少国际营销的自主权利，因而对国际营销调研缺乏足够的认识，这也是造成我国经济管理落后和企业经营不善的原因之一。改革开放之后特别是我国加入WTO以来，随着对外经济往来日益增多，企业作为独立经营的经济实体，直接走向国际市场。面对国际市场的巨大压力，企业不仅要立足于国内市场，而且要面对国际市场的挑战，因此，认清国际营销调研的重要意义显得格外重要。

目前，我国许多企业虽然对营销调研的意义有一定认识，但在对国际营销调研的利用方面仍相当薄弱。许多企业都没能充分利用国际营销调研这一工具，尤其是一些中小型企业，还不懂得如何进行调研工作。这些企业的营销活动往往显得单一和盲目，通常只是采用试销的方式，将产品送入国际市场，虽然其中不乏一些成功的例证，但是大多数情况是它们因盲目地行动而遭受损失和风险，甚至失去大量的市场机会。另有一些企业虽然开展了调研工作，却没有充分重视对调研结果的利用，而是盲目自信，不顾市场的客观需求，主观地作出错误的营销决策。还有一种常见的错误，就是把营销调研看成是一次性的任务，看成是打入国际市场的一个必要步骤，而不认为它是自始至终都要进行的经常性工作。这样的企业忽视了一个重要的事实，即市场情况是随着时间推移而不断变化的。竞争者状况的变化、消费者需求的变化等都要求企业不断调整自己的营销策略。而对这些变化的把握，只有通过不断的营销调研才能完成。

四、国际营销调研的内容

国际营销调研涉及的内容相当广泛，它贯穿于经营管理的全过程。也就是说，从发现、判断市场机会，到计划、执行、控制以及信息反馈，都是国际营销调研的范围。应该强调的是，对于不同的产品，或针对不同的问题，具体调研的内容有很大的差异。所以，在实际调研工作中要把握一条原则，即必须紧扣营销课题及其调研目的来灵活设计调研的方案。一般来说，国际营销调研包括以下一些内容。

(一)市场环境调研

市场环境调研是对市场外部影响因素的研究。国际市场环境错综复杂，各种环境因素都可能对企业的经营活动产生直接或间接的影响，企业无法改变这些环境因素，只能了解它们、适应它们，尽量避免不利因素，充分利用有利因素。所以，充分把握国际市场环境对企业来说是十分重要的。

对市场环境的调查研究可以帮助企业发现有利的目标市场，从总体上认识和把握这些市场，并有助于企业间接地估计市场规模和市场需求潜量。对市场环境的分析已在第三章作了一些介绍，这里再列出调研工作需要了解的有关内容及其重要目标。

1．政治环境调研

政治环境调研包括：(1) 本国的贸易法规。调研人员必须查明企业所在国的对外贸易法规中对产品的出口是否有限制，包括外汇管制条例和税收规则、出口许可证和其他单证要求等。关键要弄清本企业产品的出口是否受到限制，是否值得努力出口这些产品以及可向哪些国家出口。(2) 目标市场国的政治稳定性。需查明政府的结构、执政党的体系、政府现行政策的稳定性和连续性、政府行政效率等，并对其进行评价。(3) 进入市场的政策限制。包括进口的关税额及税率、进口配额及其分配状况、对外汇的管制状况、各种国内税对进口产品的影响，以及其他法规如卫生与安全规则的影响和政府对价格、促销、分销等方面的管制等。

2．经济环境调研

一国的市场状况与该国的总体经济形势和经济发展水平是紧密相关的。判断经济环境状况主要需了解下列一些指标：(1) 国家财务统计，包括国民收入、国内生产总值、国民收入与国民可支配收入的比例等；(2) 人口与劳动力，包括按性别分类的人口数、人口增长率、人口地区分布及其密度、制造业的就业率和失业率、制造业的研发力量与开支等；(3) 生产状况，包括制造业、建筑业、能源及其他生产行业的状况；(4) 国际贸易，包括按最终用途分类的进口量、按行业来源分类的出口量、进口货物的产地和目的地、按商品分类的进出口量；(5) 其他经济资料，包括交通运输、工资及物价水平、消费水平、国际收支状况等。

以上一些指标很容易从一些统计资料中找到。调研人员不仅要了解这些静态指标，更要对其可能的变动情况进行分析。

3．人文环境、自然地理环境调研

人文环境和自然地理环境调研的内容主要有：(1) 文化背景资料，包括宗教信仰、价值观念、民族传统、风俗习惯等。(2) 社会统计资料，包括医疗卫生状况，如医院及医护人员数量等；教育状况，如教师人数及在校学生人数等。(3) 地理环境，包括地理位置、气候条件、自然资源条件等。

(二)市场动态调研

国际市场环境调研是对市场外部影响因素的调研，其目的是使调研人员正确地判断本企业的产品能否进入某个市场。但是，仅仅了解这些情况还是不够的，调研人员还必须同时研究市场动态，对市场的内部各因素进行了解和分析，估算本企业的产品在某个市场上到底有多大的销售潜力，这样才能帮助企业决策者选定较优的目标市场。市场动态调研主要包括以下一些因素。

1．消费者研究

应该了解的内容有：(1) 消费者人口构成，如人口总数、人口分布、人口密度、人口的年龄结构、人口的性别结构、人口的职业结构、人口的民族结构、人口的文化程度结构等，以及人口增长与结构的一些变动指标。(2) 消费者购买力水平，主要了解消费者人均可支配收入，以及不同收入阶层的状况与结构。(3) 消费者行为，即了解消费者购买什么、为什么购买、谁决定购买、如何购买、什么时候购买以及在什么地方购买等问题。

2．消费者调研

对从事产品营销的企业来说，紧扣产品是调研工作的关键。调研时注意着重了解以下情况：(1) 该产品每年消费多少？(2) 产品的消费者是谁，是所有人还是局限于某些人或某些工业用户？(3) 产品在哪里消费？(4) 各类消费者分别隔多长时间购买一次该企业的产品？(5) 使用该产品的目的是什么？例如，自行车是作为娱乐、健身的工具呢，还是作为交通代步的工具？(6) 同样用途的其他竞争产品有哪些？

通过市场动态调研，调研人员可以分析和了解市场规模、市场类型及增长变动趋势，并根据上述调查了解到的资料对市场进行细分，以便更精确地评估本企业产品的潜在消费量和销售量。

(三)营销实务调研

选定良好的目标市场为企业进行成功的国际营销奠定了基础。不过，要完成具体市场的开发，使企业尽可能达到最大的市场占有率，还必须采用有效的营销策略组合。也就是说，企业必须开发或改进产品，选择合适的分销渠道和促销手段，制定合理的价格。营销实务调研正是要查明这些问题，为具体策略的制定和安排实施提供信息和依据。营销实务调研主要包括下列一些内容。

1．产品调研

产品是企业为国外消费者提供服务的对象。一个企业要想在国际市场的激烈竞争中求得生存和发展，关键是不断地生产出顾客满意的产品。在当今社会，科技迅速发展，产品寿命周期趋于缩短，加强对产品特别是竞争对手的产品的调研，对企业的发展有着非常重要的意义。其调研应包括以下内容：(1) 商品在国际市场的销售情况；(2) 出口商品的设计、功能和用途；(3) 出口商品的使用方法和操作安全程度；(4) 出口商品的牌号和商标设计；(5) 出口商品的包装和外观；(6) 出口商品的生命周期；(7) 为老产品寻找新的用途以开辟新的市场；(8) 出口商品系列和产品组合；(9) 出口商品的售前、售后服务；(10) 新技术、新工艺、新材料和新产品的发展趋势；(11) 消费者对产品的特殊要求，包括色泽、风味、规格、图案、式样、原料、性能等技术指标以及包装等方面的要求。

2．价格调研

价格与出口商品的销量和企业盈利的大小关系重大。在国际市场上，价格受多方面因素的影响。只有深入地调查研究，才能准确掌握最低价和最高价之间的尺度，并据此灵活应对市场变化。价格调研的内容包括：(1) 影响价格变化的因素；(2) 国外市场商品供求关系的状况；(3) 出口商品需求弹性的大小；(4) 进口税税率及各种国内税对商品价格的影响；(5) 各种不同的价格政策对商品销量的影响；(6) 竞争产品现有的价格，变相提价和降价的方法；(7) 相关替代商品价格状况及其对本企业产品价格的影响；(8) 新产品定价策略；(9) 出口产品生命周期不同阶段的定价原则；(10) 目标市场国政府对价格的管制情况。

3．销售渠道调研

商品要以最高的效率和最快的速度送到消费者的手中，这对企业和消费者来说都是极其重要的。因此，销售渠道调研也是国际营销调研的重要内容，它主要包括：(1) 对国外各类中间商(包括批发商、代理商、零售商)的选择和评价，即这些中间商现有经销产品的种类以及设施、服务、人员、水平、财务能力、资信状况等；(2) 对个别中间商的挑选与评价，查明是否存在一条明确的、标准的营销渠道为本企业产品服务；(3) 对国外各市场零售网点的分析；(4) 市场上有无能够购买大宗商品的机构；(5) 各级中间商的作价(加成或佣金折扣)有无一定的标准；(6) 中间商所期望的信用透支和销售条件；(7) 仓库数量、库存量及其分布情况；(8) 将产品送至市场的运费、运输时间、保险及包装要求；(9) 出口产品分配过程中通讯网络的选择等。

促销方式是国际营销组合中的一项基本活动。促销方式包括企业宣传产品和说服消费者购买的活动。对企业的调研应包括如下内容：(1) 国外市场促销组合；(2) 可利用的广告宣传媒体和费用标准；(3) 促销推广的方法，如折扣、商品内示范、样本赠送、产品配套、竞赛、抽奖以及以赞助为目的的社会公益活动等；(4) 竞争者使用的宣传广告方式；(5) 代理商、中间商、零售商在促销过程中能起的作用；(6) 推销员的素质、水平、训练费用及推销员在广告宣传上能起的作用；(7) 促销费用。

(四) 竞争情况调研

企业在作出国际营销决策之前，必须认真调研竞争对手可能作出的各种反应和动向，充分了解竞争对手的情况。对竞争情况需要作以下方面的调研：(1) 在目标国市场上有哪些竞争产品？竞争对手是谁？(2) 竞争对手的市场份额有多大？有什么变动趋势？(3) 在声誉、特征和其他特点方面，竞争性产品与本企业产品的比较如何？(4) 竞争对手在生产成本、运输、税额等方面是否有优势？(5) 各竞争对手现有生产能力如何？哪些竞争对手准备扩大生产能力？(6) 竞争对手的价格与本企业价格的比较如何？(7) 竞争对手使用哪些销售渠道？竞争对手为其渠道成员提供什么信贷条件、佣金和其他补偿？(8) 竞争对手进行何种促销活动？其成功率如何？(9) 竞争对手的服务质量如何？(10) 是否有被竞争对手忽视的细分市场？(11) 较为成功的竞争对手成功的原因何在？

只有通过对竞争对手的分析，才能搞清楚市场竞争的强度和竞争结构，评价产品是否能顺利进入该市场，以及决定进入后采取何种策略应对其面临的竞争。

五、影响国际营销调研的因素

影响国际营销调研的因素主要有以下几个。

(一) 决策的性质

对任何一个企业来说，一个决策可能是关键性的，也可能是一般性的。关键性的决策往往关系到企业的存亡或企业的发展方向，而一般性的决策可能只涉及企业经营管理过程中的某一个环节。决策的性质不同，对调研的要求和调研工作的规模、调研的内容都会产生不同的影响。

(二) 时间的限制

任何国际营销调研工作都被限制在一定时间内完成。虽然时间越充裕，可提供的信息就越充实，而且调研的准确度就越高，但是很多情况下，由于现实决策的局限，不允许在调研上花很多时间，因此许多调研活动往往不能充分展开。

(三) 费用的限制

有的情况下，营销调研工作也受费用的限制。例如，一项调研需要对市场进行一次广泛的市场试验，但因为受费用的限制只能选取市场一两个区划进行实验，或仅抽取少量样本，这样的调研报告显然没有经过广泛市场试验后得出的调研报告来得详实、精确。

(四)调研人员技能的限制

优秀的营销调研人员应具备多种技能，包括统计技术能力、逻辑思维能力、归纳推理能力、对资料的分析整理能力等。有时候，调研工作会由于调研人员的技能有限而影响调研结果的准确性。

(五)物质条件的影响

调研工作还会受到一些客观物质条件的制约。这主要表现在两个方面，一是调研设备和工具的配置，二是市场的客观自然条件。比如，若在调研中采用先进的电子技术和设备，或目标市场国有良好的交通运输情况、较好的邮电通讯设施等，调研活动就会顺利得多。

影响调研活动的因素还有许多，国际营销企业在开展调研工作时应充分重视这些因素，对调研工作作合理的预算和规划，并进行有效的管理和控制，使调研工作在有限的条件下取得最佳效果。

第二节　国际营销调研方法

国际营销调研与国内营销调研一样，都需要大量收集资料，根据资料来源和资料收集方法的不同，可分为案头调研和实地调研两大类。

一、案头调研

案头调研主要是对现存资料的收集，包括各种文献档案、企业内部的记录以及调研人员在以往调研工作中的资料积累。它通常是调研工作的开始，是进行实地调研的基础。以下将分别对案头调研的作用、资料来源、评价和利用进行探讨。

(一)案头调研的作用

在国际营销调研活动中，派人到国际市场去进行实地调查、收集信息往往要消耗大量的时间和人力物力，而案头调研是对现有资料的利用。所以，案头调研又称二手资料调研或文献调研，是指查寻并研究与调研项目有关的资料的过程，这些资料是经他人收集、整理的，有些甚至已经发表过。

在国际营销中，案头调研有两方面的作用：(1) 是重要的信息来源，为某些营销决策的制定奠定基础。(2) 为国外实地调研打下基础。案头调研可以为实地调研提供必要的背景资料、使实地调研的目标更加明确，从而节省时间和调研成本。

(二)案头调研的资料来源

案头调研的资料来源很广，收集这方面资料的渠道也很多，归纳起来有以下几类：

(1) 调研者案卷。调研者积累的调研案卷将成为一个很有用的小资料库。

(2) 信息系统提供的统计资料，如国外客户的订货单、销售额及销售分布、销售损益表、库存情况、产品成本等。从这些对生产、销售、成本以及地区分布的分析中，可以检验各种因素的变化情况。

(3) 政府机构。可以通过本国政府设在国外的商务机构收集当地市场和企业的情况，还可以从本国其他驻外机构获取国外销售和投资方面的信息。此外，也可以从外国政府的有关部门获得贸易信息。

(4) 国际组织。众多国际组织，如联合国贸发会议、联合国经济委员会、世界贸易组织、世界银行、国际货币基金组织等，都会定期或不定期地发布大量市场信息。

(5) 行业协会。行业协会的作用是协调本行业的生产、销售和竞争等，它们会定期收集、整理、出版一些本行业的产销信息，这是一个非常重要的信息来源。

(6) 调研机构。国外有不少知名的咨询公司、营销调研机构，它们经验丰富，对信息的分析精确全面，但收费甚高。企业在制定重大营销决策时(如到某国设立营销公司或投资建厂等)，往往有必要求助于当地的调研机构。

(7) 银行。大银行在世界各地都有分支机构，且对当地市场了解较为透彻，所以企业可通过与自己有业务关系的银行作海外资讯调查。委托银行调查一般比较可靠而且收费低廉。

(8) 消费者组织。许多国家都成立了以保护消费者利益为宗旨的消费者组织，这些组织的众多任务之一就是测试各企业生产和销售的产品，并向公众报告测试结果。这些组织有时还向公众报告零售价格并进行消费者调查。这些信息对调研者来说都是极有价值的。

(9) 图书馆。一些较大的综合性图书馆和专业图书馆都藏有大量有关世界经济、国际贸易、国际环境等方面的图书资料。调研者可在图书馆中查阅贸易统计数字和有关市场的经济资料。

(10) 从来华参观访问的学者、友好人士或派出考察、参观的人员那里获取市场行情资料。

(11) 出版社提供的书籍、文献、报纸杂志。出版社出版的工商企业名录、商业评论、统计丛书、产业研究等，常刊登市场行情和分析报道，这些都是调研人员寻找资料的来源。

还要注意的是，资料收集要有专门机构、专人进行管理、分析、归类、传送，将信息变为财富。

资料卡

表 4-1 全球最强的 25 家调研组织

序号	调研组织	国家	国外分支机构(个)	收益(百万美元)	国外收益所占比例(%)
1	A.C.Nielsen Corp	美国	80	1 525.4	68.1
2	IMS Health Inc	美国	74	1 275.7	60.7
3	The Kamtar Gorp	英国	57	773.5	74.8
4	Taylor Nelson Sofres Plc	英国	41	601.3	72.3
5	Information Resources	美国	17	546.3	236.7
6	NFO Worldwide Inc	美国	38	457.2	61.3
7	Nielsen Media Research	荷兰	2	453.3	2.6
8	Gfk Group AG	德国	34	414.0	55.6
9	Vnited Information Group Ltd	英国	6	246.3	63.0
10	Ipsos Group S.A	法国	20	245.8	71.3
11	Westat Inc	美国	1	242.0	—
12	The Arbitron Co.	美国	2	215.4	3.7
13	Maritz Marketing Research	美国	3	174.3	31.0
14	Market Facts Inc	英国	2	160.0	15.1
15	Video Research Ltd	日本	2	153.4	—
16	The NPD Group Inc	美国	13	143.4	18.4
17	Marketing Intellingince Corp	日本	2	110.3	1.4
18	Opionion Research Corp International	美国	8	109.4	36.0
19	Opionion Research Corp	英国	6	56.7	34.9
20	Macro International Inc	英国	3	52.7	37.2
21	J.D.Power and Associates	美国	5	75.4	12.5
22	Roper Starch Worldwide Inc	美国	3	65.7	13.2
23	Dentsu Research Inc	日本	1	59.4	0.3
24	Sample Institut GmbH&Co.KG	德国	7	58.5	54.8
25	Abt Assocates Inc	美国	3	50.8	15.0
26	Sifo Research.& Consulting	瑞典	3	49.7	12.1
27	IBOPE Group	巴西	1	749.4	29.7
总计				8 955.9	49.1

资料来源：麦克尔·津科特，伊尔卡·郎凯恩，陈况平译，《国际市场营销学》，北京：电子工业出版社 2004 年版。

(三)案头调研应注意的问题

案头调研的优点是省时、省力、省费用，但许多案头资料却不是很精确，所以调研人员应注意以下几个问题：

(1) 可获性。某些国家统计资料非常完备，企业可以很容易地得到所需资料，但在另外一些国家(特别是一些发展中国家)，统计手段落后，调研人员很难得到需要的资料。

(2) 时效性。在某些国家从某些信息来源中得到数据资料往往已过数年，这类数据资料不能作为企业决策的依据。

(3) 可靠性。在某些国家提供的数据是采用科学方法加工整理的，准确性很高，而另外一些国家提供的数据只是估计数，准确性不高。

(4) 可比性。有时不同国家的统计方法和收集程序存在显著差别，导致不同国家数据统计口径相去甚远，甚至不可比。如中美两国贸易统计数字有时相差竟然有一两百亿美元，误差的主要原因在于两国对中国香港地区转口贸易的统计持不同的态度。

二、实地调研

实地调研是指由调研人员亲自收集第一手并经过分析判断而得出调研结论的过程。它主要通过与消费者、中间商等人员的直接交流取得资料。

(一)实地调研的主要方法

1．访问法

访问法又称调查法，即直接向被调查人提出问题，并以所得到的回答作为分析判断的依据。这是最常见和最广泛采用的方法。它包括：

(1) 面谈访问。无论是工业品市场还是消费品市场，面谈获得的信息是最可靠的。在有深度要求和准确度要求的调研活动中，面谈访问是必不可少的。但这种访问一般费用大、时间长。它适用于调查对象范围小，问题相对集中；或所调查的问题较复杂，需作深入探讨；或是临时性任务，没有事先拟定问卷等情况。

(2) 电话调查。由调查人员根据事先确定的原则抽取样本通过电话向被调查者询问。这种方法费用较低、完成较快，并可听取用户询问或提出调查提纲以外的问题，取得额外的信息。但是电话调查的范围较小而且不与被调查者见面，效果较差，且受时间限制。

(3) 邮寄调查。这种方法是将拟好的调查表格寄给用户，由他们填写好并寄回。此方法较面谈费用低、时间快，主要缺点是回收率低。

(4) 电脑访问。国外有些调研公司在购物中心建立互动式电脑终端，让愿意被采访的人阅读显示屏上的问题，并键入其回答。这种访问信息收集的随意性较大。

(5) 投影法。这是一种间接探测被调查人态度的方法。有许多人不愿在被访问时袒露自己真正的态度和动机，投影法的目的在于使被调查人非自觉地表露其个性和思想。例如，用一些语句、漫画等启发被调查人，让他们自由发挥，在不知不觉中流露真正动机。投影法是一种心理测试法，它需要调查者具有一定的心理学知识，成本较高。

2．观察法

观察法是指调研者通过直接观察和记录被调查者的言行来收集资料的方法，即调查人员直接到调查现场，耳闻目睹顾客对市场的反应和公开言行，或者利用照相机、录音机、摄像机等现代化手段间接地进行观察以及收集资料。根据不同的调查目的，观察法可以采取多种形式。常见的有：

(1) 顾客的动作观察。在开设新商店时，应当研究如何陈列商品才能吸引顾客。调查人员可以观察类似的商店，或用摄像机摄下顾客在类似商店中的活动，作为设计新店的参考。

(2) 店铺观察。调查人员亲自到商店去或参加展销会、博览会，观察并记录商品的销售情况。如调查人员从消费者实际购买或询问商品的品种、商标、规格、包装等的情况中，了解消费者的需求，统计购买人次以观察客流量和客流规律。这种方法对有条件设点的企业价值很大。

观察法的优点是通过实际观察直接了解顾客反应，调查结果更接近实际。这种方法须长期坚持，并结合统计资料进行。缺点是只看表面现象，观察不到内在因素，不易分析原因。因此，这种方法需要调研人员有较高的职业素质。例如，具有理解不同国家文化差异并能排除受本国参照标准影响的能力。为了弥补观察法的不足，可在观察的同时结合运用访问法。

3．实验法

实验法是从影响调查对象的若干因素中，选出一个或几个作为实验因素，在假定其他因素不变的条件下，了解实验因素变化对调研对象的影响。这种实验限于小规模活动。

实验法在市场调查中应用很广，凡是某一种商品在改变品种、包装、设计、价格、广告以及服务等因素时，都可应用这种方法。实验主要有如下几种形式：(1) 新产品销售实验。即在试销中听取反映，改进设计，提高质量。(2) 产品展销会实验。调查人员可通过分析展出产品的销售情况，并实地观察顾客的反映意见，来预测新产品的发展情况，预测产品的销售量。

实验法所得资料来源于实践，原始资料可靠，方法科学，缺点是不易选择与社会经济相类似的实验市场，且实验时间较长，成本较高。

(二)实地调查中的常见问题

1．抽样调查中的问题

一项抽样调查要取得成功，样本必须有代表性。但是，在许多发展中国家，抽样调查很困难，样本往往具有很大的偏倚性，这当然就存在着数据不准确的可能性。

2．问卷调查中的问题

在国外使用问卷方式进行调查，最重要的问题是语言翻译，翻译不当就会引起误解，致使调查失败。在同一个国家有几种语言的情况下，问卷的翻译就更加困难。问卷调查中的另一个问题是，问卷的邮寄在许多发展中国家十分困难，而有些国家的邮电系统效率又太低。

3．电话调查中的问题

在发达国家和某些发展中国家(如中国)，家庭电话拥有率很高，移动电话也拥有非常多的用户，采用电话调查法是可行的。但是在许多发展中国家，电话的普及率很低，这时，即使是进行工业调研，采用电话调查法也是不足取的。

4．个别访问中的问题

在发达国家，用个人访问法进行调查虽然费用较高，但却是获得可靠数据的重要方法之一。但是，在许多发展中国家，采用这一方法很困难，往往会出现被访问者要么拒绝访问，要么拒绝回答某些问题，甚至故意提供假情报等现象。

(三)解决实地调研问题的方法

1．要重视借鉴书本知识

现在有一些发达国家已出版了一些有关国际营销方面的著作，调研人员可从中学到很多专门的调研技能。

2．取得当地人的帮助

每个国家都有一些人愿意并能够充当跨越文化障碍的桥梁。对于企业来说，这些人应是精通两国语言和两种文化，且系统地受过营销学和营销调研方面的训练。他们能够为企业搞好在当地的调研项目提供很大的帮助。

3．问卷翻译可以采用两次翻译的做法

首先用中文起草问卷，并翻译成外文，然后到目标市场国请当地的翻译将其翻成中文，调研人员再将两份中文问卷进行对比，分析其中的差别。这种做法可解决因翻译不到位而导致调查不准确的问题。

4．正确选择、训练和管理调研人员

调研人员水平的高低，直接影响到市场调查的水平和质量。因此，企业必须认真挑选符合一定条件的人员承担调研任务。为了完成好调研任务，企业还应对调研人员进行专门训练，使其熟练掌握各种调研方法和技巧。此外，企业还要对调研人员严格管理，例如，了解其调研进度，以便发现问题及时指导；了解其工作水平、工作能力，开展成绩评定，作为晋升或继续聘用的依据。

5．通过营销实践了解市场

因为对国外市场进行调研费用高昂，所以企业是否进行调研，可依据该市场的具体情况而定。如果该市场规模太小、潜量不大，就不值得调研；反之，则应该进行调研。对于前一种情况，企业不搞营销调研，但可采用直接向该市场进行试探性出口的方法来了解市场。这实际上是一种低成本的调研方法。例如，日本许多公司在中国设有办事处或子公司，其业务量很小，甚至是亏本经营，但这些公司并不撤回这些办事处或子公司，因为通过这些办事处或子公司可以了解很多中国市场的情况，开办这些办事处或子公司本质上是一种低成本的营销调研活动，它们的着眼点在中国的未来市场。

思一思：

对以下的几个观点，你认为是否有道理？为什么？

1．如果在市场调研完成之前，你就已经制定出了整个营销计划，那么你就会浪费大量的时间和金钱。

2．当你发现某一个新市场很有吸引力时，其他人可能也被吸引并正在对其进行调研。

3．不要在调研过程中就试图去解释信息。早期看上去无用的信息可能与调研后期所得到的信息联系起来之后才会显示出意义。调研实际上就是把所获得的信息联系起来的一个过程。

第三节　国际营销调研机构与调研活动的组织

一、国际营销调研的组织机构

国际营销调研是一项复杂的工作。随着国际经济形势的发展，国际竞争日趋激烈，市场需求变化速度加快，调研活动的难度也不断加大。为了成功地开展营销调研活动，还要求有一个完善的组织机构来支撑调研工作，以便对各个调研人员进行分工与协调，提高效率，保证调研活动的顺利开展。

(一)调研机构的职责

无论是企业所设的市场调研机构，还是专门的咨询公司、市场调查公司，其基本职能大同小异，可归纳为以下几个方面：

(1) 针对企业发展规划和发展目标，广泛收集市场环境、市场潜力、消费需求趋势及消费心理变化、产品信息、销售渠道、价格、竞争对手状况及发展目标等多方面的信息资料，把握市场整体状况和变化趋势，为企业制定目标和战略决策服务。

(2) 针对企业在经营管理中的具体问题，开展专项研究工作，找出问题所在及其原因，有针对性地提出改进意见和建议。

(3) 随时收集信息，监测并评估营销计划执行的进度和效果，并将信息及时反馈给决策人员，保证营销计划的成功实施，并及时修正营销活动中的失误。

(4) 对调研过程进行有效的控制与管理，包括对案头调研的组织安排、方法的选用、费用的控制、时间进度的控制、对调研人员的必要培训与监督以及调研人员的分工协作安排等，保证调研活动高效率地进行。

(5) 与其他部门协调合作，参与制定营销互动的实施计划和具体实施方案。对于职业性市场调查机构来说，其职责还应包括：接受用户委托，为用户进行市场调研工作。

(二) 国际营销调研的组织结构

营销调研部门是由众多市场调研人员组成的集体，应该有市场分析专家，也应有富有实地调查经验的调研人员。要保证这个集体有效运转，就必须让这些人员各司其职，实行分工协作，建立起完善的组织结构，以保证调研人员为实现调研目标而在一起有效地工作。

不同的企业、不同的咨询公司所设的调研机构，其调研的目标、领域、侧重点往往不尽相同。因而，其组织结构的设置也有差异，但是在组织结构的设计上都应遵循一些基本原则：(1) 明确调研的职责和目标以及相应的调研活动，并加以分类；(2) 为实现目标，要对必要的活动进行分组；(3) 把各个组委派或授权给专人负责处理；(4) 为组织结构制定协调活动的规定。总之，组织结构设计应该明确谁去做什么，谁要对什么结果负责，并消除由于分工不清而造成的执行中的障碍。

一般而言，企业内部的营销调研机构规模不会很大。一些大规模的市场研究机构通常都是一些独立的咨询公司。

(三) 对营销调研人员的要求与培训

1．要求

调研人员的素质是调研工作成败的关键。在选择和聘用调研人员时应坚持一定的条件和标准，以保证调研人员的整体素质。由于调研人员的职责和工作性质各不相同，所以对其在调研的技巧、能力、知识水平、实际经验等方面也就有相应不同的要求。不过，其中也有一些共性的要求。

总的来说，一名合格的市场调研人员必须具备一定的专门知识和经验，并能灵活运用这些知识和技巧，另外还必须具备诚实公正、勤勉耐劳的良好品格。具体地说，调研人员应具备有如下的知识技能：

(1) 对企业的经营方针、生产能力、生产计划、产品的特点、产品的性能和使用等都有所了解，并熟悉国内外市场上同类企业及同类产品的行情。

(2) 应掌握一定的心理学和社会学的基本知识，能充分了解调查对象的文化水平、社会地位、风俗习惯、爱好与忌讳，会根据不同对象的特点采取相应的调查方法，以取得被调查者的配合。

(3) 具有高度的热情与良好的个性。举止谈吐适度，谦虚礼貌，平易近人；谨慎机敏，善于交际；言而有信，富有吸引力；能着眼于长期信誉。

(4) 具有收集和利用各种情报资料的能力，并能利用有效的方式把调研结果介绍给有关部门。

(5) 自觉地经常对管理、产品、销售方式和促销活动进行分析，提出改进方法和具体措施，并作出可行性分析。

(7) 积极参加各种会议，善于从各种会议中收集与企业有关的信息。

(8) 能阅读各种贸易和信息类报纸、杂志、年鉴、统计资料，并能及时分析市场现状和销售动向，还应具备通过图解、书面报告和口授等不同形式表达和介绍调查结果的能力。

(9) 具备分析、鉴别、综合信息资料和调查材料的能力。

总之，市场调研人员应是勤学好问、有观点、有知识、有创造性的人，他们必须善于思考、善于吸收、善于创新。

2．培训

调研人员的重要作用以及对调研人员的客观要求，表明了对调研人员的培训的重要性。培训内容是多方面的，不仅包括企业管理学、市场营销学、统计学、心理学、社会学等方面的知识；还包括进行提问技术、表格设计技术、抽样技术、资料分析技术、计算机处理技术等技能性训练；同时还要进行热情、坦率、谦虚、礼貌等人格修养方面的培养。

全面地对营销调研人员进行培训，需要很长的时间和较多的投资。事实上，除了一般的调研知识培训以外，可针对调研人员的不同层次与不同要求，进行不同程度内容的培训。

二、营销调研的过程与组织

为使营销调研工作有序、顺利地开展，保证调研结果准确，并用较少的时间和费用获得充分、有效的市场信息资料，企业应在调研活动中遵循一定的原则，按照一定的程序开展工作，并对调研全过程进行有效的管理和控制。

(一)营销调研的原则和工作程序

1．调研的原则

营销调研应当坚持真实性、正确性、全面性、系统性、经济性、时效性的原则。

(1) 真实性与正确性原则。调研必须如实反映情况，正确提供资料。鉴于市场情况的复杂性和多变性，必须反复核实收集到的数据和资料，做到真实可靠。对事实的阐述必须客观，排除偏见，推论要合乎逻辑，切忌带有片面性，更不能凭上级领导的主观意图，隐瞒真相或夸大事实。所以调查人员必须有坚定的立场、严肃的态度和一丝不苟的工作作风。

(2) 全面性与系统性原则。企业是整个经济系统中的一部分，它受政治、经济、法律、道德、风俗习惯等社会因素的制约。在进行调研时，必须全面、系统地考虑上述各种因素的影响。

(3) 经济性原则。营销调研要考虑经济效果，用尽可能少的耗费取得相对满意的成果。所以，在进行一项调研时，要首先明确调研目的，然后根据调研目的，确定调查的范围、规模和所耗费的人力、物力和财力，并且要结合企业自身经济能力和完成任务的可能性来进行安排。

(4) 实效性原则。调研必须及时。要做到收集资料及时，分析计算及时，反映情况及时。拖延时间往往会使收集的资料和调研的结果失去价值。

2．调研的程序

营销调研是一项复杂的活动。要高效、高质地获得调研结果，必须借助于一套科学、严谨的工作程序。一项调研工作的开展一般要依据以下几个步骤循序渐进地进行。

(1) 拟定调研主题。调研的第一步是根据企业的经营目标或当前需要解决的问题，确定调研主题。影响企业国际营销活动的因素很多，既有内部因素，也有外部因素。企业由于受时间、潜力和财力的限制，不可能对每一个因素逐个地进行详细调查，因此必须在最短的时间内，根据目前掌握的资料作出正确的判断，找出最有影响力的因素，即关键因素，以此来确定调研的范围和调研的主题。

(2) 初步调查。调研的主题确定后，需要进行一些初步调查。这些调查包括：收集一般的有关统计资料或有关的二手资料，进行试验性的、小范围的访问调查等。其主要目的是确定调查对象，把握调查主题的特征，为正式调查作准备。初步调查的结果，可以作为决定正式调查方向的依据。

(3) 拟定调研计划。即根据发现的问题和初步确定的调研目标和调查项目，选择合适的调研方法、拟定经费预算与实施进程计划等。

(4) 收集资料。这是整个调研过程的核心工作，因为不占有大量资料就无法进行分析和预测。收集资料的主要工作，包括案头调研和实地调研两大部分。收集工作要根据计划拟定的调查项目和调研方法，按日程进度安排来具体实施。

(5) 资料的整理和分析。市场调查得到的资料，大多数是分散、零星的，有些还可能是片面的。要使杂乱的资料变成有价值的情报，就必须进行整理和分析。这一步骤主要包括：对资料进行编标、编码、分类、列表等，然后运用统计分析的方法进行分析，得出具体的调研结论。

(6) 撰写调研报告。针对分析结果，写出调研报告。对调研结果进行系统的阐述和解释，并提出结论、建议和意见，提交给决策人，供其作决策时参考。

上述六个步骤是开展调研工作时应遵循的基本程序。这些程序是在多年的营销调研实践中总结而形成的。按照这一程序开展营销调研，可以大大提高调研工作的效率，使整个过程以最短的时间和最少的费用得出最有效的结论。

(二)调研过程的管理与控制

具体的调研活动很少能按人们预想的那样顺利开展，往往会出现一些影响调研进程的意外情况。因此，企业必须对调研的各项活动连续不断地进行监督与控制。对调研过程的有效管理和控制，不仅能保证调研活动按照调研目标要求有序地进行，而且可以提高调研工作的效率。

调研过程的管理与控制主要包括计划控制、人员控制、费用预算、时间安排等几个方面。

1．制定合适的计划

计划工作与控制工作是密不可分的，控制的职能是对过程和成果进行衡量和校正，以确保企业的调研目标和为达到这一目标所制定的计划得以实现。任何控制工作的尝试，没有计划就没有意义，因为计划为控制提供了目标和标准。所以，要对调研过程进行有效的管理和控制应先制定高水平的调研计划。

调研计划是一份书面的、用以指导调研项目中各项活动开展的具体方案。一份周密的调研计划可以使企业的决策人员与调研人员在基本的管理问题、所需的信息处理和调研方法等方面保持行动一致。调研计划应包括调研目标、调研的具体项目、资料的收集和分析方法的确定、工作费用和时间期限的安排等内容。

(1) 阐述调研的目标。在调研计划中应首先简明扼要地阐述该项目调研的具体目标。主要包括三点内容：第一，为什么要作此项调查；第二，想要知道些什么；第三，得知结果后作何用途。

(2) 确定调研的具体内容和对象。调研计划书中应确定调研的具体内容和对象，为调研工作的开展划定一个明确的领域，并确定具体所需要资料的明细项目。比如，企业的销售额下降，经过初步分析，认为广告与产品价格可能是主要的影响因素，则调研的对象就应确定在广告支出、广告形式、产品价格变动等与销售额有关的项目上，调研人员便可根据上述主题在计划书中具体列出所需资料的明细项目。

(3) 在调研计划书中应明确指出采用何种方法收集资料，是进行案头调研还是实地调研。在决定进行实地调研后，还应明确是运用调查法、观察法还是实验法，以及采用怎样的抽样设计去收集资料等，并且要初步选定资料分析的方法。

(4) 对调研报告的要求。调研计划书中要明确提出调研报告应包括的内容、范围、深度等要求。

(5) 估算的调研费用，对调研工作的时间进程进行安排。

总之，制定一份清楚的、较全面的正式调研计划，是整个调研过程的良好开端。在整个调研过程中，企业决策者或主管调研的部门要按照计划来监督、检查和控制调研进程。

2．费用预算虽然在调研计划书中已经进行了规划，但是，计划与现实并不总是能保持一致的。计划通常是根据一些确定因素制定的，在实施中难免会遇到各种意外事件，尤其是对于费用和时间这两个因素，在调研计划中往往只能提出总的估算和要求，对其具体控制应结合在调研的实施过程中来完成。

一定的调研费用是开展调研工作所必备的条件，对费用的控制应着眼于如何以最少的投入来完成调研目标的要求，以及在费用既定的条件下如何进行合理的分配。

调研费用包括直接费用，间接的人工、材料、交通、管理费用以及其他的费用开支。对费用的具体控制应以计划费用总额为基准，将正式调研过程分为若干阶段，对每一阶段分别进行费用的预算和核算，使费用在调研实施各个阶段得以严格控制。比如，在进行案头调研时应该考虑的费用有：管理费用，调研人员信函来往费用，上网及网络通讯费用，购买资料的费用，资料查询、下载、复印、打印费用，调研人员的工资报酬等。对费用的考虑应全面而具体，除考虑日常开支外，还应考虑偶然性的费用支出。

3．时间安排

在调研过程中，从调研计划制定、资料的收集和整理到调研报告的完成，都必须以一定的时间作保证。由于营销调研的结果具有较强的时效性，所以每一项调研工作都应力图以最少的时间获得有效的结论，因而企业应在保证必要的调研时间的同时努力将时间压缩到最短。

在实践中，每个调研课题都有它自己的侧重点，各个阶段花费的时间也必然不同。调研人员在安排时间进度时，应充分考虑这一因素，将有限的时间合理地分配给各个阶段。另外，在对时间的控制和管理中还要注意充分把握灵活性。因为随着调查的深入和对问题的不断发掘，全新的调查途径可能会展现出来，这就必须为追加的调研工作以及分析和修改留出必要的时间。

4．调研人员的监督与控制

调研人员的素质是调研工作成败的关键。企业不仅应在选择和聘用调研人员上严格把关，还必须在调研过程中对他们进行有效的监督和控制，以保证他们在调研工作中尽职尽责。对调研人员的管理和控制主要应包括：(1) 定期检查调研人员的调研日记、调研报告；(2) 根据调查时间表，及时检查调研工作进度；(3) 对调研人员提供的资料进行审查、复核，搞清楚这些资料是否符合要求以及调研人员是否存在不实行为；(4) 对调研人员的业绩进行必要的评估、比较，对于不合格者及时撤换或重新进行培训；(5) 对调研人员给予适当的激励，提高他们工作的积极性。

本章小结

企业要进入国际市场，必须通过营销调研来收集有关国外顾客需求的信息。营销调研包括市场环境调研、市场动态调研、营销实务调研、竞争情况调研等。影响国际营销调研的因素是多方面的，主要包括决策的性质、时间的限制、费用的限制、调研人员技能的限制、物质条件的影响等方面。

在进行国际营销调研时要注意调研的方法。调研的方法包括案头调研和实地调研。案头调研通常是调研工作的开始，是进行实地调研的基础。实地调研是案头调研工作的进一步深入，是指由调研人员亲自收集第一手资料经过分析判断而得出调研结论的过程。

为了成功开展国际营销调研，要有完善的组织结构，明确调研职责，加强对调研人员的培训以及对调研过程的组织与控制。

案例分析

新可乐的沉浮：问题出在哪里？

1985年，可口可乐公司作出了一个重大的经营决策。在多年的成功经营之后，它将一贯的原则——“不要给‘可乐之母’找麻烦”放弃了，公司放弃了原始配方可乐，取而代之的是味道更甜、更柔和的“新可乐”。

起初，由于铺天盖地的广告及促销，新可乐销路不错，但是随后销售量很快下降，公众的反应令人吃惊。每天可口可乐公司都会收到来自愤怒的消费者的成袋信件和1 500多个电话。一个叫做“旧可乐食用者”的组织发起各种抗议活动，分发T恤衫，并威胁要进行集体起诉，除非可口可乐公司重新使用老配方。许多营销专家预测“新可乐”将成为“20世纪80年代的爱泽尔(Edsel)”(译者注：福特公司耗巨资生产的一种滞销汽车)。仅仅三个月之后，可口可乐公司就开始重新提供旧可乐，并将旧可乐称为“经典可乐”，与“新可乐”一起在货架上销售。公司称“新可乐”仍将作为其产品的“旗舰”，但消费者并不这么认为。到了1985年底，“经典可乐”的销售大大超过“新可乐”，销售比例为2∶1。

公司迅速的反应使其避免了更大的灾难。该公司增强了对“经典可乐”的宣传，并将“新可乐”作为辅助性产品。“经典可乐”重新成为公司的主要品牌——也是美国软饮料的领先品牌。“新可乐”成为公司的“进攻性品牌”，对手是“百事可乐”，广告中明确地比较了“新可乐”与“百事可乐”在味道上的区别。即使这样，“新可乐”也只占据了2%的市场份额。在1990年的春天，公司重新包装了“新可乐”，并将其作为一个延伸品牌，以“可乐Ⅱ”的新名字重新推向市场。现在，“经典可乐”占据了美国软饮料市场的20%以上；而“可乐Ⅱ”只占据了微不足道的0.1%。

为什么开始要引进“新可乐”呢？哪里出了问题？许多分析家认为错误出在糟糕的营销调研上。

在20世纪80年代中期，尽管可乐仍是软饮料中的领先者，但其市场份额却正慢慢地被“百事可乐”占领。多年来，“百事可乐”成功地发动了“百事挑战”，一个系列电视口感测验表明消费者更喜欢甜一点的百事可乐。到1985年初，尽管可口可乐仍在整体上占据领先地位，但百事可乐却在超市销售份额中领先了2%(听起来似乎没多少，但巨大的软饮料市场的2%的零售额可达10亿美元)，可口可乐公司不得不采取行动停止市场份额的流失，而解决之道看起来就是改变可口可乐的味道。

可口可乐公司开始了历史上规模最大的新产品调查计划。它花了两年多的时间和400万美元来进行调查，以确定新配方。它进行了大约20万次口感测验——仅最终配方就进行了30 000

次。在无商标测验中，60% 的消费者认为新可乐比原来的好，52% 的人认为新可乐比百事可乐好。调查表明新可乐一定会赢，所以公司很自信地推出了这一产品。结果却发生了什么？

重新回顾一下，我们可以发现可口可乐公司将其国际营销调研问题限定得太窄了。调查只限于味道问题，而没有考虑到新可乐取代旧可乐时消费者的感觉如何。它没有考虑无形的资产——可口可乐的名称、历史、包装、文化遗产及产品形象。然而，对许多人来说，可口可乐与棒球、热狗和苹果派一起成为美国人的习俗，它代表了美国社会中最棒的东西。对许多消费者来说，可口可乐的象征性意义比它的口味更重要。如果调查的范围更广泛一些，是应该能发现这些强烈情感的。

可口可乐公司的经理们在解释调研结果和制定决策时的判断力也很差。例如，他们认为有 60% 的消费者喜欢新可乐的味道就意味着新产品将赢得市场，正如一个获得 60% 选票的政治候选人一样。但这一调研结果同样也意味着有 40% 的消费者仍然喜欢原来的配方。由于放弃旧可乐，公司伤害了一大批不愿改变的旧可乐的忠实饮用者。公司更明智的做法应该是保留旧可乐，同时将新可乐作为一个延伸品牌推出，正如后来成功地推出了“樱桃可乐”一样。

可口可乐公司有全国最大的、管理最好的和最先进的营销调研系统。良好的营销调研使公司数十年来一直在竞争激烈的软饮料市场上独占鳌头，但营销调研不是一门精确的科学。顾客总是令人感到意外，要了解他们是很难的。既然可口可乐公司也会有大的营销调研失误，那么任何公司都有可能这样。

资料来源：菲利普 · 科特勒，《市场营销教程》，北京：华夏出版社 2001 年版。

问题：

1．你认为可口可乐公司推出新产品时忽视了营销调研过程中的什么环节？

2．可口可乐公司在推出新可乐过程中的失误对我国开展国际营销活动有什么启示？

思考与练习

1．国际营销调研的内容是什么？

2．案头调研时资料的来源有哪些？在进行案头调研时应注意哪些问题？

3．实地调研有哪些常见的问题？根据不同的调查目的，观察法又可采取哪些不同的形式？

4．实地调研有哪些常见的问题？解决这些问题可采用哪些方法？

5．国际营销调研机构的职责包括哪些内容？

6．国际营销调研人员应具备哪些知识和技能？

7．试述营销调研的原则与程序。

技能实训

选择某企业的一个产品(准备销往国外市场，如条件不具备，也可采用准备销往国内市场的产品)，制定模拟营销调研计划。

第五章

国际市场购买行为分析

【导读】企业开展国际营销活动，无论是国内生产出口，还是在海外投资生产销售，都是要在满足顾客需求的基础上，实现预期的经济效益和社会效益。因此，进行国际市场购买行为分析是非常必要的。企业的营销对象既可以是消费者，也可以是生产者、中间商或者是政府机构，所以国际市场购买行为分析可以分为消费者市场购买行为分析和集团市场购买行为分析。

本章首先介绍消费者市场购买行为，包括消费者市场购买行为的特征、影响消费者购买行为的因素与购买决策过程。然后讨论集团市场购买行为，包括集团市场的种类和特点、影响集团购买行为的因素、集团购买行为的决策过程、集团购买行为的类型以及针对集团购买的营销措施等内容。

第一节　消费者市场购买行为分析

国际营销的核心思想是以国际市场消费者需求为中心，在满足需求的基础上，实现企业利润。生产者、中间商或政府机构作为集团购买者，虽然具有特定的集团购买行为特征，但消费者是他们最终服务的对象，或者说是产品的最终使用者。因此，消费者市场是所有购买市场的基础，这一点对国内市场和国际市场具有同等的重要意义。

一、消费者市场购买行为的特征

消费者市场是指为生活消费目的而购买商品和劳务的一切个人和家庭。从定义可以看出，消费者的购买目的完全是为了满足个人或家庭的需求，而不是为了牟利。消费者市场在整个市场中占有非常重要的地位，因为它不仅在整个市场中占有很大的比重，而且它所接纳的产品是社会最终产品。消费者市场是其他一切市场存在的基础，因为它不仅与农业、轻纺工业、制造业等的生产有着直接的联系，而且和信息产业等高新技术产业密切相关，甚至影响到整个产业结构的变化。一般说来，企业最终必然面向消费者，只有以消费者市场为中心，才能得以生存和发展。国外消费者虽然不是出口企业的直接交易对象，但是一个企业要想在国际市场取得营销成功，就要考虑国外消费者的要求和欲望，并给予充分满足。国际市场的进口商或其他中间商，作为销售的中间人，其采购也是为了满足消费者的需求而从中取得一定的收益。所以，消费者市场是营销学研究的主要对象。

与集团购买市场相比较，消费者市场购买行为具有以下特征：

(1) 从消费者市场交易的规模和方式看，消费者市场广阔，购买人数多而且分散。

(2) 从消费者市场交易的商品看，一方面由于消费者年龄、性别、受教育程度、所处地理位置、传统习惯、收入水平、心理动机等不同，对商品花色、品种、规格的要求复杂多样；另一方面对消费品的要求一般是以个人或家庭为单位，对消费品的一次购买量比较小，并且由于人们对部分消费品需求的经常性，加上有些消费品不能长时间储存，人们也没有集中大量购买消费品的必要，所以对消费品的购买次数较多。

(3) 从消费者的购买动机和行为看消费品市场的购买者大多缺乏专门的商品知识和市场知识，购买商品主要是受企业的广告及其他宣传推广方式的影响，属于非专家购买。

(4) 从市场动态看，消费者的购买流动性较大。因为人们的购买力一定，对所需商品需要慎重挑选，这造成购买力在不同地区、不同企业以及替代品之间的流动。另外，经济结构的变化、人口变迁，也在很大程度上影响购买力的流动。

二、影响消费者购买行为的因素与购买决策过程

消费者的购买行为会受到消费者心理活动的支配。外界的各种刺激，消费者经过心理活动，会产生不同的反应，从而引起他们购买或不购买行为。

国际市场消费者购买行为的产生与国内市场基本相似，即外部的刺激经过消费者的心理活动过程，转化为消费者对刺激的反应。但是，不同国家或地区的消费者在购买行为的具体形式上有很大的差异，如对选择什么样的产品或者哪种品牌的产品，什么时间在什么地点购买，每次购买多少，等等，都会有所差别。这可能是因为不同国家或地区消费者所受到的外部刺激不一样。但即使企业采取统一的营销组合策略，由于不同国家或地区营销环境的差异，这些外部刺激作用的时间、程度甚至方向也可能不同，从而导致不同的消费者购买行为。同时，不同国家或地区的消费者在购买特征和决策程序上的差异，也势必导致不同的购买决策与消费行为。因此，国际市场消费者购买行为分析的重要任务之一，就是要了解不同国家或地区消费者购买行为的影响因素和决策过程。

(一)影响消费者购买行为的主要因素

消费者的购买行为取决于他们的需求和欲望，而他们的需求和欲望乃至消费者习惯和行为是在许多因素的综合影响下形成的，主要包括文化因素、社会因素、个人因素、心理因素等。

1．文化因素及其影响

在以上四类因素中，文化因素的影响最为深远，它影响到每个人的心理过程。在国际市场消费者购买行为的分析中，文化因素往往可以直接解释不同国家或地区消费者购买行为的差异。文化因素制约着消费者的道德规范、价值观念、思维方式与风俗习惯等方面，它是影响消费者购买行为的基本因素，其影响往往是潜移默化的。不同国家或地区由于文化背景不同，消费者的需求与偏好也不一样，其购买行为也就表现出明显的差异。因此，了解不同国家或地区的文化差异与共性，有利于把握不同国别或地区市场消费者购买行为的异同。文化因素的影响主要有以下表现方式：

(1) 文化群体和亚文化群体。世界上有许多种文化群体，每一种文化群体内部又包含若干亚文化群体，这些文化群体主要有四种类型：①民族亚文化群。如美国有爱尔兰人、波多黎各人、波兰人、华人等；中国有汉族、回族、蒙古族、维吾尔族等。不同的民族亚文化群有各自独特的风俗习惯和文化传统。②宗教亚文化群。一个国家往往同时存在不同的宗教信仰，如天主教、基督教、佛教、伊斯兰教等，即使同一种宗教也常有不同的派别。不同的宗教或同一种宗教的不同派别，有不同的信仰、偏好和禁忌。③种族亚文化群。如白种人、黄种人、黑种人等，他们有明显不同的文化类型和生活习惯。④地理亚文化群。如美国的南部各州、加利福尼亚州与新英格兰等均各有不同的文化底蕴和生活习惯；我国地广人多，各地区也都有不同的习俗和爱好。

考虑到文化因素对消费者购买行为的重要影响，企业在国际营销活动中应了解并熟悉目标市场的文化环境，了解不同文化群体消费者的需求与偏好，从而确定企业营销的目标消费者。要发现不同亚文化群体对不同广告媒体的看法或好恶，使用的频率或习惯，从而相应地选择企业广告促销的媒介。还要调查不同社会亚文化群体消费者购买产品的时间、地点，据此制定企业的分销渠道策略，将产品有效地送达目标消费者手中。

(2) 社会阶层。划分社会阶层，主要是根据职业、收入、教育和价值倾向等因素。不同阶层的人具有不同的价值观念、生活习惯和消费行为，这主要是由经济地位的不同决定的，但有时即使收入水平相同，不同阶层人们的生活方式和购买行为仍然有明显的差别。因此，划分社会阶层对研究消费者行为是很有必要的。

同时，不同商品的需求受社会阶层的影响程度也是不相同的。例如，社会阶层的差异对服装家具、娱乐活动等商品的需求影响比较大，而对日常基本饰品需求的影响就比较小。不同社会阶层对广告媒体的偏爱也不同。例如，较高的社会阶层比较低的社会阶层更多地接触网络、报纸、杂志。

此外，不同社会阶层的语言也有所区别，所以针对不同的社会阶层，企业就要使用不同的广告语言。据此，企业可以根据自己的产品、服务特点，选择一定的社会阶层作为目标市场。例如，有些宾馆、饭店主要为上层社会服务，有些则为基层消费者服务。企业还要根据目标市场的特点安排产品、价格、渠道、促销等营销措施，努力满足目标市场的需求。

资料卡

美国七种主要社会阶层的特征

美国一些社会学家根据人们的职业、收入、财富、受教育水平等因素将美国社会划分为七个阶层。

上上层(不到总人口的1%)：上上层是指可继承大量遗产、出身显赫的达官贵人。他们捐巨款给慈善事业，经常举办社交活动的舞会，拥有两处以上的住宅，送孩子到最好的学校读书。这些人是珠宝、古玩、住宅及度假用品的主要购买者。他们的采购和穿着常较保守，不喜欢炫耀自己。这一阶层的人的消费决策向下扩散时，往往会成为其他阶层消费决策的参考依据。

次上层(占总人口的2%左右)：次上层由于在职业和业务方面能力非凡而拥有高薪和大量财产，他们对社会活动和公共事业颇为积极，喜欢为自己的孩子采购一些与其地位相称的产品，诸如昂贵的住宅、游艇、游泳池及汽车等。他们中有些是暴发户，这些人摆阔、挥霍、浪费的消费形式是为了给低于他们这个阶层的人留下印象，这一阶层的人的志向在于被接纳为上上层。

中上层(占总人口的12%)：这一阶层既无高贵的家庭出身，又无多少财产，他们关心的是“职业前途”，他们已获得了类似于自由职业者、独立的企业家以及公司经理等这样的职位。他们相信教育，希望其子女成为专业工作者或是管理技术方面的人才，以免落入比自己低的阶层。这个阶层的人善于构思，很有公德心。他们是住宅、衣服、家具及家用电器的最适宜的目标消费者。

中间层(占总人口的32%)：中间层是中等收入的白领和蓝领工人，他们居住在“城市中较好的地区”，并且力图“干一些与身份相符的事”，他们通常购买时尚的产品。他们中大部分人看重时尚，有25%的人拥有进口汽车。中间层认为有必要为他们的子女在“值得的见识”方面花较多的钱，他们要求子女接受大学教育。

劳动阶层(占总人口的38%)：劳动阶层包括中等收入的蓝领工人和那些过着劳动阶层生活方式的人，而不论他们的收入多高、学校背景及职业怎样。劳动阶层主要依靠亲朋好友在经济上和其他方面的帮助，依靠他们介绍就业机会，购物听从他们的忠告，困难时期依靠他们的接济。度假对于劳动阶层的人来说，指的是“待在城里”，“外出”指的是到湖边或去车程不到两小时的地方。劳动阶层仍然保持着明显的性别分工和传统习惯。

次下层(占总人口的9%左右)：次下层虽然在工作，但是他们的生活水平刚好在贫困线之上，他们干着那些无技能的工作，工资低得可怜，而且往往缺少教育。

下下层(占总人口的7%左右)：下下层与财富不沾边，一看就知道贫穷不堪，常常失业，他们对寻找工作缺乏信心，长期依靠公众或慈善机构的救济。

资料来源：菲利普·科特勒，《营销管理》，上海：上海人民出版社2002年版。

2．社会因素及其影响

消费者的购买行为不仅受文化因素的影响，也受社会因素的影响。属于社会因素的有相关群体、家庭等。

(1) 相关群体。所谓相关群体就是能够影响一个人的态度、意见与价值观念的群体。人们在生活中随时受到各种相关群体的影响，但是，由于关系不同，受到影响的程度也不同。关系比较密切的相关群体称为主要群体，如家庭成员、亲朋好友、同学、同事、邻居等；关系比较一般的群体称为次级群体，如各种相关的社会团体、职业性协会等。此外，人们还会受一些与自己不很相关的群体的影响，如电影明星、体育名将等，这些被称为崇拜性群体。人们常常出于模仿影视明星而购买某种款式的衣服、鞋帽等。但是，并非购买所有商品时都受相关群体的影响，例如肥皂、水果等消费品一般不受相关群体的影响，而服装、鞋帽、装饰品及某些耐用品则受相关群体的影响很大。

企业在国际营销活动中，首先要了解海外目标市场相关群体对消费者购买企业产品的影响程度。同样的产品在不同国家或地区市场上受相关群体的影响程度往往会不一样。其次，要寻找并确定目标市场的相关群体。在不同的国家或地区，影响消费者购买决策的相关群体类别或构成也不一样。再次，要利用相关群体的影响促进企业产品在目标市场的销售，例如，利用球星、影视明星等社会名人作广告，以增强广告的说服力和可信度。

(2) 家庭。家庭是影响消费者购买行为最重要或者说最基本的相关群体。家庭成员对购买行为的影响，因家庭类型与产品种类的不同而存在差异。由于社会文化传统的作用和经济发展水平的差距，不同国家或地区的家庭结构类型及其构成往往不一样。例如，在大多数发展中国家和地区，丈夫的收入可能是家庭经济收入的主要来源，因而多数的购买决策就有可能是由丈夫作出的。在发达国家或地区，电视机、电脑等大件商品以及烟、酒等以男性使用为主的商品，丈夫有较大的发言权；而洗衣机、吸尘器或餐具等家庭用品或生活用品，以及化妆品等以女性使用为主的商品，妻子有较大的发言权；住宅、家具或旅游活动，则更多的是由夫妻共同决定。对此，企业应根据自己产品的特点，了解目标市场家庭类型的特点及不同家庭成员对购买决策的影响，有针对性地开展促销活动，例如，针对丈夫的促销，或者针对妻子的促销，从而提高促销活动的效果。

3．个人因素及其影响

在社会文化诸因素都相同的情况下，各个消费者的行为仍然会有很大差别，这是由年龄、职业、收入、个性或生活方式等个人因素不同所造成的。

(1) 年龄和生命周期阶段。不同年龄的人们有不同的需求和偏好。人们在衣、食、住、行各方面的消费需求，都随着年龄的变化而变化。年龄影响着人们的消费行为。人们购买决策的作出不仅与年龄有关，而且与他们的婚姻家庭状况，如是否有子女以及子女的年龄有关。我们可以把这些情况概括起来，用“家庭生命周期”这样一个概念，把家庭分成九个时期：

①单身期——离开父母独居的青年；

②新婚期——新婚的年轻夫妻，无子女；

③“满巢”1 期——子女在 6 岁以下；

④“满巢”2 期——子女大于 6 岁，已入学；

⑤“满巢”3 期——结婚已久，子女已长大，但仍需抚养；

⑥“空巢”1 期——结婚已很久，子女已成人分居，夫妻仍有劳动能力；

⑦“空巢”2 期——已退休的老年夫妻，子女早已成家分居；

⑧鳏寡就业期——独居老人，尚有劳动能力；

⑨鳏寡退休期——独居老人，已退休养老。

不同阶段的家庭有不同的需求特点，营销人员应该了解目标市场消费者主要处于家庭生命周期的哪个或哪几个阶段，以便制定与之相适应的营销决策。

(2) 职业。不同的职业反映并影响着人们的不同需求和偏好，如蓝领工人与公司总裁的需求肯定是不同的；大学教授和保育员的需求也会有很大差别。一般说来，营销人员应该能分析出哪种职业的人对自己企业的产品或劳务有兴趣。有些企业甚至会专门生产或经营适合某一种职业的产品或劳务，然后通过广告宣传，制造舆论，促使人们购买。

(3) 收入情况。收入水平决定消费者的购买能力，制约着消费者的购买行为。收入水平高的消费者，容易作出购买决定，往往成为新产品的最先购买者。反之，收入水平低的消费者，对耐用品的购买多持谨慎态度，在具体商品的选择上注重价格，讲求实惠。因此，国际营销企业通常应选择收入水平较高的国家或地区作为新产品的试销市场，因为新产品在收入水平高的消费者中容易被接受与推广。

(4) 生活方式。生活方式对人们消费需求的影响是显而易见的。有些人虽然出身于同一社会阶层，来自于同一文化背景，具有相似的个性，但由于生活方式的不同，他们的活动兴趣和见解就很可能不同。因此，国际营销人员很有必要了解目标市场国消费者的生活方式。市场营销是向消费者提供所有可能生活方式的过程，它使消费者有可能按自己的爱好，选择最适当的生活方式。国际营销人员应尽量了解其产品与消费者生活方式的联系，努力加强产品对消费者生活方式的影响，使消费者的生活更加文明、健康和舒适。

(5) 个性、自我形象与购买者类型。个性是指个人的性格特征，如外向型、内向型、开拓型、保守型、文静型或者急躁型。与个性相关联的是消费者的自我形象(也称自我观念)，它也是影响消费者行为的一个因素。例如，外向型性格的消费者爱表现自己，喜欢参加社会活动，求新心理较强，往往是新产品的首批购买者；而内向型性格的消费者思想比较保守，求新心理不强，不愿强烈表现自己，一般喜欢购买大众化的产品。另外，许多消费者在采购商品特别是服装时，都要同自我形象对照，考虑该商品是否能保持或美化自我形象，只有当商品同自我形象相一致时才会采取购买行动。国际营销企业必须了解目标市场国可能存在的个性特征和消费者的自我形象，所设计的品牌形象应当符合目标市场国消费者的个性及自我形象。

有的营销专家认为，按个性不同，可将购买者分为六种类型：①习惯型。忠于某一种或几种品牌，有固定的消费习惯和偏好，购买时心中有数，目标明确。②理智型。作出购买决策之前要经过仔细比较和考虑，胸有成竹，不容易被打动，不轻易作出决定，之后也不轻易后悔。③冲动型。易受产品外观、广告宣传或相关人员的影响，决定轻率，之后易于动摇和反悔。这是促销过程中可大力争取的对象。④经济型。特别重视价格，一心寻求最经济合算的商品，并由此得到心理上的满足。对这类购买者在促销中要使之相信，他所选中的商品是最物美价廉的，最合算的，要称赞他是很内行的、很善于选购的顾客。⑤情感型。特别重视产品的象征意义，联想能力较强。如我国广东、香港一带的消费者春节期间特别喜欢买发菜，就是取其“发财”的谐音。⑥年轻型。年轻的刚开始独立购物的消费者，易于接受新型的商品，消费习惯和消费心理正在形成之中，尚不稳定。

国际营销人员应了解目标市场的消费者属于哪种类型，然后有针对性地开展促销活动。

4．心理因素及其影响

消费者的购买行为除受上述因素影响外，还要受到心理因素的影响，即消费者在购买时有动机、感觉、认知和态度等一系列心理活动过程。

(1) 动机。人们的行为均出自一定的动机，而动机则是由需求引起的。当人们的某种需求尚未得到满足而又受到一定条件的刺激时，就会产生某种动机，从而诱发特定的行为。

关于动机形成的理论，在消费者购买行为分析中应用最多的还是美国心理学家马斯洛的需求层次理论。他认为：第一，动机取决于需求，只有未满足的需求才引起行为动机；第二，需求是由低到高分成层次的，只有当较低层次的需求得到满足后，较高层次的需求才会出现并要求得到满足。在这两个前提下，马斯洛将人们的需求按由低到高的顺序分成五个层次：生理需求(衣、食、住)、安全需求(人身安全、健康保护)、社会需求(社交活动、归属感、友谊、爱情)、自尊需求(得到社会尊重和承认、自尊心获得满足)和自我实现需求(自我潜能极度发挥、追求理想的实现)。

根据马斯洛的需求层次理论，国际营销人员应了解目标消费者已经得到满足的需求是什么，尚未得到满足的需求是什么，未来可能需要满足的需求又是什么，如此才能有计划地进行新产品的开发活动和市场促销活动，避免国际营销活动的盲目性。但是，不同国家或地区的消费者所处的需求层次可能是不一样的。比如说，发展中国家和地区的消费者大多处在需求的较低层次，而发达国家和地区的消费者所处的需求层次就高得多。即使是在同一个国家和地区，不同社会阶层消费者的需求层次也是不一样的。因此，应做好市场调研，了解目标消费者的需求层次，才能保证产品适销对路。

(2) 感觉。消费者产生了购买动机后，一般就会准备采取购买行为，但消费者的购买行为还受其感觉的影响。每个人都通过视觉、听觉、嗅觉、触觉、味觉五大感觉功能接受外界信息。由于每个人对情境的感觉不同，因而可能导致不同的行为。例如，两个人都需要同一种商品，同时进入一家商店，受到同一销售人员的接待，但结果可能完全不同，原因就在于他们的感觉不同。他们为什么会对同一刺激物产生不同的反应、不同的感觉呢？心理学家认为，感觉过程是一个有选择的心理过程，包括以下三种情况。

①选择性注意。人的一生中时刻面临着刺激，以商业广告为例，西方人平均每人每天见到的广告超过 1 500 条，这些广告不可能都引起人们的注意，大多数是一闪即逝。人们有选择地注意的刺激物有三种：一是与目前需要有关的；二是预期出现的；三是变化幅度大于一般的、较为特殊的刺激物。因此，在激烈的国际市场竞争中，国际营销人员要开动脑筋，抓住消费者心理以引起消费者注意。

②选择性曲解。人们面对客观事物，不一定都能正确认识、如实反映，往往是按照自己的偏见或先入之见来曲解客观事物，这叫做选择性曲解。例如，某一名牌商品，它已经在消费者心目中树起了信誉，另一个新的品牌即使实际品质优于前者，消费者也不会轻易认可，总认为原来的那个品牌的商品更好一些，因为其信誉是不会轻易被消除的。

③选择性记忆。人们对所了解到的信息，不可能统统记住，一般都只是记住了那些符合自己

信念的信息。例如，只记住自己所喜欢的品牌的优点，每次需要再购买时就想起了这个品牌的优点，而不顾及其他。这种心理状态就叫做选择性记忆。

上述情况告诉国际营销人员，广告宣传的表达方式一定要新颖、生动、刺激强烈，只有这样才容易引起顾客的注意，形成知觉，给人留下深刻的印象。

(3) 认知。认知是指人们经过学习与经验积累而表现出来的行为。消费者的购买行为，是从学习与经验中得来的。因此，购买行为作为人类认知的一个过程，也是趋势力、刺激物、诱因、反应与强化诸因素相互作用的过程。例如，某人听说朋友买了一台数码相机，自己也很想拥有一台。因此，归属感是某人购买数码相机的驱动力，数码相机则是某人实现归属感的刺激物。但是，某人购买数码相机的行为还要受到周围许多诱惑的影响，比如数码相机的价格等。这些诱因决定了消费者如何对刺激作出反应，即在何时、何地或以何种价格购买何种品牌的数码相机。购买之后经过使用，如果消费者感到满意，就会强化对刺激物与诱因的反应，以后在购买其他用途的家庭耐用消费品时还会选择这个品牌或这个厂家的产品。

理解国际市场消费者购买行为的认知过程对企业开展国际营销具有重要意义。企业的产品应是对目标消费者具有强烈购买驱动力的产品，企业可利用各种诱因促使消费者购买本企业的产品，并通过正向强化作用增强消费者对本企业产品的信赖。当企业进入国际新市场时，要注意竞争对手所满足的消费者驱动力和所提供的有关诱因，采取相应的策略措施，或者满足不同的驱动力，或者提供更强烈的诱因，促使消费者购买本企业的产品。

(4) 信念与态度。消费者通过知觉和认知会产生一定的信念和态度。信念是指人们对事物的认识。消费者对商品或品牌的信念，形成了他们对商品或品牌的态度，从而影响他们的购买行为。因此，企业必须了解国外目标市场消费者对本企业产品的信念和态度，利用各种手段促使目标市场消费者对本企业产品的信念和态度向有利于本企业的方向发展。

(二)消费者购买决策过程

1. 消费者购买行为的种类

消费者购买的决策过程可因购买行为的简繁不同而有所区别，比如购买牙刷、服装与高级组合音响等商品，在购买决策的程度、步骤上就有很大的不同。根据消费者在购买过程中所花费的时间和精力以及不同品牌商品之间的差异程度，消费者的购买行为可分为以下四种：

(1) 复杂的购买行为。如果消费者购买的商品价格昂贵，不常购买，不同品牌商品之间又存在明显的差别，在这种情况下，由于对商品不甚了解，购买风险又高，消费者需要花费大量的时间和精力，收集有关的商品信息，了解商品的性能特征，形成一定的信念和态度之后，才作出购买决策。

对于这种复杂的购买行为，企业应通过广告宣传、人员推销、提供产品目录或其他产品资料等促销活动，让消费者充分了解本企业产品的性能、特点以及可能带来的利益，帮助消费者作出购买本企业产品的决策。在国际营销活动中，企业产品既可能作为进口商品而受到当地消费者的青睐，也可能被看做“舶来品”而让当地消费者怀有疑虑。这时，企业应注意利用相关群体的影响来增加企业广告的可信度与说服力。

(2) 寻求心理平衡的购买行为。虽然购买某些商品的价格昂贵，购买的频率也不高，但消费者认为不同品牌产品之间没有太大的区别，因此，只要价格合理，购买方便，消费者很快便会作出品牌选择。但是在购买以后，消费者又会因听到赞誉其他品牌的议论或宣传而感到不如意、不称心。为此，消费者就会去收集更多的信息，试图证实自己购买决策的正确性，来达到心理上的平衡。

对于这种购买行为，企业要通过合理的定价、方便的分销网点和积极的人员推销来影响消费者对本品牌的选择，促成其购买。而后，要利用广告宣传和新闻报道，通过专家学者、体育明星或影视明星等社会名流对商品或品牌的正面评价，使消费者相信自己作了正确的购买决策，以帮助他们保持心里平衡。尤其是国外消费者，因对外国企业的产品通常不像对自己本国企业的产品那么熟悉与了解，所以，在出于各种动机购买本企业的产品以后，总是希望得到更多关于类似产品的信息，以达到心理上的平衡。

(3) 习惯性购买行为。对于那些价格低廉、经常购买的商品，比如食品和日常生活用品，品牌之间的差别又不大，消费者不愿意或不需要花费时间与精力进行选择与比较，往往就近在商店任意购买。这种购买行为往往不经过信息收集、品牌比较、购买决策与购后评价的过程，消费者对品牌的选择主要是出于熟悉或是习惯。

对于这种购买行为，企业可利用价格优惠或现场促销等方式，吸引顾客试用产品。针对这种购买行为的广告促销策略，在广告内容上，应突出重点，便于记忆；在广告频率上，应做到短期内多次重复，其指导思想是通过多次的条件反射，培养消费者的习惯行为；在媒体选择上，应以电视、报纸等大众媒体为主；在分销渠道策略的选择上，可通过价格折让和付款条件优惠等方法，争取在尽可能多的商店货架上摆上本企业产品，并通过商店现场的营业推广活动吸引消费者购买。

(4) 多样化的购买行为。这种购买行为的特点是不同品牌的商品之间存在明显的差别，但消费者又不愿意花费时间和精力进行比较，而只是通过经常变换品牌的做法来减少风险。比如购买饼干，消费者听到或看到某一个品牌的饼干，未加选择即行买下，但下次购买时又想更换另一个品牌。消费者更换品牌并非对原有品牌不满意，而是为了寻求品牌的多样化。

对于这种购买行为，企业可以依据市场地位的不同而采取不同的营销策略。市场领先者的策略是：设法让自己的产品摆上尽可能多的货架，避免脱销现象，并利用指示性广告经常提醒消费者，鼓励习惯性购买行为。市场挑战者的策略应是：通过价格折让、赠送样品或优惠券等方式吸引顾客，在广告宣传上突出新品牌、新特点，鼓励多样化购买行为。

2．消费者购买决策过程

国际营销通常将消费者的购买过程划分为五个阶段，即引起需求、收集信息、评估信息、购买决策、购后行为。把购买过程分成若干阶段，目的在于使企业营销人员了解，消费者的购买过程早在决定购买以前就已经开始了，而且延伸到实施购买行为之后。因此，国际营销人员应该通过调查研究，了解消费者在各个阶段的具体思想和行为，以便采取适当措施来影响消费者的购买行为，使之有利于扩大本企业产品的销路。

(1) 引起需求。当消费者感觉到有某种需求应予以满足时，购买过程就开始了。人们的消费需要是由两种刺激引起的：一种是源于内在的生理需求，如食、饮、衣等；另一种是源于外界的刺激，又称触发诱因，如看了介绍某种新产品的商业广告，或者看到朋友购置的新衣服以后，产生了很大兴趣，从而引起了需求。

对于国际营销人员来说，这个阶段的主要任务是了解消费者属于什么需求类型以及需求产生的原因，引导消费者去寻找并接受本企业的产品信息。在不同的国家和地区，需求产生的诱因可能不一样，企业应对不同的目标市场进行相应的调查。一般说来，各个市场都有这样一部分消费者，他们易于接受新事物，最早发现现实与理想的差距，并感到不满足而产生新需求，他们最有可能率先开始购买过程。因此，这部分消费者往往是企业新产品市场试销的重点对象。

(2) 收集信息。如果消费者的需求欲望很强烈，但对产品又不熟悉，他们就会积极去收集有关产品的信息，例如，查阅报纸杂志广告宣传或产品说明，向亲朋好友打听不同品牌产品的情况，到商店实地观察或者向售货员了解产品的特点等。如果消费者虽有购买欲望但不是那么强烈，他们可能就不会主动去收集有关产品的信息，但却可能比平常更加注意有关产品的广告宣传、亲朋好友购买或使用的品牌以及对不同品牌产品的议论与看法等。

消费者获得信息可能有三方面来源：①个人来源；诸如家庭成员、朋友、同事、邻居及其他相识的个人或团体；②商业来源；如广告、推销人员、经销人员、经销商号、包装、说明书等；③经验来源；主要是指产品使用过程中所获得的经验。一般来说，消费者大量接触的产品信息属于商业来源，但是最有影响的还是个人来源，亲朋好友的意见和建议通常要比广告宣传更具有说服力，更容易为消费者所接受。

企业在开展国际营销活动过程中，应注意不同目标市场消费者的产品信息来源，比如消费者对产品品牌的信息是从哪里获得的，他们可能从哪些方面去寻找更多的信息，以及不同信息来源对消费者购买决策的影响程度等，从而采取相应的策略与措施来影响消费者对本企业产品信息的获得，扩大本企业产品信息的传播。

(3) 评估信息。消费者收集到所需信息后，就会对这些资料进行分析对比，综合评价，以便作出抉择，即购买哪个品牌的产品最理想。这是决策过程中决定的一环。例如，某人要买冰箱，收集了有关资料后就要比较各种品牌的特点，新飞牌冰箱价廉耐用、省电、维修方便，但功能略少；海尔牌冰箱质优、高效、耐用，但价高、费电。弄清楚各品牌的利弊，权衡优劣后方能作出购买决定。

针对消费者的评估过程，国际营销人员必须注意以下几点：第一，产品性能是购买者首要考虑的问题；第二，消费者对产品的各种性能给予的重视程度不同；第三，消费者心目中既定的品牌信念(品牌形象)与产品的实际性能可能有一定差距；第四，消费者对产品每一种属性的效用函数都有一个期望值；第五，多数消费者的评价过程是将实际产品同自己理想中的产品相比较。

据此，企业应采取以下对策，以提高自己产品被选中的几率：①改进产品性能，使之接近消费者的理想评估标准；②利用广告宣传，改变消费者对本企业品牌的不佳信念；③设法改变消费者评估标准顺序，使本企业产品占优势的性能与特点得到重视。

(4) 购买决定。作出购买决定和实现购买，是决策过程的中心环节。消费者对商品信息进行比较和评选以后，已形成购买意图，然而从购买意图到购买决定的这一过程，要受两个因素的影响。①其他人的态度。例如，某人已准备购买某品牌的冰箱，但他的家人或亲友持反对态度，这就会影响他的购买意图。反对态度越强烈，或持反对态度者与购买者的关系越密切，购买者修改购买意图的可能性就越大。②意外的环境因素。购买意图是在预期家庭收入、预期价格和预期获益的基础上形成的，如果发生了意外的情况——失业、意外急需、涨价、新产品上市、商店有奖销售或者降价出售等促销活动，则购买意图很可能改变。

因此，企业在这个阶段的营销重点，一是加强广告宣传活动，增强消费者购买本企业产品的信心；二是加强销售地点的促销活动，吸引消费者购买本企业的产品。尤其是刚进入国际市场的企业，当地消费者对本企业的产品或品牌可能还不熟悉或不信任，所以更应通过销售地点的营业推广活动，直接吸引消费者试用本企业产品。

若是复杂的购买行为，则购买决定还包括品牌决定(选择何种品牌)、数量决定(购买多少)、地点决定(在哪家商店购买)、时间决定(何时购买)、付款方式决定(现款或分期付款)等。

(5) 购后行为。消费者购买某种商品并使用该商品一段时间以后，必然会产生某种程度的满意或不满意的感觉。如果感到满意或较满意，他们就会再去购买这种商品，并且会向他人称赞这种商品。事实上也确实如此，购买者的称赞是最有效的广告，对其他消费者具有很大的影响力；反之，如果消费者购后感觉不满意或很不满意，则他们不但以后不会再去买这个品牌的商品，而且还会对其他人说这个品牌商品的坏话，使原来想买这个品牌商品的人也放弃购买。可见，企业产品的销路，与消费者的购后感受和行为关系极大。

为了强化消费者购后满意的正效应，减少购后不满意的消极影响，企业在国际营销活动中应注意采取以下措施：①对产品的广告宣传应实事求是，恰如其分，不要作过分的吹嘘或过多的承诺，因为消费者一旦发现与实际不符，极易产生强烈的反感。②与顾客保持联系，肯定其购买决策的正确性，刊登购后满意的宣传报道，加强消费者的满意感觉。③介绍产品正确的使用方法，避免因使用不当引起不满；向消费者征求改进意见，提供质量保证与维修服务，尽量减少购后的不满意。

总之，了解消费者购买过程的各个步骤，对国际营销有重要意义。营销者可根据不同阶段的不同问题，采取有针对性的措施，制定最佳的营销方案，以达到企业国际营销的目标。

思一思：

对于消费者市场购买行为，如果从以下5W1H的模式来分析，会更有利于作出正确的营销决策：

Who——购买者是谁

Why——为什么购买

Where——在何处购买

When——何时购买

What——购买什么

How——如何购买

在实际工作中如何运用5W1H模式进行分析呢?

第二节　集团市场购买行为分析

一、集团市场的种类和特点

(一)集团市场的种类

集团市场是指那些采购商品或劳务的正式组织所构成的市场，具体包括如下三种类型：(1)产业市场。亦称生产者市场，是指为生产某种产品(或服务)用以出售、出租或供应他人，而买进商品(或服务)的个人或组织。组成产业市场的主要行业是：农、林、牧、渔业；采矿业；建筑业；运输业；交通业；公共事业；银行保险及其他财经行业；服务行业。(2)中间商市场。中间商市场是指为了转售或出租以牟利，而买进商品的个人或组织。中间商主要包括各种类型的进出口商、批发商和零售商。(3)政府市场。政府市场是指为了执行政府职能，买进或租赁商品的任何事业单位和政府机构。集团市场购买者的目的是为了营业与盈利，他们所购买的商品称之为工业用品。

(二)集团市场的购买特点

从事国际营销的企业要做好营销工作，必须通晓集团市场的购买规律。在某种意义上，集团市场同消费者市场具有相似性，二者都由个人充当购买者并作出购买决策。但是，它们又有很大区别，集团市场有些不同于消费者市场的特点，主要在于市场结构和需求特性、购买者的身份、购买方式等方面。

1．买主较少，规模较大，地理位置比较集中

在集团市场内，买主的数目显然比千千万万个消费者少得多，但他们的规模和每笔购买的数量又比一般消费者大上许多倍，而且用户一般比较集中。因为各国的产业布局与自然资源、地理环境、能源供应和交通条件密切相关，一种行业的产业总是集中在几个城市或地区。例如，美国的制造业就主要集中在美国东北部的几个州。

2．集团市场工业品的需求属于派生需求

集团市场的需求最终取决于消费者市场的需求。如果消费者市场不发展，生产者市场就会因缺少销路而不能迅速扩大。例如，如果消费者市场对汽车需求大量增加，那么汽车制造企业对钢材及其他用于制造汽车的产品需求也会大量增加。

3．集团市场工业用品价格弹性较小

价格弹性是指价格涨落对这些用品需求量的影响不大，除非有替代品出现。例如，一些国家需要我国生产的自行车，自行车制造企业不会因为自行车轮胎价格的涨跌而减少或增加其购入轮胎的数量，轮胎制造企业也不会因为橡胶价格涨落而改变购入橡胶的数量。当然这是从整个需求而言的，不是指某一笔具体贸易。

4．买主是专业性、理性化的采购

消费品的购买者一般不具备关于其所购的商品的专业知识，而且消费者在购买过程中受到感情因素的影响往往很大。而集团市场的采购人员多为专职人员，拥有丰富的产品知识、市场信息与购买经验，采购工作通常有明确的目的和一定的程序、较少搀入个人感情因素，因而属于专业化与理性化的购买行为。

5．愿意直接购买，重视售前售后服务

集团市场的购买者通常绕过中间商，从国内外的生产企业或进口商那里直接进货。特别是那些技术复杂、价格高昂的产品，或需要按特定规格制造的产品，它们大都需要繁复的售前售后服务，这往往不是中间商所能胜任的。

6．互购、租赁和长期交往

互购即购买者和供应者互相购买对方的产品，互相给予优惠。例如，我国向美国波音公司购买飞机，即可要求对方订购我们的某些飞机配件。产业市场购买者对于那些偶尔应用、价格又高的设备常常希望用租赁方式代替购买。此外，消费者买东西一般并不指定供应商店，而集团买主与供应商品的厂商达成交易后，只要供方信用可靠、服务满意，一般都愿意继续订货，建立长期业务关系，因此工业用品销售中的厂商信誉比一般消费品的品牌信誉更为重要。

二、影响集团购买行为的因素

由于集团购买的专业化程度高，理性购买占主导地位，因而购买条件是影响集团购买行为的重要因素。购买者往往考虑如何以最优惠的条件购买最好的产品或者最佳的服务。但在购买条件差不多时，人际关系和个人感情等因素对购买决策就有很大的影响。总的来讲，影响集团购买行为的因素可归纳为环境因素、组织因素、人际因素和个人因素四种类型。

（一）环境因素

市场供求和经济前景是对于集团购买行为有着重要影响的因素。若经济前景不佳，生产厂商就要缩减投资，对机器设备或工业原料的购买就要相应减少。市场需求不旺，销售困难，中间商也会减少进货，并降低存货水平。但在经济不景气时，政府为了刺激消费者市场需求，带动经济回升，有时反而要增加购买与投资。就经济状况对集团购买行为的影响程度而言，受影响最大的是生产者市场，其次是批发贸易市场，然后才是零售贸易市场。

原材料供应状况是影响生产者购买行为的另一个重要环境因素。对于关键的原材料，生产厂家通常保持足够的库存，并与供应厂商订立长期供货合同。

科学的发展、新技术的应用也是重要的环境原因，它们直接影响到生产厂商对机器设备的购买时机。如果新产品不断涌现，经销商在进货时就要考虑产品更新换代的速度和可能。

另外，许多国家对产品进口有各种限制，因而政府对进出口的管制及其政策变化也会对集团的购买行为造成影响。

（二）组织因素

组织因素是影响集团购买的内部因素。集团购买者在业务目标、经营策略、组织结构和购买程序等方面的特点会直接影响到他们在市场上的购买行为。例如，集团购买者的目标是业务扩展还是维持现状，是从长远利益考虑还是追求眼前利益，是重视质量和服务还是偏重价格，在组织结构上有何特色，购买程序及办事手续有何规定等。近些年来，国际集团购买市场呈现以下特点

(1) 跨国购买活动增加。随着经济全球化趋势的加强，区域性经济合作增多，生产和销售活动进一步跨越国界，跨国购买活动也日趋增加。

(2) 集中购买趋势增强。由于国际市场竞争激烈，许多跨国公司把原来分散到子公司的购买活动集中起来，利用在国际市场统一购买的优势，增强竞争力，争取以更优惠的购买条件成交。同时，商业企业的大型化趋势使许多大型零售商也越过进出口商，直接在国际市场上集中购进商品，以求降低进货成本。

(3) 长期购买的动向日益明显。长期稳定的供货来源不仅是生产厂家所希望的，也是经销商所企求的。长期稳定的货源，不仅能保证工业用户生产不被中断，而且能防止经销商方面出现商品脱销现象。长期的供货关系使购买者不仅在产品质量、交货期限和销售服务等方面也有保证，

而且还可能享受价格优惠、付款条件便利等特殊待遇，有利于降低进货成本，提高在市场上的竞争能力。

(三)人际因素

集团购买行为还会受到购买团体内部各种人际关系的影响。例如，工业企业内部可能影响工业产品购买活动的有关人员包括：产品的使用者、采购计划的制定者、技术资料的提供者、具体采购人员、采购部门负责人及其决策者等。这些人在企业内部的权力与地位、他们对购买活动的意见与看法都会直接影响到企业的购买行为。对商业企业来说，顾客或用户、售货员、采购员、财务人员和商店经理，他们的观点和看法均可能影响商店的购买行为，但因他们在权力地位、专业知识和营销经营上的差异，对购买行为的影响程度有所不同。人际因素对某些政府机构的购买行为也有着重要的影响，政府机构的购买决策往往是人际关系平衡的结果。

(四)个人因素

集团购买行为虽然属于理性购买，购买的专业化程度高，但在购买条件基本相同的情况下，采购人员的个人感情因素对具体的购买行为或购买决策仍有重要的影响。无论是生产者市场还是政府市场，参与购买决策的人员难免带有个人感情色彩。采购人员的个人感情对购买行为的影响可因其年龄、收入水平、教育程度、职业、性格及其对待风险的态度的不同而存在差异，也可能因社会文化环境的不同而呈现国别或地区差异。

三、集团购买行为的决策过程

有些学者认为，同消费者的购买决策过程一样，对集团用户如何作出他们的采购决策这一问题，也可分为五个步骤。然而也有不少学者认为集团购买用户的采购过程应分为八个阶段，见表5-1，但并非每次采购都必须经过这八个阶段，而要依据采购业务的不同而定。

表5-1 采购的八个阶段

购买阶段 \ 购买类型		新购	修订后重购	直接重购
1	提出购买需求	需要	可能需要	不需要
2	确定购买需求	需要	可能需要	不需要
3	确定购买项目	需要	需要	不需要
4	寻找供货厂商	需要	可能需要	不需要
5	收集供货信息	需要	可能需要	不需要
6	选择供货厂商	需要	可能需要	不需要
7	订立购买合同	需要	可能需要	需要
8	评价履约情况	需要	需要	需要

可见，新购最为复杂，需要经过所有八个阶段；直接重购最简单，只需经过两个阶段；而修订后重购则对某些阶段可能需要，也可能不需要。具体内容如下。

(一)购买需求的提出

企业之所以考虑购买某种产品，是因为内部或外部的刺激。来自内部的刺激，可能是企业产品开发活动对设备或原料的新需求；或者是企业因技术进步需要更新设备；或者是企业拟寻找更好的原料来源或供应厂家。来自企业外部的刺激，诸如展销会的产品信息，宣传媒介上的广告促销，或者供货厂商的人员推销等，均可能导致企业购买需求的提出。商业企业更换进货渠道，改变进货品种或产品品牌，可能是供货厂商“推”、“拉”促销活动的结果。例如，供货厂商以在价格上的更大折让、付款条件的优惠等促销措施，吸引经销商购进企业产品，提高企业产品在消费者中的知名度和消费者对企业产品的购买需求。

(二)购买需求的确定

购买需求提出后，采购部门经理或者主管就要确定购买需求，即明确拟购买商品的特征与数量。一般说来，商业企业的购买需求相对容易确定，而工业企业对技术要求高或性能复杂的产品的需求，往往就不容易确定。对此，采购部门经理还得进一步征求使用部门或技术部门的意见，或者召开有关会议研究决定。

(三)购买项目的具体要求

采购部门在确定购买需求的基础上，还要进一步明确购买项目的具体要求，比如拟购产品的型号、规格等技术指标，以便采购人员寻购。对于技术要求高或者性能复杂的新产品购买项目，采购人员还需得到工程技术人员和使用人员的支持和配合，共同确定购买项目的各项技术指标。当然，商业企业对新产品项目的购买要简单得多，无须分成确定购买项目和具体购买项目两个阶段，多数情况是直接提出购买的产品类别、数量等具体要求。

(四)供货厂商的寻找

采购人员可以通过查找海外工商企业名录或其他商业资料，向专业公司咨询，向其他同行及有关客户了解询问途径，寻找查询可能的供货厂商。这时，供货厂商应通过广告宣传等手段提高自己的知名度，争取被采购人员列入备选供货厂商名单。

(五)供货信息的收集

采购人员在查寻可能的供货厂商的基础上，通过与厂家联系，请他们提供产品说明书、价目表或报价单等供货信息。对于技术要求高或型号规格繁杂的产品项目，可能还需要厂家提供设计图纸等技术资料。对此，供货厂家应注意及时提供产品介绍和供货信息，争取引起购买企业的兴趣和进一步的考虑。

(六)供货厂商的选择

采购人员在比较、分析和评估供货厂商信息的基础上，根据采购的目标和要求，作出选择供货厂商的决定。工业产品的购买者选择供货厂商的标准通常涉及以下几个方面：(1) 产品质量，即产品是否安全可靠，技术是否先进，品种规格是否符合要求，技术资料是否齐全。(2) 交货能力，即能否及时交货，能否稳定均衡供货。(3) 服务能力，即能否提供维修服务，是否具备相应的技术力量，能否对客户的要求迅速作出反应。(4) 报价水平与付款条件，即价格是否合理，付款是否合理，付款条件是否便利。(5) 企业信誉，即是否重约守信，有无欺诈或违法行为等。

不同类型的集团购买者可根据采购的性质与要求，制定相应的评估标准，比较可能的供货来源或供货渠道，从而选择理想的供货厂商。在多数情况下，集团购买者倾向于选择几个不同的供货来源，避免过分依赖个别供货厂商，以达到促使供货厂商相互竞争、改进供货工作的目的。

(七)购买合同的订立

选定供货厂商以后，采购人员可能还要就具体的供货细节等问题与供货厂商作进一步的磋商，而后发出正式订单，列明购买条件。供货厂商应争取与购买者建立长期稳定的供货购买关系。一方面，购买者可获得稳定均衡的货物来源，避免逐次订货的麻烦与费用开支；另一方面，供货厂商在产品销路上有了保证，减少了市场竞争的压力。

(八)履约情况的评价

签约以后，企业采购部门要注意了解供货厂商履约的情况，如是否及时发货、所交货物品质和数量是否与合同相符等。货到以后，采购部门还要与使用部门保持经常的联系，了解产品的使用情况，并根据使用部门的反馈信息对供货厂商的履约情况进行评价，以此来确定今后与供货厂商的购货关系。供货厂商也应主动与购买者联系，了解购买者对产品的意见与建议，改进供货工作，提高购买者的满意程度。

总之，集团市场是一个富于挑战性的领域，国际营销人员必须深入调查研究国际上的集团用户的需要和采购决策过程，了解其不同阶段的特点，拟定出有效的营销计划，才能取得营销的成功。

四、集团市场购买行为的类型

(一)产业采购者行为

1．概述

产业采购者行为的复杂程度和采购决策项目的多少，取决于采购业务的类型。产业用户的采购业务大致可分为三种类型：直接重购、修订后重购和新购。

(1) 直接重购。即用户按既定方案不作任何修订直接进行的采购业务。这是一种重复性的采购活动，供应者、购买对象、购买方式等都不变，按一定程序办理即可，基本上不需要作新的决策。在这种情况下，原有的供应者应努力使产品和服务保持一定的水平，并尽量简化买卖手续，节省购买者的时间，以保持稳定的供货关系。新的供应者竞争机会较少，需从零星小量交易开始，逐步扩大，以争得一席之地。

(2) 修订后重购。指产业用户为了更好地完成采购任务而修订采购方案，改变产品的规格、型号、价格等条件，或者寻求更合适的供应者。在这种情况下，采购活动比较复杂，参与采购决策的人数也较多，原来的供应者为了不失去这个客户必须尽力改进工作，而新的供应者则有较多的竞争机会。

(3) 新购。指产业用户第一次采购某种产品或劳务，这是最复杂的采购。新购的金额和风险越大，参与决策的人越多，所需了解的信息也就越多。这种情况对供应者而言是最好的竞争机会，应当积极与购买者联系，主动提供产品和市场信息，尽量帮助他们解决问题，争取建立供货关系。

2．决策

上述三类采购业务的决策，以直接重购最为简单，新购最为复杂。新购的决策必须包括以下全部内容：(1) 产品规格；(2) 价格幅度；(3) 交货条件与交货时间；(4) 服务条款；(5) 付款方式；(6) 定购数量；(7) 可考虑的供应者名单；(8) 选定的供应者。直接重购和修订后重购业务的决策，则只包括上述内容中的某几项。

(二) 中间商购买行为

1．概述

中间商购买行为与产业采购者有许多相似之处。比如，中间商的购买行为同样要受到外部购买环境、企业内部组织结构及采购人员个人情感等因素的影响，同样经历从提出购买需求、确定购买条件、选择供货厂商到评价购买效果的决策过程等。但两者仍有许多不同之处，主要在于，产业采购者在市场上购买产品或服务的目的主要是为了满足自己生产的需要，中间商购买的目的则是为了直接转售给消费者，因而就有不同的购买决策和购买活动。

2．决策

中间商在购买产品或服务时，通常需要对下列内容作出决策：

(1) 购买的品种数量。中间商需要就购买的花色品种作出决定。中间商购买经营的既可能是独家产品，如专门经营“索尼”电视机；也可能是许多厂家的同类产品，例如，除专营“索尼”电视机以外，还可经营“松下”、“日立”、“东芝”等许多品牌的电视机。中间商购买的可能是局限在原来的经营范围之内的不同类产品，比如除了电视机以外，还经营录像机、DVD 机及各种家用电器产品；还可能是许多毫不相关的产品，例如，大型超市或购物中心既经营烟酒、食品，也经营蔬菜、水果，甚至还经营鞋帽、百货等。另外，中间商需要就不同品种、规格产品的购买数量作出决策。中间商的购买数量通常是依据现有的库存水平和预期的市场需求来确定的。若订购的数量较大，则可以获得数量差价，降低购买成本；但小批量订货又可降低库存费用开支和库存过多的风险。

(2) 供货的厂商。中间商需要经营的产品是较为固定的，而其供应者则往往经常变动。对供货厂商选择的标准包括产品的市场销路、供货的优惠条件、长期合作的意向、经营的能力与作风等。随着中间商的地位与实力不断增强，使用中间商品牌的产品更加普遍，中间商就更要慎重选择最佳的供应厂家。

(3) 购买的条件。报价水平和付款条件对于中间商来说是最重要的购买条件，因为中间商和最终消费者的联系往往比生产厂家更为直接，对市场价格变动的反应也更为敏感。按什么样的价格水平和付款条件成交直接影响到中间商的利益。

中间商还往往要求供货厂商提供其他更为优惠的条件，如价格折让、广告津贴、缩短交货期、保证稳定的供货、承担质量保证和维修退换服务等。供货企业的营销人员只有了解自己客户的采购业务属于何种类型，才能有针对性地采取相应的促销措施。

(二)政府购买行为

政府市场是由为了执行政府职能而买进或租赁商品的国家行政机构、军事单位以及由国家财政支持的各种事业单位(如学校、科研单位、卫生事业单位)构成的。政府市场是一个非常庞大的市场，各国政府的财政开支常在国民生产总值中占很高的比例。政府的各级采购机构，不仅在国内市场购买商品和服务，还经常在国际市场上进行大规模的采购或抛售，从而影响着国际市场的商品供求和价格趋势等。

1．影响政府购买行为的因素

作为集团购买者，政府购买行为同样要受到环境、组织、人际关系、个人特性等因素的影响，但由于政府购买的目的是为了执行各级政府的职能，因此，政府的购买决策与行为还要特别受到以下因素的影响：

(1) 国际政治局势与经济状况。如果国际政治局势趋紧，或者出现了战争的威胁，政府就要增加国防预算开支，并导致对军需用品采购的增加。当国际市场某种重要战略原料或物资可能发生短缺或者价格可能大幅度上扬时，政府也可能出面大量收购或相应增加购买数量。若受到世界经济衰退的威胁，政府可能实行购买国货计划；或者利用产品互购的方式，增加对本国产品的购买；或者利用关税与非关税壁垒，保护本国企业的利益。另外，政府的援助计划也经常成为对外施加压力以达到政治或外交目的的手段。

(2) 国内发展的要求。政府购买与投资也是各国政府干预经济的重要手段之一。政府通过投资或购买来促进本国经济的发展，引导投资的方向或者缓解经济危机。

(3) 政府任期目标。政府的购买活动还要受到各种短期或中、长期目标的影响。比如，政府为了扶植民族工业的发展，可能有意识地向本国企业购买产品。又如，为了帮助落后地区发展经济，政府可能在当地投资办厂或采购货物等。

(4) 大众团体及公民的监督。尽管每个国家的政治经济制度不同，但政府机构的采购工作都会受到监督。在某些国家，监督团体主要是国会和预算局，它们负责审查政府的开支，并寻求使开支更有效率的途径。此外，许多大众团体也在监督政府机构，看它们如何支配纳税人上缴的税收等。政府市场的营销者须注意上述这些特有的影响因素，制定适宜的营销方案。

2．政府购买活动的类型

各级政府单位对商品或服务的购买通常采取招标选购和议价合约选购两种方式。一般来讲，大型采购项目或者建设工程多数采用公开招标选购方式，而零星购买项目和日常购买活动则以合约选购方式为主。

(1) 公开招标选购。政府的采购机构在报刊上登广告或发出信函，说明要采购的商品的品种、规格、数量、交货期等具体要求，邀请供应商在规定的期限内进行投标。参加投标的供应商应在规定的有效期内填写标书，密封后递交政府采购部门或指定的代理机构。政府采购部门作为招标人，在约定的日期开标，选择中标厂商。

供应厂商若想中标，不仅产品型号、规格要达到招标人的要求，而且要注意报价水平，报价过高显然无法中标，过低则可能无利可图，甚至亏本。

(2) 议价合约选购。政府采购机构和一个或几个厂商接触，最后只和其中一个符合条件的厂商签订合同，进行交易。这种购买方式常用于零星项目的采购活动。但是，对于某些复杂的工程项目或投资项目，或者涉及研究开发费用分摊的项目，也常采用个别磋商、私下订约的方式，以保证有关费用的顺利分摊或购买物资的适用性。

许多国家政府为了物色供应商，经常发布有关物资需要和采购办法的信息。供应厂商应注意有关报刊、商业服务中心发布的信息，并采取相应的营销策略。

五、针对集团购买的营销措施

国际经贸企业直接往来的业务对象主要是集团购买市场，因此，企业需要有一套适应这种市场的营销措施，方能事半功倍，有利于销售。

(一)加强培养国际营销师

在现代国际经贸活动中，业务往来除了利用现代化的通讯手段以外，由于交通日益便利，贸易双方也会更多地依赖于人员往来，进行面对面的洽谈，所以国际营销人员的业务水平、工作能力日益受到企业的重视。特别是产业市场、政府市场采购的商品主要是机械设备、电器、精密仪器、各种原材料等，品种繁多，规格复杂，技术性强，功能、质量高低悬殊，各国标准也不统一，因此，国际营销人员必须具备专业技术知识，熟悉国内生产状况，并掌握进出口业务知识和技巧方能胜任。这类人才被称为国际营销师。国际营销师们都各有专长，不可能对各类商品样样精通。科技越进步，分工越精细，就越需要各项专业技术的国际营销师。这些营销师可以组成大组出国营销，也可以常驻国外或派往国外代理商处配合开展营销活动，成为国外分公司或子公司的营销骨干。目前我国精通国际营销业务的人员还很少，既具备工程技术知识，又掌握外文、懂营销业务的人员更少，所以加速培养一批德才兼备的国际营销师是当务之急。

(二)在目标市场上委托代理或总代理

集团购买市场是大市场，是批发性市场，竞争激烈。在国际市场呈现买方市场的情况下，供货人要捷足先登，主动上门争取新生意。针对集团购买市场，除了上述措施以外，国际企业最常用的方法是在国外指定代理商。选择代理商一定要慎重，凡是能力强的好的代理商一般都有特定的专业，熟悉当地市场情况，经过多年经营已经在市场上建立了较高的声誉，并与当地工厂和政府有密切的联系。代理商的主要作用是聘用一批既懂技术又会揽生意的营销师，这些营销师与当地各企业的工程技术人员往来频繁，能够经常把国外新设备、新原料的信息通报各企业，也乐于代客户到国外寻找咨询材料。因此，代理商所聘用的得力的营销师往往无形中起了当地许多企业顾问的作用。企业需要订购原材料、设备零部件时，自然首先去找他们，这成了代理商争取生意的窍门。在目前我国企业尚不能在国外普遍设分公司的情况下，委托得力的代理商是一个有效的途径。

(三)做好商品的售前售后服务工作

售前售后服务工作是工业用品销售的关键环节。通过服务可以减少采购单位的工作负担，提高采购的可靠性，并帮助采购单位更好地使用所采购的商品。各行各业的售前售后服务要求不同，归纳起来，主要是两方面：(1) 为买方提供便利。主要包括提供技术建议，协助买主找到适当的商品；精确报盘，使买主放心订约；扩大供应能力，使买主能从一家供应商便利地买到他所需要的多种商品；让买主随时了解供方备货情况和履约进度；减轻买方财务负担。(2) 保证买方采购的可靠性。主要包括保证商品规格、质量，按期交货，包修包退，提供修理和保养服务，帮助培训操作人员等。这些服务项目看起来似乎很简单，实际上要做到深入细致、切实可靠却很不容易，需要付出很大的努力。

(四)认真实施促进销售的各项措施

在现代国际市场，几乎没有一种商品大类是供应匮乏的，这就突出了促销的重要性，而工业用品的促销措施更应落到实处。例如，许多机电仪器商品的销售离不开详尽精确的样本、图片说明书，它们必须经得起采购单位工程技术人员的检验方能成交，有些设备还要有安装说明书、使用说明书和维修说明书。有些机械产品还需要通过展览会和操作示范才能充分展示其功能和特色。就广告宣传而言，工业用品的广告不能只限于一般的广告，而是要在市场上有权威的专业刊物上作广告和宣传。公共关系工作对于工业用品的推销也很重要，否则即使派人到国外市场推销，也很难建立商誉。

总之，针对集团购买市场，企业需要建立一套与之相适应的营销措施，只有这样才能适应市场竞争，保证企业有理想的经济效益。

本章小结

企业的营销对象既可以是消费者，也可以是生产者、中间商或者政府机构。我们把针对消费者的市场称为消费者市场，把针对生产者、中间商或者政府机构的市场称为集团市场。

消费者市场购买人数多而且分散，市场广阔；对商品花色、品种、规格的要求复杂多样，一次购买量小，购买的次数多；购买者缺乏专门的知识，属非专家购买；消费者流动性大。文化因素、社会因素、个人因素和心理因素等是影响消费者购买行为的主要因素。

消费者的购买行为可以分为复杂的购买行为、寻求心理平衡的购买行为、习惯性购买行为和寻求多样化的购买行为。

集团市场可分为生产者市场、中间商市场和政府市场。

集团市场买主较少，规模较大，地理位置比较集中；工业品的需求属于派生性需求，价格弹性小；往往属于专业化、理性化采购，受感情因素的影响小；通常不通过中间商直接购买。环境因素、组织因素、人际关系和个人因素是影响集团购买行为的主要因素。

针对集团购买行为应采取的相应营销措施有：加强培养国际营销师；在目标市场上委托代理商或总代理；做好商品的售前售后服务工作；认真实施促销的各项措施。

案例分析

贺卡销售案

广阔世界出版社是美国贺卡行业的领袖企业。它从 20 世纪 30 年代开始开展国际业务，把产品销往加拿大。由于加拿大的贺卡市场很有潜力，因此公司决定在加拿大建立子公司管理加拿大的业务。

在加拿大获得成功后不久，该公司在英国的里兹建立了第二家子公司，经营也很成功，“广阔世界”的名字在英国贺卡行业赢得了非常好的声誉。

20 世纪 50 年代末期，该公司开始研究进入欧洲大陆市场的可行性，并把这一项目委托给瑞典营销咨询公司进行调研，结果表明欧洲大陆市场非常有利可图，于是广阔世界出版社在法国、德国和意大利分别建立了子公司。

其中德国子公司所用的生产卡片工序，完全是沿袭母公司在美国获得成功的那一种。卡片的设计是美国卡片的复制，仅把卡片上的英语翻译为德语。很多情况下，翻译会漏掉一些内容，如在英语中原本带有幽默的成分，直译成德语之后就丧失了幽默感。另外，由于两国文化的不同，一些卡片对美国人很有吸引力，在德国却得不到共鸣，这使得贺卡在德国的销售量低于预测量。

为扭转这一局面，德国子公司想出了许多办法。传统的德国贺卡是折叠的或者是明信片式的，设计人员把精力放在对卡片外观的设计上，很少在卡片上写诗句，因为德国人的习惯是购买者在卡片里面或背面写上自己想说的话。德国子公司把印有诗文的卡片介绍给德国贺卡市场，这种卡片在德国还是新鲜玩意儿，另外还把另一种可折卡片引进了德国市场。

除了推出贺卡新产品外，公司还将一种美国式的层式货架介绍到德国。在使用这种层式货架以前，贺卡的经营是十分呆板的。因为在德国，商店把所有卡片都放在长4.5—6英尺的柜台里，价格低的卡片被堆在柜台的中间，所有的卡片都用玻璃纸包好，贵一点的卡片才被平放在柜台的后部，如果不是向售货员特别询问，很难发现贵重贺卡。而这种新式货架以分层的形式陈列卡片，能让顾客直观、清楚地浏览卡片，而且容量大，可装120张卡片。

该公司的管理人员认为他们在德国对经营方式的革新及执行是成功的，他们发现在德国使用在美国已被证明是成功的产品和经营方式是可行的，特别是在零售店里。在德国主要是在连锁商店和百货商店零售贺卡。该公司把自己成功的存货控制系统介绍给这些零售店。这是一个能有效地自动控制存货和发出新订单的系统，它使零售商不必劳心于控制存货和选择订货的品种。

该公司惟一的广告是通过贸易杂志作的，它同时也依靠销售组来推销商品。销售组由销售经理管理的12个德国雇员组成，推销的地域范围是按照人口数划分的。销售经理以前是母公司的推销员，并有很浓厚的德国背景。

对在德国的美国驻军这一部分市场，子公司完全没有触及，而是由母公司通过德国的代理商直接销售。总公司的管理人员认为子公司没有能力经营这一市场，因为他们的产品生产范围太窄了，而且也没有能力生产英文印刷的产品。

尽管该公司的产品比德国制造的同类产品价格略高，大部分的产品价格为1马克或再少一点，但公司人员仍认为他们的价格是很有竞争力的。公司还发现，把卡片的价格定为1马克40芬尼或2马克，在德国市场上就销不动了。管理人员认为他们的产品之所以定价略高于德国产品是因为德国的贺卡比较小，上面很少有诗文，成本较低。

在德国和美国，零售商的加价都是100%，如果一个卡片卖50美分，那么它的成本就只有25美分。

把产品销给零售商时，该公司发现了两个问题，一是德国制造的卡片配有带彩色图案的薄纸信封，而该公司的产品只配有白信封。第二个问题是德国人习惯把每张卡片包在玻璃纸内。这是因为传统上贺卡的零售量很小，玻璃纸在贮存时也可以起到保护作用。而该公司的卡片是每张包在白信封内，再按每6张、12张、24张不等包在一个褐色的大信封内，零售商要拆开褐色信封把卡片放到货架上。为了克服德国传统造成的障碍，公司建议零售商向消费者介绍卡上的诗文，为了让顾客看到这些诗文，不能用玻璃纸包装贺卡。该公司认为，顾客们注重的是卡片的质量，而不是一拆开就被扔掉的信封。

不久，德国子公司的产品线扩大到能生产各种各样的日用卡片(生日卡、纪念日卡)和节日卡片(圣诞卡、复活节卡)了，其产品虽然不像美国那样全，但管理人员认为足以供应德国市场了。

该公司为此专门雇用了说德语的翻译人员，把卡片上的诗文译成德语，因为译成德语必须符合德国人的语言习惯和文化背景，特别是在这个消费者具有广阔选择余地的行业中，这一点相当关键。用该公司经理的一句话说："诗文是我们最重要的产品。"

尽管德国的子公司在市场上取得了显著的成绩，但是销售额却没有达到预期的目标，甚至没有达到所希望的发展速度。在对管理成本及对产品的革新作了仔细的调研之后，该公司经理人员认为，在贺卡中引入诗文和所采用的促销方式及对零售商的控制都是正确的，但德国卡片市场上的其他因素限制了销售额的增长。其中一个因素就是按照德国的传统习惯，德国人之间的交往很正统，他们不像美国人那样频繁地使用卡片，而只是偶尔为之。然而最近对德国市场的分析表明，德国人之间的交往正逐渐变得不那么正统了，部分原因是他们和当地的许多美国人接触而受了影响，所以，广阔世界公司对进一步开拓德国市场仍充满信心。

资料来源：清华大学经济管理学院工商管理案例研究组，《工商管理案例800例》，北京：世界图书出版公司1998年版。

问题：

1．通过本案例的剖析，你从中得到什么启示？

2．试从案例中的情节出发来分析消费者购买行为对企业开展国际市场营销的重要性。

思考与练习

1．为什么说消费者市场在整个市场中占有重要的地位？消费者市场购买行为有哪些特征？

2．影响消费者购买行为的主要因素有哪些？

3．消费者购买行为可以分成哪几种？

4．消费者购买过程大体分为哪些阶段？为了强化消费者购后满意的正效应，减少不满意的负效应，企业在国际营销活动中应采取哪些措施？

5．集团市场有哪些种类和特点？影响集团购买行为有哪些因素？

6．集团购买行为决策过程如何？集团购买行为分为哪些类型？

7．针对集团购买行为应该采取哪些适当的营销措施？

技能实训

查询有关的报刊资料或根据企业的实际情况写出一个能较好地利用消费者购买行为特征开展国际营销活动的实例。

第六章

国际市场细分与市场进入

【导读】满足国际市场的顾客需求是企业开展国际营销活动的关键，然而全球不同国家和地区的消费者有不同的需求，没有任何一家企业能够完全满足所有的这些需求。因此，企业必须按照一定的标准对众多的国家和地区进行市场细分，并且根据自己的任务和目标、资源、特长，权衡利弊，从中选出适合企业进入的细分市场作为目标市场。

国际市场进入是关于企业应进入哪些国际目标市场，以及采用何种方式进入目标市场的决策。它关系到企业长远的、全局性的发展，是企业发展的方向性决策。

本章主要介绍了国际市场细分的内涵和意义；国际市场宏观细分和国际市场微观细分；国际目标市场的选择；国际市场的进入方式等问题。

第一节　国际市场细分

一、国际市场细分概述

(一)国际市场细分的含义

国际市场细分是市场细分在国际营销中的应用。所谓国际市场细分，是指企业按照一定的细分标准，把整个国际市场细分为若干个需要不同产品和营销组合的子市场，其中任何一个子市场中的消费者都具有相同或相似的需求特征，企业可以在这些子市场中选择一个或多个作为其国际目标市场。这一过程被称为国际市场细分，它是企业确定国际目标市场和制定国际营销策略的必要前提。

(二)国际市场细分的作用

国际市场细分的含义虽然简单，但它对企业开展国际营销活动却起着重要作用。

1．有利于企业发掘国际市场机会，确定目标市场。能否正确选择目标市场，直接关系着企业今后一系列发展战略的确定，决定了企业今后若干年发展后劲的“先天条件”。所以企业必须在深入进行市场细分的基础上，寻找一个理想的目标市场。

2．有利于充分利用企业有限的资源。进行国际市场细分有利于企业集中人力、物力和财力投入国际目标市场，从而发挥最大的市场效果，以获得局部竞争优势。这一点对于中小企业来说意义更大，因为中小企业资源及市场经营能力有限，在整个市场上或较大的子市场上不是大型企业的对手，只能在市场细分的基础上，补市场的空缺，见缝插针，拾遗补缺，变整体优势为局部优势，使自己在竞争中不断发展和壮大。

3．有利于制定和调整市场营销策略。市场细分后，每个市场变得小而具体了，细分以后的子市场规模、特点显而易见，消费者的需求清晰了，企业就可以根据不同的商品制定出不同的市场营销策略。如果离开了市场细分，所制定的营销策略就必然是无的放矢的。同时，在细分的市场上，信息反馈灵敏，一旦消费者需求发生变化，企业就可以迅速根据情况的变化，改变原来的营销策略，制定出相应的对策。

(三)国际市场细分的思路

由于国际市场环境复杂，企业在国际市场上开展营销活动时，继续沿用市场营销学的一般原理和方法已无法解决国际市场上的实际问题，因此，需要根据国际市场上的实际情况，调整有关操作思路。目前不少企业在对国际市场进行细分时往往采用以下不同的思路：

1．将全球作为一个整体市场

这是指企业在国际营销活动中，将全球市场看做一个整体，采取一种国际营销策略来满足全球市场中相同或相似的消费需求。随着交通、通讯的发展以及文化的相互渗透，全球消费趋同化的趋势日益明显，因此可以将全球市场视为一个整体的统一市场，并采取标准化的策略来满足市场需求。

2．将每一个国家或地区作为一个子市场

这是按照国别进行市场细分，将每一个国家或地区看做是一个子市场。事实上，不同的国家或地区由于人口、经济、自然、政治、法律、文化等环境的差异，在消费需求上与别的国家或地区会存在诸多差异，因此，将一个国家或地区作为一个细分市场是可行的。

3．将需求相同的一个交叉市场视为一个子市场

按照这种观点，将处于不同国家或地区的、具有相同或近似消费者的市场划归为一个市场，这种市场细分的思路比较符合市场一体化的发展趋势，在实践中也有例证。例如，众多国际化经营的企业在将其产品打入国际市场时考虑到，虽然消费者所在国家不同但需求相同，因而在各国都采取相同的营销策略。但是这种市场细分的方法操作起来难度越来越大，因为需求相近的消费者是分布在不同的国家的，所以在市场调研、产品分销、市场促销等方面成本较高，可能影响营销效果。

4．将需求相近的一组国家或地区视为一个子市场

世界上总有一些国家由于地理环境、经济发展水平、社会文化环境等情况相近，从而在总体的市场需求方面存在共性，如阿拉伯国家、东南亚国家等。企业在开展国际营销时不妨将这些国家看做是一个子市场，采取相同的营销策略来满足该市场的需求。

以上四种都是较为粗略的市场细分，它们仅仅考虑一国或者地区市场的总体需求，而没考虑到即使是在一个国家或地区内，不同消费者由于其自身条件的差异，对同一产品的需求也会存在某种差别。因此，较为完整的市场细分是，先对整体市场按国家进行细分，将市场总体需求相近的国家规划为一个子市场，然后将该市场按消费者的个体差异再进行细分。前者我们称为国际市场宏观细分；后者则称为国际市场微观细分。

二、国际市场宏观细分

(一)国际市场宏观细分的含义

国际市场宏观细分是指企业根据影响各国市场需求的宏观因素，将国际市场细分为若干宏观环境相近、市场总体需求相类似的子市场的过程。

理解国际市场宏观细分应注意以下两点：一是国际市场细分的依据是影响各国市场总体需求的宏观环境因素；二是进行宏观细分后的各子市场之间在总体需求上存在较大差异，而各子市场内部则由于宏观环境相近而总体需求相类似。

(二)国际市场宏观细分的方法

1．按地理因素细分市场

地理因素是国际市场细分常用的变量。按照地理因素，我们可以把世界市场粗略地划分为亚洲市场、欧洲市场、非洲市场、拉丁美洲市场和大洋洲市场。若再划分得细一点，亚洲市场又可以划分为东亚市场、西亚市场、南亚市场等，欧洲市场则又可以划分为西欧市场、北欧市场、东欧市场等。

按照地理因素细分国际市场，既切实有效，又简便可行。具体来说，这种细分方法有以下优点：(1) 按地理位置划分市场便于营销管理，便于企业集中采用相应的营销策略，如进行产品的储运和分销以及产品的推广等；(2) 处于同一地理区域的各国具有相同或相似的自然条件、文化背景，地缘特点使这些国家的消费习惯较为接近，可以将之作为一个市场来开发；(3) 随着区域化经济的发展，更多经济区域已形成，进入一个国家的市场就等于进入了一个经济区域的市场。

按地理因素细分市场也有其不足之处。按地理因素属于同一个子市场的国家，虽然地理位置相近，但经济、政治或文化环境可能存在较大的差异。如北美的加拿大、美国、墨西哥这三个国家虽然地理位置接近，但经济发展水平有较大差距，例如，墨西哥的经济发展水平与美国就不可同日而语，再如东南亚的新加坡、马来西亚、泰国、印度尼西亚、菲律宾、越南等国虽同属热带国家，自然条件较为接近，但各国在政治、经济、文化等方面均有较大差异。

2．按经济因素进行细分

按经济因素细分国际市场，主要是根据各国的经济发展指标，如国内生产总值、人均国民收入、经济增长率、基础设施发展水平等，对各国进行分类。其中最常见的分类法有两种：一种是将世界各国分为五种阶段，第一类为传统阶段，第二类为起飞前阶段，第三类为起飞阶段，第四类为趋于成熟阶段，第五类为大众高消费阶段；另一种是将世界各国分为最发达国家、较发达国家、次发达国家、不发达国家和最不发达国家五类。

按经济因素细分国际市场的优点是：使归于同一个子市场的国家在经济发展水平或经济环境上比较接近，有助于按市场规模和质量来挑选目标市场及制定不同的营销策略。缺点是：处于经济发展同一阶段的各国可能分布在世界各地，使可供选择的目标市场可能较为分散，不便于提高营销效率和加强国际营销管理。

3．按文化因素进行细分

文化对国际营销的影响是全面的，文化的各项因素均可作为细分国际市场的变量。如语言、宗教信仰、价值观念等都可以导致消费需求的变化，因此，它们都可用以划分国际市场。例如，按语言的不同，可把世界各国划分为英语国家、汉语国家、法语国家、阿拉伯语国家等，因此在产品的说明、市场促销等方面应按不同国家的语言采取相应的营销措施。

按照文化因素细分市场有利于文化性较强的产品和服务的营销。但相对按地理因素细分市场而言，市场较为分散，不便于管理；相对于按经济因素细分市场而言，则可能产生统一细分市场中不同国家的经济差距较大的问题，如信仰基督教的国家经济发展水平可能有较大差距。而且由于文化因素是软性因素，故不同子市场的容量较难测定。

4．按组合因素进行细分

按组合因素细分国际市场时考虑影响国际市场消费需求行为的多维因素后再细分国际市场，例如，将地理、政治、经济、文化等因素结合起来细分国际市场。国际上常用的细分法是从国家潜量、竞争力和风险等三个因素出发来将国际市场分为18类。

其中，国家潜量是指企业的产品或服务在一国市场上的销售潜量。而竞争力则由内部和外部两部分因素来衡量，内部因素是指企业在该国市场上所占的份额、企业的资源条件以及适应该国市场的优势和能力；外部因素是指该行业中来自国内外的竞争对手的竞争力。风险是指企业在该国市场可能面临的政治风险、财务风险和业务风险，以及风险对企业经营结果的影响力。

与其他的细分方法相比较，组合法具有以下优点：(1) 该方法使用三个维度衡量各国市场，更全面地反映了各国的市场环境；(2) 每个维度都与营销活动有关，且它们都是由若干因素组成，能更全面地反映各国的市场潜量；(3) 把风险单独作为一个维度，突出了评估风险的重要性，因为许多国家虽然很有市场潜力，但风险也较大，这样的市场就不是最理想的目标市场；(4) 使用该方法将各国市场划分为18个子市场，能清楚地显示出各个子市场所具有的特点，便于企业进行分析评价和从中选出最有力的目标市场。但运用组合法分析国际市场要求掌握大量的信息，事先准备的工作量大，不便于操作。

(三) 国际市场宏观细分应注意的问题

国际市场宏观细分并不是一件很容易的事，要特别注意以下问题：(1) 市场细分没有绝对的标准。因为引起各国市场需求差异的因素是多元的，也是多变的，因此，进行市场细分的依据也不是单一不变的。(2) 市场并不是越细越好。因为将市场划分得过细，会无法保证足够的市场容量，即使企业采取相应的营销策略占领了该市场，也是得不偿失的。(3) 有效的市场细分必须进行商业分析。企业开展营销活动的目的是取得商业利润，因此，在进行市场细分时必须考虑到每一个子市场的回报率。

三、国际市场微观细分

国际市场微观细分是指在国际市场宏观细分的基础上，企业再按照影响消费者需求和购买行为差异性等个体因素，将市场划分得更小的过程。国际市场微观细分的方法与宏观细分基本相同，在此仅作简单介绍。

(一) 消费者市场的细分变量

从理论上讲，凡是能引起消费者需求和购买行为差异的因素都是细分消费者市场的变量，但概括起来，消费者市场细分的变量主要有：(1) 人口因素。如消费者的年龄、性别、职业、家庭规模、种族、宗教信仰等。(2) 地理因素。消费者所在的地区，如城市、农村；北方、南方；沿海、内地等。(3) 经济因素。主要是指消费者的经济收入的高低。(4) 心理因素。主要是指消费者的个性、生活方式等。(5) 行为因素。主要是指消费者的购买行为，如使用情况、追求的利益、品牌忠诚度等。

(三)市场微观细分的要求

与国内市场细分一样，国际市场微观细分也要求细分后的子市场符合以下要求。

1．可衡量性

这是指细分后的子市场的规模和购买力是可以被衡量的。例如，按照消费者的个性，将一些消费者划分为追求浪漫生活的人这样一个消费群，可以想像，一个国家有多少这样的人往往是无法衡量的，因此，这种细分是不符合要求的。

2．足量性

这是指细分后的子市场的规模应该足够大，这样企业才可能从该市场得到足够的利润，否则可能是得不偿失的。因此，企业不能将市场划分得过细，以保证市场的足够的规模。

3．可进入性

这是指企业可以达到并服务于该子市场。在这里可进入性包括三层含义：(1) 能否被允许进入。在一些国家有些行业是不允许外国企业进入的，如军用品市场。(2) 企业能否将产品或服务传递到消费者手中。如有些国家的某些消费群体是不固定的，因而企业难以开展有针对性的营销活动。(3) 企业有没有能力进入到该子市场，即企业在资金、技术、人才等方面是否具备进入该市场的条件。

4．实效性

这是指企业的营销活动是否能取得相应的效果，即企业进入该市场是否是有利可图的。

四、国际市场细分的步骤

如前所述，国际市场细分总体上说可分为两步，首先是对国际市场进行宏观细分，然后在此基础上进行微观细分。国际市场细分一般可以分为以下四个步骤：识别与产品相关的需求域；将具有类似需求域的消费者归为一个整体；对细分市场予以描述；选择一个或几个有吸引力的细分市场作为目标市场。

(一)识别与产品相关的需求域

企业进行市场细分的第一项任务是识别企业有能力满足的需求域。需求域一词用于反映大多数产品不只是满足一种需求这一事实。比如，小汽车除了满足基本的运输需求之外，还可以满足消费者显耀其地位的需求，甚至还具有满足某些人兴趣的需求。消费者需求并不局限于对产品特性的要求。产品信息的来源与类型、产品购买地点、产品价格、服务、产品或公司形象，甚至产品在哪里和如何生产等方面都与消费者需求的满足有关。

识别企业现有或潜在产品可能予以满足的需求域，通常要求进行消费者调查。需求域通常是与一些变量如年龄、家庭生命周期所处阶段、性别、社会阶层、种族、生活方式等联系在一起的。很多企业在进行市场细分时以其中的某一个变量为基础对消费者分群，并集中针对一个或几个这样的群体经营。例如，公司可以根据消费者所处民族分群，以发现不同民族之间在消费需要上存在的共同点和不同点。虽然有效的市场细分通常始于消费者的需求，但也必须同与这些需求有关的消费者特征联系起来予以考虑。在实际营销活动中，以需求为基础的细分和以其他消费者特征为基础的细分并行不悖，均可作为市场细分的依据。

(二)具有类似需求的消费者

市场细分的第二步是将具有类似需求的消费者归入一个细分市场。例如，价格中等、式样新颖、运动型的汽车，买主大多数是单身的年轻人，没有孩子的年轻夫妇，或者是孩子已成人并离开家庭的中年人。虽然这些人就人口统计而言差别很大，但在设计汽车特征甚至策划汽车形象时，可以并入一个细分市场。

这一阶段通常需要进行消费者调查，对现有消费者模式进行分析，或者依据对消费者行为的了解作出某些合理推断。

(三)细分市场的描述

具有类似需求域的消费者被识别出来后，就应当对这一细分市场的消费者进行描述。为制定有效的营销计划；对潜在消费者应进行深入分析和了解。只有在完全了解的基础上，才能确保正确识别消费者的需求域。企业如果不了解消费者在什么情况下使用其产品，以及消费者如何看待这些产品，用什么样的语言描述这些产品，市场的描述就可能遇到障碍。

(四)选择有吸引力的细分市场

在对每一个细分市场作出评估并对其有充分了解之后，企业必须选择目标市场。目标市场的选择取决于企业是否有能力为所选取的目标顾客提供超越竞争品的价值并获得利润。因此，细分市场的规模和增长潜力、现在和未来的竞争程度、提供“超额”价值的成本等，均是选择目标市场时应考虑的主要因素。

表6-1　消费者市场的细分标准

细分标准		细分标准举例
地理	洲际	非洲、美洲、欧洲、亚洲、大洋洲
	地区	非洲、北美、南美、西欧、中东、东亚、南亚
	区域性经贸组织	北美自由贸易区、欧盟、石油输出国组织、东盟自由贸易区、亚太经合组织……
	国别	英国、法国、意大利、新加坡……

（续表）

细分标准		细分标准举例
地理	气候	热带、亚热带、温带、寒带
	地形	山区、丘陵、平原、水乡、沙漠……
	人口密度	城市、郊区、乡村
	人口总数	10—20 万、21—30 万、51—100 万、500 万以上、1 000 万以上……
	老龄化程度	高、中、低
	城市化程度	＞20%、＞30%、＞40%、＞50%、＞60%、＞70%、＞80%……
经济	工业化阶段	前工业化时期、工业化时期、工业化中期、工业化后期、后工业化时期
	国家类型	最发达国家、较发达国家、次发达国家、不发达国家、最不发达国家
	基础设施	完善、不太完善、不完善
	经济发展阶段	传统阶段、起飞前阶段、起飞阶段、趋于成熟阶段、大众高消费阶段
	人均 GDP	小于 600 美元、600—1 000 美元、1 000—3 000 美元、3 000—8 000 美元、8 000美元以上
	市场化程度	中央计划控制、有计划的商品经济、转型经济、完全市场经济
	政府管制程度	高、中、低
	通货膨胀率	小于 3%、3%—5%、5%—10%、10%以上
	失业率	小于 4%、4%—6%、6% 以上
人文	人种	白人、黄色人、黑人
	民族	俄罗斯人、阿拉伯人、英格兰人、印第安人、华人……
	宗教信仰	基督教、天主教、东正教、伊斯兰教、佛教、犹太教、印度教……
	家庭人数	1—2 人、3—4 人、5—6 人、7人以上……
	受教育程度	文盲、小学、中学、大专、大学……
	性别	男、女
	收入	贫困线以下、低收入、中等收入、高收入
	社会阶层	上层、中层、下层
心理与行为	价值观	理性价值观、惟美价值观、政治性价值观、社会性价值观、经济性价值观、宗教性价值观
	个性	理智型、情绪型、意志型、内向型、外向型、独立型、顺从型
	生活方式	简朴型、时髦型、新奇型、保守型
	使用状况	从未使用过、曾经使用过、有可能使用、经常使用
	购买频率	经常购买、偶尔购买
	购买时机	平时购买、季节性购买、节假日购买、特殊纪念日购买
	品牌忠诚度	不忠诚、比较忠诚、非常忠诚、绝对忠诚

资料卡

美国芝加哥大学对国际市场的经济细分法

这种细分法根据运输、能源、农业生产、人均消费指数、国内生产总值、对外贸易、人口统计及其他等 8 项共 43 个变量比较分析 95 个国家的情况，依经济发展的观点选择其中一些国家并将其分为五大类：

表 6–2 从经济发展观点对部分国家分类

第一级	最发达国家	美国、德国、日本、法国、英国、意大利、加拿大、荷兰、比利时、瑞士、澳大利亚、瑞典、丹麦、奥地利、新西兰、挪威等
第二级	较发达国家	芬兰、南非、西班牙、爱尔兰、希腊、土耳其、葡萄牙、以色列、冰岛等
第三级	次发达国家	墨西哥、巴西、阿根廷、智利、乌拉圭、黎巴嫩、沙特阿拉伯、阿联酋、哥伦比亚、秘鲁、萨尔瓦多、巴拿马等
第四级	不发达国家	摩洛哥、阿尔及利亚、伊拉克、菲律宾、加纳、厄瓜多尔、刚果、叙利亚、坦桑尼亚、乌干达、玻利维亚、伊朗、巴基斯坦、多米尼加、印度尼西亚、尼加拉瓜等
第五级	最不发达国家	尼日利亚、海地、缅甸、老挝、喀麦隆、孟加拉、斯里兰卡、苏丹、巴拉圭、约旦、加蓬利比亚、圭亚那、埃塞俄比亚、布隆迪、科特迪瓦、马里、卢旺达、阿富汗、塞内加尔等

资料来源：梁云，《国际市场营销学》，重庆：重庆大学出版社 2002 年版。

第二节 国际目标市场的选择

一、国际目标市场的含义

（一）目标市场

目标市场是企业为了满足现实或潜在的消费需求而开拓的特定市场，它是在市场细分、确定市场机会的基础上形成的。企业通过市场细分，会发现有不同欲望的消费者群，发现市场上未得到满足的需求，从而针对该细分市场进行营销活动。不过，目标市场和市场细分是两个既有差异又有联系的概念。市场细分是发现市场上未满足的需求与按不同的购买欲望和需求划分消费群体的过程，而确定目标市场则是企业根据自身条件和特点选择一个或几个细分市场作为营销对象的过程。因此，市场细分是确定目标市场的前提和条件，而目标市场的选择则是市场细分的目的和归宿。

(二)国际目标市场

国际目标市场是指企业在国际市场细分的基础上选择的能利用企业资源去满足并可以为其带来收益的一个或若干个子市场。从宏观和微观层面上讲，国际目标市场有两层含义：一是在众多的国家中选择某个或某些国家作为目标市场；二是在一国众多的子市场中选择某个或某些子市场作为目标市场。

(三)国际目标市场应具备的条件

并非细分出来的任何一个子市场都可以作为企业的目标市场，一个好的国际目标市场应该具备以下条件。

1．有未被满足的需求

这包括两层意思：一是指这个目标市场对本企业产品有需求、购买欲望和购买能力；二是指这种需求未被本企业和竞争者所满足，或满足的程度不够。

2．本企业有能力满足这一需求

也就是说对于该市场，企业有一定的竞争优势，这主要体现在：一方面企业有生产能力，能够按照需求进行生产或改进产品，并可以在数量和质量上保证要求；另一方面企业能够发挥自己管理和销售等方面的优势，通过适宜的渠道、强有力的营销手段去争取目标市场，使之成为自己产品的买主。

3．在满足需求的同时取得一定的经济效益

也就是说，在占领或进入目标市场后，企业所获得的营销效益能够抵偿营销费用并有相当盈余，达到企业目标的要求。企业在选择目标市场时，尤其要注意这一点。

另外理解这一点还需要注意以下两个问题：(1) 实事求是。判断市场是否有利可图的最终标准是盈利，不能因为一时冲动或者为博得虚名而作出进入某个目标市场的决策，在此之前应该经过客观的调查和分析，不能想当然。(2) 衡量效益的时限，即短期与长期的关系。不同的大型跨国公司在进入一个目标市场时，其衡量经济效益的时限有所不同，其中有的为了进入市场可以忍受多年的亏损来换取市场份额与消费者的认可，如一些大型的家电厂商、金融机构等在中国市场的做法就是如此。短期目标与长期目标的权衡是国际营销中很重要的问题，一般来讲，企业必须在短期亏损和长期利益之间寻找一个自身能够接受的标准。

二、国际目标市场的选择

目标市场的选择实质上是按一定标准细分市场进行筛选的过程，其关键在于对细分市场的评价与选择。

(一)评估与筛选目标市场

1．第一步筛选：基本需求与潜力

本步骤的主要目的是确定国外市场对企业商品与服务的潜在需求，这一筛选过程必须回答一个问题——谁对购买本企业的产品感兴趣。了解这一问题可以确定自己的市场选择范围。进行初步筛选的方法是：考察相关国家当前的进口政策并确认其正在从国外购入的商品和服务；掌握当地的生产状况；考察各国的人口变化，确认潜在的市场容量。企业要结合自己的相对优势来分析目标市场。

2．第二步筛选：金融与经济条件

即排除那些不能满足金融与经济条件要求的市场，从而缩小潜在目标市场的筛选范围。金融条件考虑因素包括通货膨胀率、利率、预期投资收益率、消费者购物付款习惯以及贷款条件等；经济方面的条件则包括收入分配、个人消费、行业规模、经济发展阶段、经济发展水平和基础设施等。这些因素对于从金融与经济条件的角度确定那些已通过初步筛选的市场是否具有可开发性十分重要。

3．第三步筛选：政治及法律因素

这一步筛选考虑的主要因素，是以进口限制或当地企业股份限制形式存在的市场进入壁垒。对这类进入壁垒进行分析，往往可以发现各种限制措施之间的一些漏洞或进入壁垒中的一些薄弱环节，这些环节远不如原来想像的那样严密。例如，企业可以通过与当地公司组建合资企业而绕过法律限制。另外，当地政府的稳定性也是影响新建企业成功与否的一个重要因素。

4．第四步筛选：社会文化因素

包括对语言、工作习惯、民俗、宗教信仰和价值观等社会文化因素的考虑。文化因素极大地影响着人们的生活方式，企业在开展国际营销时，要考虑如何将自己的经营融入当地的文化，这是当今企业面临的一个重要问题。

5．第五步筛选：竞争因素

如果有三到四个地点具有同样的吸引力，那么企业在开展国际营销时就要根据各地区的竞争程度进行最终选择。在某些情况下，企业不应进入存在激烈竞争的市场；而在另外一些情况下，企业又应该进入竞争性市场。决定是否进入的主要标准是市场的潜在收益能否抵消其弱点。对我国企业来说，选择不同的市场面对不同的竞争对手，是必须慎重考虑的问题。进入激烈竞争的目标市场，通过与竞争者进行面对面的交锋，企业可以使自己变得更富有效率与竞争力，竞争可能有助于扩大企业的影响，树立企业的品牌形象；而进入自己占有优势的市场，企业可以迅速地打开市场，扩大销售。两种情况各有利弊，企业必须进行全方位的衡量。

（二）选择目标市场战略

1．三种国际目标市场

与在国内进行市场营销一样，企业在国际市场上可供选择的目标市场战略也有无差异性、差异性和集中性三种目标市场战略，但由于企业是在世界范围内选择并运用这三种战略，因此操作手法更为复杂和困难。

(1) 无差异性目标市场战略。无差异性目标市场战略是指企业将全球市场视为一个整体，把市场营销的重点放在需求的共同点上，通过标准化的营销战略，尽可能多地吸引顾客。这种营销战略的优点在于通过大批量的生产和标准化的营销活动，企业可以降低生产和营销成本，实现规模经济效益。例如，可口可乐就曾经以标准的瓶装和统一的广告宣传在世界软饮料市场上独领风骚。美国的其他一些大公司也都采用此战略，如麦当劳等。但是，无差异性目标市场战略也有难以克服的缺点，即忽视不同国家和地区的不同消费者之间的需求差异，往往难以满足消费者的个性需求。因此，目前许多跨国公司越来越趋向于采用差异性目标市场战略。

(2) 差异性目标市场战略。差异性目标市场战略是指企业通过市场细分，选择两个或两个以上的子市场作为目标市场，针对每个子市场的特点，分别设计不同的营销组合方案。例如，国际著名的宝洁公司在世界各国的市场上推出不同的产品，有洗发、护发用品，护肤、美容用品，个人护理用品，口腔护理用品，食品和饮料等，以满足不同消费者的不同需要。就同一市场的同一产品，宝洁公司也会推出不同品牌供消费者选择，如在中国市场上推出的洗发、护发产品就包括海飞丝、飘柔、潘婷、沙宣、润妍等品牌。差异性目标市场战略的优点是：①可以满足不同消费者的不同需要；②通过增加产品品种，可以增加企业的销售额，提高产品竞争力；③通过增加产品品种，分散经营风险。但是采用差异性目标市场战略也会增加生产和营销成本。

(3) 集中性目标市场战略。集中性目标市场战略是指企业通过市场细分，选择一个子市场作为企业的目标市场，对于该子市场采取针对性的营销策略，以争取在该市场上取得较大的市场份额。在这里集中性目标市场战略有两层含义：一是指企业将营销精力集中在某一个地区的市场上，以争取在该地区的市场上占有明显的竞争优势；二是指企业集中力量为某一个消费群服务，满足其特点的需要。例如，德国大众汽车公司就一向致力于小型汽车的开发。集中性目标市场战略的优点是对目标市场的研究较为深入，营销策略具有针对性，营销效果好。但是由于市场过于集中，当市场形势发生突变时，企业往往会面临很大的风险。

2．选择国际目标市场战略时应考虑的因素

企业在选择国际目标市场战略时应主要考虑以下因素：

(1) 企业的资源条件。如果企业的资源条件较好，则可以选择差异性目标市场战略；而在企业的资源条件有限时，最好选择集中性目标市场战略。

(2) 产品的同质性。如果企业经营的产品是同质性较高的产品，则宜选择无差异性目标市场战略；如果企业经营的是同质性较低的产品，则宜选择差异性或集中性目标市场战略。一般来说，工业品比消费品的同质性高，耐用消费品比非耐用消费品的同质性高，因此，前者更适合选择无差异性目标市场战略，而后者更趋向于差异性或集中性目标市场战略。

(3) 产品的生命周期。当产品处于生命周期前期，如投入期时，企业宜采用无差异性目标市场战略，因为此时的市场需求差异性可能尚未显现，当然企业也可选择集中进入某一市场，提供专业服务。但当产品进入成熟期时，企业就只能选择差异性目标市场战略，以求得竞争优势，或选择某一尚有市场潜力的市场开展集中性目标市场营销。

(4) 市场的同质性。如果市场上对某一类产品的需求较为接近，则市场的同质性高，企业可采取无差异性目标市场战略；反之，企业应该采取差异性或集中性目标市场战略。

(5) 竞争结构及对手的营销战略。如果市场竞争激烈，且竞争对手具有明显的竞争优势，则企业宜采取集中性目标市场战略，以在局部市场上赢得优势；如果市场上不存在竞争者，或竞争者较少时，企业宜选择无差异性目标市场战略；如果企业具有竞争优势，或企业的实力较强，则可以采取差异性目标市场战略。

三 、国际目标市场的拓展

企业在选定目标市场以后，还可以不断拓展其市场，争取更大的市场份额或取得更有利的竞争地位。

(一)市场拓展的基本原则

根据企业拓展国际市场的经验，其市场拓展的原则是：先近后远；先易后难；先熟悉后陌生。

大部分企业开展国际营销活动的地理程序是：本地市场→地区市场→全国市场→海外相邻市场→全球市场。例如，美国企业的全球市场拓展路线为：地理上较为接近、文化环境较为相似的加拿大邻国市场→经济发展水平较为接近、文化差异较小的欧洲市场→无论是地理位置还是文化差异都较大的亚洲市场。

(二)目标市场的拓展方式

主要有“滚雪球”和“采蘑菇”两种方式。

“滚雪球”方式是指企业在现有市场的同一地理区域内，采取区位内发展的方式，穷尽了该区域内市场后再转移到一个新区域。日本企业最初进入国际市场时采取的就是这种目标市场拓展方式。如日本松下电器公司早在1961年就开始在泰国生产收音机，20世纪60年代其国际目标市场集中在泰国、菲律宾、印度尼西亚等东南亚国家及巴西、墨西哥、秘鲁等中南美各国。在发展中国家积累了一定的国际营销经验以后，20世纪70年代松下开始打入发达国家市场，逐渐在欧洲等地生产彩电等电器，最后形成全球性经营管理体系。同一地区内的市场通常有一定的共性，所以，适合区域内某一国家市场的产品，适合其邻国市场的可能性也就很大，而且由于地理位置相近，在分销等方面也可积累经验，降低成本、提高效率，这就是“滚雪球”最大的益处之所在。总之，这是一种渐进式发展的方式，较为稳妥。

“采蘑菇”方式则是一种跨区域的跳跃式发展方式。企业在选择和拓展目标市场时并不考虑目标市场之间的地理因素，而是根据目标市场本身的优势条件作出决定，因此，企业的上一个目标市场是美国，下一个目标市场则可能是南非，再下一个可能是新西兰。总之，没有一定的地理上的规律性，而是追随着市场机会而发展。这种目标市场的拓展虽然有些冒险，但更为积极主动。一般来说，某一产品在世界许多地区都可能有市场，但是企业的最佳市场一般不可能全部分布在同一地区内，而是分散在不同的地区。因此，企业在占领了一个地区内的最佳市场后，与其留在同一地区追求次佳市场，不如跳出地区的限制，去寻找新地区的最佳市场。“采蘑菇”方式具体可表现为：其一，按市场容量排序，先进入最大市场，然后依次进入次大市场；其二，按照竞争需要，先占领对建立企业全球市场的最关键的市场，然后再图其他。

当然，企业要根据市场特点、产品特点和企业自身的特点选择目标市场的拓展方式。例如，海尔集团在选择国际目标市场时就没有采取由近及远、先易后难的发展原则，而是反其道而行之，先难后易，先进入进口限制等较为严格的国家，在这些国家取得成功之后，再向其他市场进军。

第三节　国际市场进入

企业经过国际市场细分，为自己选定了目标市场以后，接下来就需要进一步研究，如何将自己的产品、设备、技术、商标、管理及资金等资源进行整合，选择进入国际市场的最佳方式。

一、国际市场进入方式的类型

企业进入国际市场的方式，一般可归纳为四大类型，即出口贸易、对外合作、直接投资和国际战略联盟。

(一)出口贸易

在我国，出口贸易是企业进入国际市场最普遍的形式。它又分为直接出口和间接出口两种。

1．直接出口

直接出口是指厂商直接将产品出售给国外市场的经销商、进口商或用户。其优点在于：其一，可以不受国内中间商销售和业务范围的限制，在更大范围内选择目标市场；其二，可以通过与国际市场的直接联系及时获取市场信息，从而改进企业的生产经营；其三，可以增强对营销活动的控制，有利于改进营销工作；其四，直接出口的合同期限一般较短，企业易于调整目标市场及进入市场的方式，因而具有一定的灵活性。

直接出口主要有三种途径：(1) 建立独立的出口经营机构，将产品直接出口给国外经营者和消费者；(2) 设立驻外分支机构和国外营销分公司，派出销售人员直接在国外从事营销活动；(3) 设立海外市场商业代表，与国外进口商、批发商、经纪人乃至零售商、消费者建立业务关系，将产品直接销往海外市场。直接出口的企业既可自行建立销售系统，也可利用国外中间商。总之，直接与国外市场发生联系，是现代企业普遍采取的一种出口营销方式，尤其为大企业所重视。

其局限性在于：其一，企业独立与国外客商签订合同，会增加国际营销业务机构及专业人员，因而成本随之提高；其二，企业独立完成出口营销，工作量大，责任较重，面临的风险也相对增大。

相对应的营销方式主要有国外包销、代理、寄售、拍卖、展卖、投标、易货贸易等。近年来、发展中国家普遍采用加工贸易和补偿贸易来扩大出口，这属于直接出口的复杂形式。

2．间接出口

间接出口是指企业不从事出口业务，而将出口产品卖给国内中间商或委托国内的外贸代理机构把产品推向国际市场的一种方式。这种方式的优点是：第一，可以利用本国出口贸易机构的渠道和经验，有利于商品的顺利销售；第二，企业不需要亲自完成市场选择、市场调研、产品定价等出口业务，因而不需要从事出口的专门机构和人员，可以节约营销费用；第三，企业不直接同国际市场相联系，不承担国际市场销售的风险，有较大的灵活性。因此，间接出口对刚刚开始跨国经营的企业是很有价值的。此外，对那些潜力不大的市场也可采取间接出口的方式。

但是，由于企业并没有真正从事国际营销活动，缺少市场信息反馈，不利于产品及整个营销战略的改进；企业通过本国中间商进行国际市场销售，最终销售渠道不由自己控制，极易丧失市场份额；企业将产品出售给本国中间商即算完成出口，利润所得往往较低。因此，间接出口是一种进入国际市场最脆弱的方式，多为无力在国际市场上建立销售网络的小企业所采用。计划经济体制国家的生产企业的产品出口也采用间接出口的方式。

间接出口主要有三种途径：(1) 企业将产品销售给出口商，再由出口商以自己的名义将产品销往国外；(2) 企业与出口贸易机构签订代销合同，由后者协助寻找国外销路，企业承担风险，产品售出后付给出口贸易机构一定比例的佣金；(3) 与国内中间商合作经营，由中间商提供信息，寻找买主，实行风险共担。一般说来，本国生产商只与本国中间商相联系，而由后者与国际市场买主发生联系的出口均属间接出口。

(二)对外合作

对外合作是进入国际市场的又一种重要方式。出口贸易仅体现商品的国际化，而对外合作则涉及商品、商标、技术、生产、资金等方面的跨国流动。对外合作的形式多种多样，主要包括合作经营、技术转让、特许经营、合同生产等。

1．合作经营

这是一种契约安排，即由合营双方通过签订协议或合同，具体规定各方的权利和义务。一般由外方提供资金、技术和设备，东道国提供场地、原料和劳务，产品销售额或利润按合同规定进行分配。合作经营不需要建立具有法人地位的经济实体，因此简单易行，除了具有合资经营的好处以外，投资方式还更灵活，适应性更强。

2．技术转让

这是一种有偿的技术转移，指技术的输出方将某项技术的使用权作价出售给技术的输入方，许可证贸易是技术转让的最基本和最重要的方式，即拥有专利权、商标权或专有技术的一方作为许可方，向被许可方授予某项权利，允许被许可方取得许可方所拥有的权利，如商标和专有技术的使用权、产品制造权和销售权。技术转让有利于缩短企业同国外的技术差距，开发出适应国际市场的新产品。随着技术在国际市场上的作用日益重要，技术转让已成为企业开拓国际市场的重要手段。

3．特许经营

特许经营是指制造商通过中间商签订合同，授予其经营某种享有盛名或流行商标产品的特许权。产品由制造商提供，享有特许经营权的中间商负责经销。对大公司而言，通过发展其特许经营组织，可以控制大量分散的中小企业，扩大公司的市场份额；对中小企业而言，可通过特许经营与大公司联营，提高企业知名度，扩大销售，增加收入。因此，特许经营是企业开拓国际市场的有效方式，在当今国际营销活动中广为流行。

4．合同生产

合同生产是指企业为了开拓目标市场，与当地企业签订订货合同，要求对方按合同规定的质量、数量、时间生产本企业所需要的产品或零部件，交由本企业用本企业的品牌销售。实际上是把生产厂设置在目标市场国，当地生产，当地销售，使国际生产和国际销售紧密结合。

(三)直接投资

直接投资是指企业把资金以及管理、技术、销售、财务等方式转移到目标市场或地区，建立受本企业控制的子公司，在当地生产产品，并在国际市场销售，从而进入国际市场。

企业选择对外直接投资方式进入国际市场，主要是为了扩大市场和促进公司成长。此外，对外直接投资使得企业可以避开贸易壁垒，像当地公司一样运作，不受关税和其他进口方面的限制。获得价格低廉的资源以确保原料和劳动力的供应也是企业开展对外直接投资的动因之一。不少发展中国家为了解决就业紧张和资金紧缺问题，制定优惠的税收等政策吸引外国直接投资进入本国，这也是外国直接投资迅速增长的原因。

一般来说，通过直接投资进入国际市场必须解决好两大问题：一是在所有权类型方面，以独资还是合资的形式进入国际市场；二是在以独资形式进入国际市场时，是收购国外企业，还是在国外创建新的企业。

1．在国外建立独资企业

即公司对在海外建立的企业拥有全部股权。从企业自身角度看，采取独资的形式可以牢固控制所投资的公司，维持企业在技术、经营、产品品质和信誉等方面的优势，确保投资收益的最大化。

如果子公司和总部之间的关系非常密切，以至于任何协调不到位都会导致公司的损失，那么独资就是必要的。如果公司需要核心产品的设计、定价或广告的投资，采取独资方式也是必要的。独资企业需要大量的资金和管理的投入，能最大限度地参与当地市场的经营。但是，建立新的设施或者采取并购的方式都意味着，需要花费大量的人力、财力和物力。

建立独资企业的方式包括并购和创建两种，并购的方式是指国际营销企业通过在资本市场上购买某企业的股票或在产业市场上购买股权，取得该公司的所有权与经营权。通过并购方式可以迅速抢占市场，吸收被收购企业的特长，也节约投资成本和时间。但是在寻找和评估被收购企业方面存在困难，同时如何处理与被并购企业的原职工，客户和供应商的关系以及管理上如何衔接都不是轻而易举的。被收购企业与母公司的融合都需要时间。

创建的方式是指企业通过建造厂房、购买设备、建立组织机构、招聘人员等工作而建立一个全新的企业。创建新的企业有利于提高运行效率，避免收购方式中难以处理的原企业已经存在的各种问题。但是，创建企业需要大量的筹建工作，建设周期长、速度慢、灵活性差，因而整体投资风险大。

2．在国外建立合资企业

合资经营指中外企业组织或个人发挥各自在资金、技术、资源、管理等方面的优势，按一定比例联合投资，共同经营某个或某些企业。合资经营的地点既可选择在合资双方国(投资国或东道国)，也可选择在第三国。通常所称的合资企业，一般采用股权式合营形式，即外国投资者以认股的方式对东道国进行投资，或由合营双方各参加一定比例的股份，建立有限责任公司。合资经营有利于学习国外先进的管理和技术，对于产品开发、降低成本、提高质量有明显的促进作用，更重要的是，在产品销售方面可利用外国投资者的国外销售渠道直接推动产品出口。

合资经营的保持有时很困难，许多合资企业不能达到预期目标。意见的冲突会反映在各个方面，如战略、管理风格、会计和控制、市场政策和实践、产品、研究与发展、人事等。

一般来说，影响股权选择的因素有两个：一是企业的自身情况。新进入国际市场的企业大多选择建立合资企业；而实力较强的或对东道国市场情况了解较多的则会选择独资的方式。二是东道国的情况。如果东道国是发展中国家，最好采取合资方式。当地企业如果有可利用的资源、技术、与政府的关系等，也多采用合资方式。

议一议：

2004年12月8日，联想集团董事会主席柳传志宣布联想集团以12.5亿美元收购了IBM个人电脑(PC)事业部。而根据IBM公司大中华区董事长周伟的解释：“这次被收购是想让联想和IBM更好地合作，希望联想在营运这方面的效率可以继续帮助我们把成本管理好。”

随着个人电脑全球范围内的普及，劳动力成本的高低逐渐成了PC生产成本的决定因素。中国的劳动力生产价格很低，据国务院发展研究中心贡森先生的《我国劳动力优势比较》，我国劳动力成本的相对水平只相当于美国等发达国家和一些地区劳动生产率相对水平的40%至

70%，优势十分明显；国家统计局国际统计中心一份分析报告指出，根据国际劳工组织的统计资料，按照当年平均汇率，中国制造业人工成本不到1 200美元，不足发达国家平均水平的3%，相当于日本的2.1%、美国的2.2%，英国的2.9%，马来西亚的22.7%、泰国的44.2%和菲律宾的48.3%，亚洲“四小龙”的5%至6%，竞争优势明显。

联想收购IBM的PC业务给我们什么启示呢?

资料来源：国际先驱导报，《联想收购“捡了便宜”？实为IBM曲线外包》，2004年12月16日。

(四)国际战略联盟

国际战略联盟是指在两个或两个以上的国家中，两个或更多的企业为实现某一共同的目标而建立的一种互为补充、互相衔接的合作关系。

国际战略联盟是弥补劣势、增强竞争优势的重要形式，可以迅速开拓新市场、获得新技术，提高生产效率，降低营销成本，谋求战略性竞争优势。

国际战略联盟可以分为互补型和接受型两种类型。

1．互补型联盟

这类联盟大多由西欧、北美和日本等市场经济发达国家的企业之间结成。它们为了应对全球性的竞争，而在技术设计、加工过程和营销服务方面，进行技术、资金和人员等方面的互补和配合。

2．接受型联盟

这类联盟按经济体制和经济发展水平的不同，还可以进一步细分为东西方联盟和南北方联盟。东西方联盟是指市场经济体制为主的西方发达国家和一些原属计划经济体制为主的转型国家的企业之间的联盟；南北方联盟则主要是指发达国家企业与发展中国家企业之间的联盟。

以上所述的四种市场进入方式，实际上代表了国际营销从低到高的四个主要阶段，它们应用的目的和条件各不相同。出口贸易方式，基本上由处于国际营销初级阶段的企业采用，主要目的是为了消化过剩的生产能力，使产品赢得更广阔的市场，因此企业的国际营销的概念与意识应该说是不自觉的、朦胧的，产品出口经营也带有不稳定和多变的特征。对外合作方式则前进了一步，有意识、有步骤、有针对性地在国际市场充分发挥企业的经营优势，对回避国际贸易壁垒也颇有心得，但对如何深入国际市场的战略性操作还在探索中，所以，基本上不涉及国际营销中关键的股权问题。投资进入方式属高级阶段，以直接投资方式表明企业渴望在目标市场国掌握自身命运，参与要素活动，瓜分国际市场，以使货币资本和技术资本获得更广阔的运作舞台。只有国际化很成熟的企业才采用国际战略联盟的方式，在激烈竞争的国际市场上，企业之间协同竞争，实现优势互补。正因为如此，任何企业在不同的发展阶段，所采用的市场进入方式也不同。

本章小结

不同的国家，人口、经济、自然条件、政治、法律等环境不同，市场需求也是千变万化的。企业既不可能同时满足所有国家和地区的不同消费者的需要，也不能满足同一国家不同消费者的需要。因此，要按市场细分，满足特定国家特定消费者的特定需要。

国际市场宏观细分可以按地理因素、经济因素、文化因素以及以上各种因素的组合进行细分。国际市场宏观细分没有绝对的标准，但不是分得越细越好，在进行细分时必须考虑到市场的回报率。

国际市场微观细分是指在国际市场宏观细分的基础上，企业再按照影响消费者需求和购买行为差异性等个体因素划出市场的过程。

在进行国际目标市场选择时应考虑，采用哪一种目标市场战略，即是选择无差异性市场战略、差异性市场战略还是集中性市场战略。目标市场的定位，可以定位于产品特色，也可以定位于消费者所获得的利益及满意程度，或定位于市场空档、使用者的种类、产品的价格等。

进入国际市场的方式可以分为出口贸易、对外合作、直接投资和国际战略联盟四大类型。企业必须根据市场需求、市场竞争情况和自身的实力来选择进入国际市场的方式。

案例分析

小天鹅飞向全球

一、小天鹅集团对外发展之路

小天鹅集团根据近几年自身的发展情况及对今后国际、国内市场趋势的分析，提出了自己的战略目标，即实现多元化、现代化、集团化，将小天鹅推向国际。在实现这一战略目标的过程中，小天鹅集团走出了一条由小到大、由单一品种到多品种、由国内市场到国际市场、由一般出口到创办境外加工装配的积极稳妥的发展道路。

(一) 第一阶段：国内产销，创名牌产品

小天鹅集团在原国产小天鹅洗衣机的基础上，吸收了国外同行的先进技术，包括日本松下公司和德国西门子公司的技术，不断研制、开发新产品，推出了波轮式全自动洗衣机等新产品。目前小天鹅生产企业拥有全自动洗衣机的完整生产程序，包括两条离合器生产线及多台注塑设备。小天鹅洗衣机自 1990 年凭借其质量优异，先后获得了一系列殊荣，成为国产洗衣机行业中的知名品牌。

小天鹅集团采取兼并同类企业的做法，实现了国内跨地区的多工厂管理，从而在较短时期内急剧地扩大了生产规模，使小天鹅全自动洗衣机的生产能力达到了 120 万台，双缸洗衣机的年生产能力达到了25万台。更重要的是，在实施国内跨地区的多工厂管理过程中，小天鹅集团建立了一整套严密的分级管理制度，包括人事、财务、营销方式和售后服务等，并实现了管理的标准化、科学化。

在扩大生产规模时，除了兼并企业外，小天鹅集团还对外省市及外国企业实行了定牌生产，从国际营销的角度来看，这实际上是一种技术转让，这一举措使小天鹅洗衣机的产销量在1998年达到了192万台，比1997年增加了60万台，提高了30%，位居全国洗衣机行业销量的榜首。

(二)第二阶段：代理出口

1990年第一批小天鹅洗衣机出口到泰国，用户反映极好，从此，小天鹅开始走向世界。由于体制原因，小天鹅集团在1992年前一直没有自营进出口权，出口主要由外贸公司代理。由于缺乏对国际市场的了解，外销渠道不够畅通，出口额较小，这种局面一直持续到1995年。虽然洗衣机出口的总体情况不十分乐观，但却使小天鹅集团看到了打开国际市场的希望。

(三)第三阶段：自营出口

1992年小天鹅获得自营进出口权之后，开始寻找自营进出口的渠道和方式。为了直接了解国外市场和海外厂商的行情，寻找贸易机会，解决出口中所出现的各种问题，公司先后在日本、德国、美国等地开设了办事处，在香港地区创办了贸易公司，同时还在越南和沙特阿拉伯分别出租和出售模具等，所有这些措施为扩大出口创造了有利条件。经过三年多的努力，公司基本理顺了与出口相关的各种关系，包括与国内的海关、税务、商检等部门以及同专业外贸公司的关系；在国外协调了与中间商、代理销售商之间的关系。经过几年的努力，1996年小天鹅洗衣机出口额大幅度上升，由1995年的500万美元增加到了1996年的1 000万美元，1997年仍保持在1 000万美元左右，1998年受亚洲金融危机影响，出口额有所下降，但1999年上半年又开始回升。出口商品中50%销往东南亚国家，约40%销往南美地区，其余小部分销往中东和其他地区。

(四)第四阶段：境外办厂

为了进一步扩大出口、拓展海外市场、降低出口成本、扩大小天鹅品牌在国际市场上的知名度，根据公司的长远发展战略，自1994年起，小天鹅集团先后在印度尼西亚和马来西亚投资建立合资企业，从事洗衣机的生产装备和销售活动。目前这两家公司已取得良好的经济效益，其销售额占到了小天鹅集团年出口额的20%，并成为小天鹅集团在东南亚地区的生产基地。

二、小天鹅境外投资的经验

(一)小天鹅在境外设厂进行海外投资的主要原因

1．应对严峻形势

尽管在国内洗衣机行业小天鹅集团已成为龙头企业，但未来公司所面临的形势依然十分严峻。

2．实现小天鹅的战略目标

小天鹅集团的最终目标是进入世界500强，为了实现这一目标，扩展海外市场势在必行。

3．降低产品成本

无论在国内市场，还是在国际市场，进一步降低产品成本已成为洗衣机生产企业所面临的共同问题。对于出口产品来讲，这一点尤为重要。

（二）目标市场的选择

小天鹅集团将印度尼西亚和马来西亚列为境外开展加工装配企业的首选地。小天鹅集团的主导产品——波轮式全自动洗衣机是在引进日本技术基础上发展起来的，而北美和欧洲地区国家分别使用搅拌式或滚桶式洗衣机，且小天鹅产品在价格上属于中低档，这些特点使小天鹅洗衣机在东南亚、南美、中东、非洲一些发展中国家比较畅销，其中向东南亚国家的出口占了其出口总额的一半以上。小天鹅集团选择印度尼西亚和马来西亚为境外加工装备基地的原因主要有以下几个方面：

(1) 印度尼西亚是东南亚地区人口较多的国家，人口数量为1.9亿，居民购买力强，市场容量大；马来西亚人口虽然只有2 100万，但是马来西亚的政局比较稳定，投资环境好。而且，无论是印度尼西亚，还是马来西亚，华人都在其经济中发挥着重要作用，特别是在商业领域，华人的优势就更加明显，而华人比较容易接受价廉物美的中国商品。

(2) 印度尼西亚和马里西亚均属于东盟成员国，两国之间的贸易享有一定的优惠条件。在印度尼西亚和马来西亚建立生产基地后，可以将产品以比较低的价格出口到周边国家，并且辐射东盟地区。

(3) 家电行业虽然在中国已处于成熟期，但在印度尼西亚和马来西亚正处于上升期，其市场潜力巨大，发展前景好。且印度尼西亚和马来西亚距中国较近，运输方便。若在这两个地点能取得成功，将为公司在其他地区创办境外加工企业积累一定经验。

（三）投资股权选择

小天鹅集团1994年分别在印度尼西亚和马来西亚创办了帕莱玛小天鹅工业有限公司和密塔奇小天鹅工业股份有限公司，两家公司均为中外合资企业。印度尼西亚的帕莱玛小天鹅工业有限公司注册资本为100万美元，其中小天鹅集团占46%，印度尼西亚华商占54%。马来西亚的密塔奇小天鹅工业股份有限公司注册资本为20万美元，中方投资占40%，外方投资占60%，这两家企业均为外方控股公司，且外方合作伙伴均为销售代理商。

小天鹅集团选择外方控股的主要动机，是利用外方已有的销售渠道和网络，凭借其对当地市场的了解，迅速打开销路，扩大销售量，提高小天鹅洗衣机的市场占有率。

由于外方控股，合资企业的主要经营管理权基本上集中在外方手中。董事长由外方担任，合资企业的财务、行政和生产等日常管理权亦由外方掌握，产品销售也由外方负责。中方只派出一名经理，负责与合资方进行协调，同时与总公司保持联系，提供企业生产所必需的各种零部件。

实际上，在合资企业中小天鹅集团处于配角位置。

（四）营销策略

1．产品定位

小天鹅集团的拳头产品是波轮式全自动洗衣机，其产量、销售量和出口量在小天鹅集团的业绩簿上均列榜首。在马来西亚市场上小天鹅集团也是以销售该产品为主。

但在印度尼西亚市场上，小天鹅集团选择了双缸半自动洗衣机作为主导产品，而将全自动洗衣机放在第二位，这是针对当地市场的具体情况所作出的选择。在印度尼西亚购买洗衣机的大多是华商，而这些商人自己并不从事家务劳动，大多由佣人负责清洗衣服，所以他们愿意购买价格低廉且操作简便的洗衣机，双缸半自动洗衣机正好符合这一要求，于是这种型号的洗衣机便成为小天鹅集团在印度尼西亚市场上的首选产品。

2．品牌策略

在品牌选择上，小天鹅集团吸收了外国公司与其在中国公司合作的经验，将其应用到印度尼西亚和马来西亚的合资企业之中。由于在印度尼西亚和马来西亚，日本和韩国各种名牌洗衣机的竞争十分激烈，因而在开拓国外市场初期，小天鹅集团采取了混合品牌策略，即部分产品用当地认可且销售较好的品牌进行组装和销售，部分产品采用小天鹅品牌，这使企业在开始进入国外市场时就能迅速建立销售网，解决了企业的生存问题。

3．售后服务

售后服务是家电产品销售中的一个重要环节，也是扩大销售量的重要保证。小天鹅集团的所有下属企业在售后服务方面采用统一的原则和标准，境外加工企业作为集团子公司也不例外。根据小天鹅集团关于售后服务的有关规定，在销售量达150万台(套)的地区设维修联络点，销售量超过500万台(套)的地区设维修点，总公司按销售量台(套)的1%—2%免费向境外企业提供零部件，由境外企业支配。

（五）境外企业运行状况和存在的问题

小天鹅集团在印度尼西亚和马来西亚的两家企业尽管成立时间不长，但已取得了明显效益。在印度尼西亚，小天鹅双桶半自动洗衣机的市场占有率已达到了75%，全自动洗衣杨的市场占有率达到了25%。1997年亚洲金融危机对印度尼西亚和马来西亚的经济造成了一定的冲击，这两家合资企业的经营状况也受了影响。其销售额大幅度下降。

亚洲金融危机后，考虑到印度尼西亚和马来西亚投资环境的变化，小天鹅集团对两家合资企业进行了大幅度调整，主要体现在以下几个方面：

1．调整企业股权

在股权问题上，由于外方控股，董事长及合资企业的人、财、物等管理权限均由外方控制，使中方在企业管理上的权限受到制约。企业创立时政府承诺给合资企业的许多优惠政策落实状况也无法查证。更重要的是，外商与小天鹅集团在营销观念上存在着一定的差异，使小天鹅的营销战略难以贯彻实施。

亚洲金融危机后，马来西亚政府对吸引外资的政策也进行了调整，准许家电行业合资企业的外方投资者控股。借此机会，小天鹅集团对密塔奇小天鹅工业有限公司进行了增资扩股，注册资本由原来的20万美元增加到100万美元，中方投资比例由原来的40%增加到51%，实现绝对控股，将该公司改造成为中方控股公司。

2．实施以我为主的管理方式

在印度尼西亚的帕莱玛小天鹅工业有限公司改为中方独资企业之后，小天鹅集团也对该公司的管理方式进行了调整。该企业的全中经营管理活动均由中方人员负责，只有生产工人在当地招聘。

调整后，马来西亚的密塔奇小天鹅工业有限公司中，共设7名董事，中方4名，外方3名，董事长和执行董事由中方人员担任，总经理及企业财务人员也由中方派人担任，生产工人在当地招聘。这就使企业完全处于中方控制之下，从而使小天鹅集团的营销策略和管理方式得以有效地贯彻落实。

3．调整销售策略：以点带面，逐步推进

在对企业进行调整之后，小天鹅集团相应地调整了其在该地区的销售策略，在印度尼西亚将销售网络由生产地转移到雅加达、泗水、万隆、棉兰等大城市，原因是大城市的商业发达，百姓的生活水平较高。并计划以上述大城市为中心，将其销售网向周边地区扩散。

在马来西亚，调整前产品的销售区主要集中在马来西亚的西部，但那里的商业欠发达。调整后，小天鹅集团决定将销售中心移向东马(马来西亚的东部)，以促进产品的销售，并以东马为中心将销售点向周边地区扩散，以形成的新销售网络。

4．调整产品品种：实施以洗为主，同心多元化战略

目前小天鹅洗衣机在印度尼西亚和马来西亚基本打开了销路，并取得了一定的市场份额。在此基础上，小天鹅集团决定进一步扩大经营范围，通过洗衣机带动微波炉、空调、干衣机、电冰箱、VCD机等其他产品的生产和销售，以达到以一带十的扩张目的，向其他家电市场展开攻势。

5．创名牌效应

经过短短几年的发展，小天鹅品牌在当地已得到了认可并注册了商标。以此为契机，小天鹅集团决定，从采用混合型品牌(利用他人的品牌与打造自己的品牌相结合)转向以我为主，创名牌效应。公司调整后，小天鹅集团决定大力加强广告的宣传作用。在大城市如雅加达等的路口树立大型广告牌，以扩大小天鹅品牌的影响，发挥小天鹅的名牌效应，将小天鹅品牌全面推向东南亚市场。

资料来源：李钢，《“走出去”开放战略与案例研究》，北京：中国对外经济贸易出版社2000年版。

问题：

1．分析“小天鹅”取得成功的经验。

2．假设你是“小天鹅”的最高决策者，请制定一个你认为更好的发展对策。

思考与练习

1．国际市场细分的含义和作用是什么？

2．什么是国际市场宏观细分？国际市场宏观细分常采用什么方法？有哪些应注意的问题？

3．国际市场细分有哪些步骤？

4．试述目标市场和国际目标市场的含义。国际目标市场应该具备哪些条件？

5．如何评估和筛选目标市场？

6．在国际营销中有哪几种目标市场战略？选择目标市场战略应考虑哪些因素？

7．企业进入国际市场主要有哪些方式？企业应如何根据自身情况选用这些方式？

技能实训

了解一家企业(可以是外商投资的独资或者合资企业，也可以是走向国际市场的我国企业)，从实地或从其他方面收集资料，对其产品进行分析，并说明这家企业是如何进行市场细分的。

第七章

国际市场产品策略

【导读】任何企业在制定策略时，首先需要回答的问题是用什么样的产品来使企业与目标市场发生联系，继而再进行营销组合中的其他三项决策，没有适合市场需要和具有竞争力的产品，企业的其他营销策略就无从谈起。国际营销活动的主要内容就是向国际市场提供适销对路的产品。企业面对的是错综复杂的国际营销环境，以及不同的各国消费者，因此企业必须认真研究和制定有效的国际市场产品策略，才能使自己的产品打入并占领国际市场。本章主要介绍了国际营销产品的概念及产品组合策略、国际市场产品生命周期、国际产品标准化与差异化策略、国际产品的修正策略以及国际市场产品的品牌商标策略与包装策略等基本内容。

第一节　国际营销产品的概念及产品组合策略

一、产品的整体概念

国际营销中的产品概念与市场营销中的产品概念是一致的。它是一个广义的、整体的概念，是指向市场提供的能满足人们某种需要的任何东西，包括有形的物品和无形的服务等。产品的整体概念包括三个层次：

(一)核心产品

核心产品指产品的使用价值，即向购买者提供的基本效用或利益，是消费者真正要买的东西，是产品整体概念中最基本、最主要的部分。顾客购买某种产品，并不是为了获得产品本身，而是为了满足某种特定的需求。比如，购买洗衣机，并不是为了买到装有电动机、开关按钮的大铁箱，而是为了通过洗衣机的洗涤功能，使其代替人工操作。核心产品是企业营销活动的基础。

(二)形式产品

形式产品指产品的形体和外在表现，是核心产品借以实现的形式，能够满足消费者心理上的某种需求。它通常表现为产品的质量、特点、式样、商标、包装等产品的外在形式。在营销活动中，企业应从消费者购买产品时所追求的利益出发，去设计利益实现时的形式，以满足消费者对产品形式的偏好。

(三)附加产品

附加产品是指顾客购买产品时，随同产品所获得的全部附加服务与利益，包括提供信贷、免费送货、保证、安装、售后服务等。附加产品的概念来源于对市场需求的深入认识，它不是产品本身所具有的特征，而是企业附加在产品之上的各种无形产品，能够给消费者带来心理上和精神上的满足感与信任感，使顾客的需求得到深层次的满足。在市场竞争日益激烈的形势下，企业要赢得竞争优势，应着眼于比竞争对手提供更多的附加利益。美国学者西奥多·莱维特曾指出“现代竞争不是发生在各个公司在其工厂中生产什么，而是发生在其产品能提供何种附加利益，如包装、服务、广告、用户咨询、融资、送货、仓储以及其他价值的形式”。

产品整体概念的三层含义，十分清晰地体现了以顾客为中心的现代营销理念。企业必须深入了解消费者的需求，把握消费者的心理，做到比消费者更了解其内在需求，只有这样才能掌握竞争的主动权，营造出一个恰当的“完整产品”，让消费者充分体验其产品的整体价值。因为完整产品给消费者一个整体的体验，而这个整体的体验决定了一个产品的整体价值。只有当整体价值优于竞争对手时，才能够显示出企业的竞争优势。

议一议：

为什么麦当劳、肯德基等“洋快餐”一进入中国就能够迅速占领市场，而我们的中式快餐在本土的发展却不尽如人意？“洋快餐”的竞争优势表现在什么地方？

二、产品组合

一个企业生产和销售的全部产品的结构，亦即产品的经营范围称为产品组合。产品组合由多条产品线组成。每条产品线又由若干个产品项目组成。

企业产品组合包括广度、深度和关联性。以某面包公司为例，该公司有面包、饼干、蛋糕、糖果等产品线，这就代表产品组合的广度；而面包中又有咸面包、甜面包、奶油面包等不同项目，这代表产品的深度。由于消费者的需求不同，产品深度越大，就越表示该公司能满足不同消费者的需求。产品组合的广度是由产品线的数目来确定的，每一条产品线可能面向某一个目标市场，所以产品线越多，就表示该公司要接触的市场面越大，市场管理所产生的问题也越多、越复杂。但从另一个角度说，不同产品线就意味着不同的投资方向，这能稳定公司的收益，也有助于公司将来的发展。产品组合的关联性是指各种产品线的最终用途、生产条件和销售渠道或其他方面相互关联的程度。例如，美国通用电器公司的产品线很多，但是各种产品线都与电气有关，所以它的产品组合关联性大。而另一公司如亨特公司则生产番茄酱、涂料、火柴、杂志、金属、玻璃容器、钢铁等产品，类别关联性不大。

三、产品组合策略

国际营销组合策略，是指企业根据国际市场的需要、企业的经营目标和实力，对产品组合的宽度、深度、关联度进行优化组合，以达到最佳产品组合的策略。企业通常采取的产品组合策略有三种。

(一)扩大产品组合策略

包括拓展产品组合的宽度和深度，即在目前的经营范围内，新增产品线和产品项目，搞多种经营，扩大企业经营范围。拓展方式有两种：一是关联扩展，即增加与现有产品线相关的产品，如生产皮鞋的企业增加运动鞋、布鞋等产品大类；二是无关联扩展，即增加与现有产品无关的产品，如生产皮鞋的企业，现增加食品、家用电器等的生产。

(二)缩小产品组合策略

当市场不景气，或者出现原材料、能源供应紧张时，缩小产品组合反而会使企业的利润上升。这是因为企业剔除产品组合中那些获利很小甚至亏损的产品大类或产品项目，可以集中力量发展利润较高的产品大类和产品项目。如日本尼西奇公司原来是一家生产游泳衣、雨衣、尿布及其他卫生用品的小型企业，因经营产品的门类较多，产品没有竞争力，企业一直亏损甚至面临破产的危险。经过深入的市场调查并对市场前景进行认真分析后，该公司决策者针对日本第二次世界大战后婴儿出生率上升的现象，果断决定集中企业力量和资源，生产婴儿所需的用品——尿布。经过多年的苦心经营，该公司发展成为垄断日本、享誉全球的“尿布大王”。

（三）产品延伸策略

产品延伸策略是针对产品的档次而言的，在原有的档次基础上，可向上延伸、向下延伸、双向延伸。

1．向上延伸：企业在原有产品档次的基础上，使产品由低档次向高档次发展。如日本本田公司在打开美国摩托车市场时，采用向上延伸的产品策略，将摩托车档次从低于125cc延伸到1 000cc，从而在国际摩托车市场上显示出较强的竞争力。一般企业面临如下情况时可以采取向上延伸的产品策略：(1) 高档产品销售增长过快，利润丰厚；(2) 高档产品市场上竞争者较弱，市场容易占领；(3) 企业希望扩大规模向多品种多规格发展。

2．向下延伸：企业在原有产品的基础上，将产品的档次由高档次向低档次扩展。如原有高档产品，现在生产中档产品；或原有中档产品现在生产低档产品。企业在面临如下情况时可以采取向下延伸策略：(1) 企业的高、中档产品已树立了良好的形象；(2) 高档产品的销售增长速度缓慢或下降；(3) 开拓市场吸引更多购买者。

3．双向延伸：企业在经营中档产品时同时向高档产品、低档产品两个方向延伸。如美国得克萨斯州一仪器公司生产的便携式计算机，在进入市场前发现玻玛公司的低档计算机和惠普公司的高档计算机在销售，于是该公司开始以中档价格向市场推出第一批计算机。取得一定市场份额后，就逐渐增加高档次和低档次的计算机品种，将市场的份额向高端和低端扩展，从而用双向延伸的策略较好地扩大了企业的市场占有率。

资料卡

1988年10月开始投资中国内地的台湾顶新集团，是目前国内最大的方便面生产企业。除了方便面系列产品，该企业还涉足糕饼、饮品、粮油、快餐连锁等多个领域，产品已有百余种。

方便面	饮料	糕饼	其他产品	快餐
康师傅面霸120 小虎队干脆面 康师傅挂面 福满多 好滋味	果汁系列 清凉系列 乌龙茶 纯净水 实粒派 冰红(绿)茶	米饼 彩笛卷 乐芙球 3+2苏打饼干 轻巧薄片 蛋酥卷 礼包 礼盒	房地产 脱水蔬菜 包装材料	德克士

根据上表，其产品组合分析如下。

产品组合宽度：5。

产品组合长度：总长度为24，平均长度为24/5=4.8。

产品组合深度：以面霸120为例，有袋装、碗装两种规格，分别有葱香牛肉、香辣牛肉、翡翠鲜虾、上汤排骨、泰式酸辣、麻辣牛肉、韩式牛肉七种口味，深度为2×7=14。

产品组合关联度：在顶新集团涉足房地产之前，其产品组合具有高度的关联性，纯净水、利乐包饮料、八宝粥、3+2夹心饼干等在国内同类产品中名列前茅，"康师傅"品牌在消费者心目中享有较高的声誉。随着企业的不断发展，目前其产品组合的关联性降低。

资料来源：罗农主编，《市场营销实训》，对外经济贸易大学出版社2005年版。

第二节 国际市场产品生命周期

一、产品生命周期的含义

产品从投入市场到最终退出市场的全过程称为产品的生命周期，它经历产品的介绍期、成长期、成熟期和衰退期四个阶段。产品生命周期与产品的使用寿命是不同的。前者是指产品的市场寿命或经济寿命。其寿命的长短主要由市场因素来决定，如科学技术的发展水平和产品更新换代的速度，消费者偏好的变化，竞争的激烈程度等。后者是指产品的自然寿命，是指产品从投入使用到损坏直至报废所经历的时间。其寿命的长短受产品的自然属性、产品的使用强度、维修保养程度以及自然磨损等因素的影响。

产品的生命周期表明任何产品的市场生命都是有限的，产品的新陈代谢是不可避免的。在产品生命周期的不同阶段，产品的市场占有率、销售额、利润额是不一样的。这就需要企业认真分析和识别产品所处生命周期的具体阶段，根据产品生命周期不同阶段的特点，采取相应的营销组合策略。

二、产品生命周期各阶段的特征及营销策略

(一)介绍期

新产品投入市场，便进入介绍期。这一阶段的特征是：消费者对新产品的功能、用途甚至使用方法都不甚了解，购买者很少，销售量小且增长速度缓慢；由于技术方面和市场方面的原因，产品不宜大批量生产，制造成本较高，销售费用大，企业利润很低甚至会出现亏损，经营风险较大。

产品介绍期的营销重点是努力提高知名度，打开市场，需要企业采取各种方式，进行大量的广告宣传，以传递新产品的信息，扩大知名度。同时，解决生产中存在的技术问题，提高产品质

量，降低成本。面对不同的市场，企业可以采取以下四种不同的营销策略：

1．高价高促销策略

又称快速撇脂策略，是指企业以高价格配合高强度的促销方式推出新产品。当目标客户多、市场大，企业的产品又不被目标顾客了解，同时目标顾客又有足够的支付能力购买这种新产品，并渴望得到这种新产品时，采用这种营销策略比较合适。它能使企业的新产品迅速进入市场，且能在较短时间内获得可观的利润。

2．高价低促销策略

又称慢速撇脂策略，是指企业以高价格配合低强度的促销方式推出新产品。当企业面对的目标市场不大，且目标顾客对新产品的价格不敏感，同时又对新产品不太了解时，可采用这种营销策略，如中国的古董、高档景泰蓝和玉雕等工艺品出口时就使用这种营销策略。高价低促销策略可以使企业在较短时间内获得高额利润，同时可以节约促销费用。

3．低价高促销策略

又称快速渗透策略，是指企业以低价格配合高强度的促销方式推出新产品。当企业面对的市场容量较大，目标顾客又不了解新产品，同时购买者对产品价格比较关注时，一旦有较多的竞争者，可采用这种营销策略。企业采用低价高促销策略可以迅速打开市场，提高市场占有率。

4．低价低促销策略

又称缓慢渗透策略，是指企业以低价格配合低强度的促销方式推出新产品。当企业面对的市场容量较小，目标顾客对产品比较了解并对产品价格很敏感，且竞争比较激烈时，可采用这种营销策略。低价低促销策略可以迅速打开市场，而且能够节约流通费用。

（二）成长期

成长期是指产品在市场上销量迅速增长的阶段。这一阶段的特征是：顾客对产品已经熟悉，大量的新顾客开始购买产品，销售量迅速增长，随着产品成本的下降，利润增大，在高额利润的驱使下，竞争者纷纷进入，使得同类产品的供应量增加，导致市场竞争加剧。在这一阶段企业应采取如下营销策略：

1．努力提高产品质量。企业应根据市场需求的变化改进或完善产品的质量和功能，增加产品的规格、品种、型号和用途，力求保持市场的领先地位。

2．树立产品的品牌形象。企业的广告应努力宣传本企业产品的特色及优点，使目标顾客产生对产品品牌的偏好，提高新老顾客对品牌的忠诚度。

3．增加销售网点，开拓和占领新的目标市场。

4．适当降低价格，以吸引对价格敏感的顾客。

（三）成熟期

任何一种产品的销售增长率达到某一点后，都会趋于下降，这时即进入成熟期。这一阶段的特征是：销售量大，达到整个生命周期的最高峰，但市场需求趋于饱和，潜在顾客已经很少，销售额增长速度放慢，并渐趋稳定；产品价格下降，促销费用增加，利润平稳或下降，市场竞争激烈。企业在这一阶段要获取最大利润和保持市场占有率，应当采取如下的营销策略：

1．改进市场

即通过开发新市场、寻求新用户来维持和增加产品的销售量。改进市场的方式大致有三种。(1) 开发原有产品的新用途，寻找新的目标市场；(2) 刺激现有消费者多使用，增加购买频率；(3) 给产品重新定位，以吸引新的顾客。

2．改良产品

可以从这样几个方面改良产品：质量改良，增加产品的功能和服务；特性改良，提高产品的可靠性、安全性、方便性和高效性；式样改良，对产品的外观、款式、包装进行改良，提高其美学价值和欣赏价值。

3．改变市场营销组合

即通过对产品、价格、销售渠道及促销方式的改变来延长产品的成熟期，如用降价、改善销售渠道、增加促销方式、完善售后服务等来刺激或扩大顾客的购买，以使产品销售量保持稳定或者回升。

(四) 衰退期

衰退期指产品销量急剧下降的阶段。这个阶段的特征是：消费者的兴趣转移，需求量、销售量明显下降；利润锐减，甚至出现亏损；新产品或新的代用品出现，产品出现积压，竞争者纷纷退出市场。当产品进入衰退期，企业应该采取以下营销策略：

1．持续策略

企业根据市场情况，沿用过去的市场营销策略，直到该产品完全退出市场。

2．转移策略

产品在某一市场处于衰退期，在另外的市场可能处于成长期、成熟期。在国际营销中，发达国家进入衰退期的产品可以向发展中国家转移，同样，发展中国家处于衰退期的产品可以向落后国家或地区转移，这样可以延长产品的市场生命周期。

3．收缩策略

把企业的资源和促销手段用于最有利的目标市场、最有效的销售渠道上，以便获取尽可能多的利润。

4．淘汰策略

当产品已无改进、创新再生的可能时，企业要果断作出决策，退出市场，淘汰产品，这样可以把精力集中在创新产品上，减少损失。

三、国际市场产品生命周期

(一)概述

在国际营销中，同一产品生命周期的各个阶段在不同的国家或地区市场上出现的时间是不一样的。我们把这种由于各国在科技和经济发展水平上的差别而形成的同一产品在各国开发、销售、消费上的时间差异，称为国际市场产品生命周期。企业可以利用这种时间差异，进行国际营销决策，同时也为本国产品在本国市场饱和之后，在国外市场找到一条延长生命周期的途径。

(二)国际市场产品生命周期的阶段

国际市场产品生命周期理论是由美国哈佛大学商学院教授雷蒙德·弗农在 20 世纪 60 年代提出来的。他以产品生命周期理论为基础，提出了一个关于世界贸易和投资方式的新理论。根据美国的情况，他提出国际市场产品的生命和消费经历了四个阶段的周期变动。

第一阶段：产品出口垄断。某一实力雄厚的企业率先开发出一项创新产品，取得成功，开始在本国生产和销售。这时，本国许多企业纷纷跟进，形成巨大的生产能力，本国市场逐渐饱和，迫使生产企业开始向外国市场出口这种产品。从整个国际市场来看，美国的这种产品处于出口垄断地位。

第二阶段：产品开始在外国生产。产品在首批进口国打开销路，前景看好，于是当地众多生产企业也开始生产这种产品，在其国内市场出售。当地企业一般是通过许可证贸易或合资的方式来产销这种产品的。该国政府则会通过对该类产品征收关税或制定进口配额来支持当地企业，限制产品创始国的进入。

第三阶段：产品出口竞争。首批进口国成为这种产品的生产国后，由于生产技术的提高和生产规模的扩大，产品成本大大降低，便开始向其他国家出口这种产品，与产品创始国在国际市场上展开出口竞争。

第四阶段：产品向创始国出口。外国生产者借助低成本的优势，不但在国际市场上与产品创始国进行出口竞争，而且还把产品出口到创始国，使创始国最终成为这种产品的进口国。这时，如果创始国的生产企业因丧失竞争能力而退出本国市场，这种产品的生命周期便宣告结束。

国际市场产品生命周期理论从世界大市场的角度，分析了本国企业产品如何占领本国市场和外国市场，以及由于国家间的竞争在外国市场退出，并且本国市场本身也被外国竞争者占领的整个过程。正如弗农所说，这四个阶段，让美国公司最终明白了为什么几年前它们垄断着世界市场，而现在却从本国市场被挤出来。

(三)意义

了解产品的国际市场生命周期对企业开展国际营销有十分重要的意义。第一，企业可以利用产品在不同国家和地区所处的不同生命周期阶段，及时转移目标市场以延长产品生命周期，能达到长时间占领国际市场的目的。如上海自行车在我国国内已处于成熟后期，而巴基斯坦、斯里兰卡对自行车的需求还处于旺盛阶段，上海自行车厂可抓住这个机会大量生产、销售。第二，根据产品的国际市场生命周期的理论，企业可以不断推出新产品和新技术，加速出口产品的更新换代，提高其产品在国际市场上的竞争力。如海尔集团由于能够不断创新，新产品、新技术已出口到美国、西班牙等国家。第三，发展中国家根据产品国际市场生命周期的规律，及时引进发达国家的新产品和新技术与本国的自然资源和劳动力成本优势相结合，生产出价廉物美的产品，再出口到国际市场，一方面能提高本国产品的技术水平，另一方面能更快更好地开拓国际市场。

思一思：

美国拍立得公司在成功地经营立即取相的照相机 20 年后，于 1965 年向处于成熟期的本国市场推出廉价的大众化的 20 型“摇摆者”相机。由于该公司的良好声誉和立即取相的概念在美国市场深入人心，因此很快获得成功。1966 年，该公司按在美国的营销方案将“摇摆者”相机投放到法国市场，却遭到惨败。请问，其原因何在?

第三节　国际产品标准化与差异化策略

一、国际产品标准化策略

(一)国际产品标准化策略的含义

所谓产品的标准化策略是指企业在国际营销中向世界不同国家或地区的国际市场提供相同的产品。实施产品标准化的前提是国际市场全球化。美国哈佛大学教授西奥多・莱维特提出了“市场全球化”和“全球营销”的营销新理论，他认为世界正经历着一个全球化的过程，所有文化将融合成一个公共的全球文化。人们的需求也变得越来越一致起来。处在世界三大经济区(北美、欧洲、日本)的消费者，出现了一个新的顾客群体，他们所受的教育、收入水平、生活方式及休闲方式极其相似，因此消费的共性化为产品的标准化提供了客观基础。

(二)国际产品标准化策略的意义

在经济全球化迅速发展的今天，企业在国际营销中采用产品标准化策略，对企业开拓国际市场、取得全球竞争优势有着重要意义。

1．有利于企业获得规模经济效益，大幅度降低成本

企业根据国际市场消费者需求趋同性的特点，研制、开发、生产、销售同一种产品，可以大大降低研制、开发费用，降低生产成本，减少促销费用。如可口可乐公司在全球的广告采用标准化策略，仅此一项在 20 年内就节约了 9 000 亿美元。

2．有利于企业的产品在全球树立统一的形象

企业把标准化产品打入国际市场，使用统一的品牌、统一的促销方式，使国际市场的消费者无论走到哪个国家，都能看到熟悉的品牌、熟悉的标志，享受到相同的产品利益和服务。这样，产品的统一形象就会树立起来，产品的知名度会大大提高。如美国的“柯达”、“麦当劳”，无论消费者到哪一个国家都能看到相同的标志，既能方便消费者买到自己想要的产品，产品的统一形象也会深深地印在顾客的心中。

3．有利于技术含量高的产品进入国际市场

技术含量高的产品若利用标准化策略，容易受到国际市场消费者的青睐。如美国通用汽车公司的高级轿车，日本索尼、松下的家用电器，因采用产品标准化策略，在世界各国都很畅销。

4．有利于企业在国际市场上调节产品的供求矛盾

在各个国家销售标准化产品，较便于管理。特别是当有些市场出现供大于求，而另一些市场出现供小于求的状况时，管理者可以充分利用标准化的优势进行调节，不会为产品的差异而感到困惑。

5．有利于企业加强对国际营销的管理和控制

企业用同一广告在数以百计的国家对产品进行宣传促销，比用不同风格的广告在不同的国家宣传同一产品要简单得多，成本要低得多，而且也容易管理。企业使用标准化策略，使进入国际市场的产品质量、产品价格、产品经销、产品促销相同或相似，便于企业制定和执行全球营销战略。

(三)实施国际产品标准化策略需要考虑的因素

并非所有打入国际市场的产品都适合实施产品标准化策略，因此企业在选择产品标准化策略时应考虑如下一些因素：

1．产品的需求特点

在国际市场上销售的产品一般可分为两大类，一类是与各国的文化和消费者风俗习惯紧密联系的个性化需求，如不同国家消费者对食品的需求；另一类是与国别和消费习惯无关的共性需求，如工业品中的生产设备，消费者使用的化妆品、保健品、洗涤用品、旅游用品及各国在全球有独特优势的代表国家形象的产品，如苏格兰威士忌、法国香水、中国丝绸和陶瓷，对于共性需求的产品可以采用产品标准化策略。

2．产品的生产特点

若产品的技术含量高，技术可以在全球通用，这样的产品采用标准化策略可以获得规模经济效益，如飞机、汽车、计算机、药品等，还可以大大降低研制、开发费用，降低生产成本，减少促销费用。

3．企业的国际营销目标

若企业的实力不是很雄厚，只想将产品打入与本国相邻的其他国家，因需求的相似性而可以选择标准化策略。

4．国际市场的竞争情况

若在国际市场上的竞争状况不激烈，在目标市场上没有竞争对手或竞争对手实力较弱，而本企业又有独特的技术、生产及产品品牌优势，则可以采用产品标准化策略。例如，我国的景泰蓝工艺品进入国际市场就可以选择标准化策略。

二、国际营销产品差异化策略

(一)国际产品差异化策略的含义

所谓国际产品差异化策略，是指企业在开拓国际市场时，根据各个国家和地区的消费者的个性化需求，为不同国家的消费者提供不同产品和服务的营销方式。产品的差异化可以表现在产品的不同形式上。如在核心产品上增加或精简产品的功能，在形式产品上改变产品的款式、包装和商标，在附加产品上改变服务的方式等，都可以使产品差异化。

国际产品差异化策略是当前各个国家的企业开展国际营销的重要策略。因为处于不同国家或地区的消费者，长期在不同的政治、法律、经济及文化环境的影响下，消费需求千差万别，要满足这种差异需求，使用产品差异化策略比较合适。营销理论的核心是需求理论，营销管理的中心任务也是需求管理，能根据消费者的不同需求，提供各种特殊产品和服务，才是企业营销的真正成功。

(二)国际产品差异化策略的优缺点

1．优点

用产品差异化策略去开拓国际市场，有如下优点：

(1) 增加产品的适应性。不同国家的地理环境、气候条件、温湿度不同，若标准化产品打入各个国际市场，就会出现不适应。如洗涤产品在不同硬度的水质条件下产生的效果一样，为此洗涤剂的制造商就需要根据不同地区的水质来调整产品配方，使产品更好地适应当地的环境和消费需求。

(2) 满足不同消费水平的购买。产品进入国际市场，还要考虑当地的经济环境和消费水平及购买者的支付能力。生产不同档次的产品，以不同的价格进入不同的国际市场，这样才能更好地满足不同收入水平的消费者的购买。

(3) 满足不同消费者的习惯。不同国家的消费者有不同的爱好和消费习惯，只有按照不同消费者的习惯生产和销售产品，才能真正打开国际市场。苏格兰的威士忌风靡欧洲和美国，但日本人却认为要在纯威士忌酒中兑 5—10 倍的水才好喝，那么威士忌酒进入日本市场必须改变酒的比例才能迎合日本人的偏好。

(4) 符合各国政府的有关规定和要求。各个国家的政府为了保护本国消费者的利益，对进入本国的产品会有一些规定和要求，若选择产品的差异化策略，根据不同规定和要求生产产品，就容易出口。如美国政府制定了《防污染法》，要求出口到美国的汽车，必须有防污染装置；而出口到其他国家的汽车，可以不加防污染装置。这就要求汽车生产商采用产品差异化策略。

2．缺点

产品差异化策略也会存在一些问题。它不仅增加了产品的研制开发、生产的工作量和销售费用，而且也增加了风险。一旦某目标市场的产品没有销路，就无法调剂到其他国际市场去销售。

三、国际产品差异化策略和标准化策略的综合应用

在国际营销中，消费需求既有差异性，又有同一性，因此企业往往要综合应用产品差异化策略和产品标准化策略。产品的标准化部分，应是产品的核心或功能部分，差异化部分一般针对产品的款式、色彩、包装和品牌。通用汽车公司的一位高级主管说过："有谁知道，打开车盖，里面全是一样的。"荷兰飞利浦公司的电子产品有五百多种型号，但其零部件和半成品则是标准化的。这就说明产品的标准化策略和产品的差异化策略不是相互独立的，而应有机结合，共同完成产品的开发、生产和销售。企业实施标准化和差异化策略的方式是：先将产品可以标准化的部分标准化处理，这样可以规模生产和降低生产成本；然后根据国际市场的消费特点和一些国家政府的有关规定和限制，对产品进行差异性调整，使产品满足不同国际市场的差异化需求。

第四节 国际产品的修正策略

产品标准化策略适应了市场全球化和全球营销的需要，而世界各民族的文化、风俗习惯、审美观、价值观等多方面的差异，则需要差异化策略发挥作用。如何使标准化产品成为差异化产品，在国际营销中往往求助于产品的修正策略。

一、国际营销中产品修正的原因

所谓产品的修正，是指对进入国际市场的产品进行适当的改变和调整，使其更加适应国际市场需求的变化。产品修正的原因有如下几个方面：

(一) 文化环境的差异

虽然经济全球化带来了全球文化相互融合的发展趋势，但不同国家人们受传统文化的影响是根深蒂固的。人们的民族意识变得越来越强烈，各国消费者在宗教信仰、价值观、审美观、风俗习惯等方面有着明显的差异。为适应这种差异，出口产品必须进行修正，以便符合当地消费者

的偏好。

(二)使用条件的差异

因不同国家的气候环境不同，而为适应不同的环境，必须对产品进行修正。如加拿大气候寒冷，冬季多雪，为了交通的方便，融雪的方法是在雪上撒盐，清扫起来比较方便，但带来的问题是行驶在雪地里的轿车容易受到盐水的腐蚀。为了解决这个问题，日本汽车制造商在出口到加拿大的轿车的生产中，将轿车车身的喷漆配方进行了修正，以加强其防腐性，受到加拿大消费者的欢迎。

(三)收入水平的差异

处于不同发展水平的国家的消费者收入水平有很大的差异，其购买水平也就有很大差别，因此对出口到不同国家的同类产品就要进行修正。如通用汽车公司出口到贫困国家的就是“基本运输工具”，操作简单，维修方便而且便宜。

(四)政府的有关政策

有些国家会出台一些政策或规定，对进口的产品有严格的要求。因此出口国必须按照进口国的要求，对产品进行修正。如美国政府为了保护环境，减少污染，要求进口汽车无铅化。我国大连石油化学工业公司根据美国政府的这个规定修正产品标准，使出口美国的石油产品符合要求。

二、国际营销中产品修正的内容

(一)核心产品的修正

核心产品是指产品的功能和给消费者带来的利益。首先，核心产品的修正，必须考虑与各国文化相适应，即考虑各国人民的生活准则、风俗习惯、价值观念等。美国可口可乐公司出口到世界各国的产品，就根据人们的习惯和口味进行了适应性修正，这样才能满足不同国家人们的要求。欧洲一些国家的消费者习惯用热水洗衣服，那么出口到欧洲国家的洗衣机应增加加热水的功能。核心产品的修正需要花费较大的精力，有的产品甚至要重新设计才能符合进口国的要求。其次，核心产品的修正还要注意产品档次与目标国家的经济发展水平、消费习惯相适应。如电动牙刷在许多国家都是普通的便利品，但对一些经济落后的国家而言，却被认为是奢侈品。多功能的电器产品在日本可能很畅销，但对于追求简便快捷的美国消费者却不一定适用。最后，核心产品的修正应考虑各国的法律、自然条件等因素的限制。例如，欧盟规定，玩具、建筑材料、可移植器官的医疗器件、电磁兼容产品、煤气炉具、低压电器和部分机械产品等具有安全敏感性的国际产品，必须符合欧盟有关安全指令的要求，并通过一定的合格性评定程序和加贴“CE”安全标志，才能被允许进入欧盟市场，否则，不得在欧盟市场销售。对于这些规定，出口企业必须遵守，必须改变原有产品以适应欧盟规定和标准。

总之，核心产品的修正，不仅要与国际目标市场的经济发展水平、消费习惯相适应，还要考虑国际目标市场的法律、法规及自然条件的约束和限制。

(二)形式产品的修正

形式产品包括产品的规格、型号、外观、颜色、包装、品牌、商标等。形式产品的修正是产品修正的重要内容。

1．产品规格、型号的修正

首先，出口产品必须按照国际通用的标准或目标国的标准和要求来进行修正，否则就打不开国际市场。如 20 世纪 80 年代日本出口到我国的电视机就按照我国电视制式和电源标准进行了修正，将日本使用的 NTSC 制改为我国内地和香港适用的 PAL 制，将电源由 110V 改为 220V，这样日本出口到我国的电视机销路就很好。相反，我国向美国出口电器产品时，如果没有将 220V 电源改为 110V，产品就不可能有销路。其次，出口产品要符合目标国消费者的审美观念。例如，龙在我国属于吉祥物，但在西方国家则被视为魔怪；美国的芭比娃娃在世界许多国家都很受消费者的喜爱，但在日本则不受小朋友的欢迎，后来把西洋形象改为东方形象，才打开销路。

2．产品包装的修正

产品的包装、装潢有保护商品、方便储运、促进销售、增加利润的作用，因此包装、装潢的修正也是很重要的。产品包装的修正同样要适应各国的法律和人们的生活习惯。在发达国家，包装的精美和粗劣往往是商品档次的象征，使用低档包装的高档产品是不会有好的销路的。如我国出口到美国的陶瓷和出口到日本的长白山人参就曾经因为包装简陋而没有销路，后来改变了包装，才打开了市场。包装要尊重国外消费者的风俗习惯，特别是宗教信仰。如信仰伊斯兰教的国家不喜欢包装上有女人的头像；日本人不喜欢荷花和数字 4，他们认为这是不吉利的象征。包装还要符合外国消费者的特殊认知心理。曾有一家公司向非洲市场推广瓶装婴儿食品受挫，原因是该包装瓶上印有一幅婴儿照片，使当地消费者误认为是瓶子里装着一个婴儿，感觉十分恐惧。还有我国生产的一种滋补饮品虫草鸡精在美国市场被消费者误认为是鸡饲料，因为该产品包装上面画了一只大母鸡。

3．产品品牌、商标的修正

产品的品牌、商标是企业文化的重要组成部分，是企业形象的代表。在国际市场中，必须格外重视之，以免引起文化冲突。适应性修正的重点是目标国的法律法规、风俗习惯、译名译音等。如日本一家公司曾经把旗下的一款跑车推向美国市场，命名为“FAIRS”，意为“美女”，使该车在美国市场销售受阻，后来公司把名字改为“1246”，汽车的销售量就有明显好转。再如 20 世纪早期可口可乐公司准备进入中国，当时的中国译名是“口渴可腊”，试想如果真的被采用的话，恐怕可口可乐将很难在中国打开市场。雀巢咖啡风行全球，但在德国要改名为 Bonke 才被认同和接受。

(三)附加产品的修正

附加产品是脱离产品实体而存在的整体产品的一个重要组成部分，主要是指服务。在国际营销中附加产品的修正是指对服务项目、服务网点、服务时间、服务人员培训及产品零配件供应等方面作出合理的安排，给顾客提供方便，让顾客满意，并根据目标市场国的商业习惯进行适当调整。我国企业目前在国内销售中比较重视销售服务，特别在技术含量较高的行业如轿车行业、IT行业、家电行业都设立了维修服务网点，但在国际营销中销售服务还是一个薄弱环节，因此要加强对附加产品的修正。

(四)适应环保运动的产品的修正

自20世纪80年代以来，环境保护运动席卷全球。特别是1992年联合国在巴西召开了有一百多个国家参加的联合国环境与发展大会，这次大会提出了“搞好可持续发展，保护生态环境”的口号，并制定了相应的法律条文和环保公约。因此在国际营销中要特别重视环保运动，开展绿色营销。

1．采用绿色原材料设计环保产品

为了减少和避免产品在使用过程中对环境和人体造成的危害，在空调、电冰箱的设计中可以使用无氟制冷剂；在服装的设计中多使用棉、麻、丝、毛等天然纤维；在食品的制造中不使用危害人体健康的化学合成防腐剂、抗氧剂、色素等；在轿车的设计中严格控制其尾气排放量，使其成为绿色轿车。

2．采用绿色零配件开发环保产品

例如，美国通用汽车公司在新产品的开发中，开发出一种名为“催化转换器”的轿车零件，将其安装在车上能减少有害气体的排放量。

3．设计的产品零配件能重复使用

若设计的产品零配件能反复使用，就减少了废弃物对环境的污染。发达国家对此十分重视。如美国柯达公司设计制造的一种绿色相机，86%的零件能重复使用，其中机芯和电子部件能循环使用十多次，是一种极好的环保产品。

4．产品采用绿色包装保护环境

所谓绿色包装是指用对环境不产生污染的原材料制成的包装。包装若能重复使用，既节约成本，又减少污染。可口可乐在全球推广可循环使用的包装罐，麦当劳在美国用可循环使用的纸来包装汉堡包，这些都是用绿色包装来保护生态环境的做法。有资料表明，科学家已研究出自毁塑料，在塑料中加入淀粉，使其可以被细菌吃掉，或将一种溶剂喷在塑料上使其自行溶解。

5．采用绿色标志销售产品

绿色标志是表示该产品对社会、人体不产生危害的一种标志。西方国家严格规定不准没有绿色标志的产品进入市场。从1995年起进入欧盟市场的电子产品及电力设备必须加贴CE标志。

我国从 20 世纪 90 年代也开始使用相关的标志，如表示电子产品安全的长城标志，表示食品、汽车玻璃、塑料等安全、合格的方圆标志，都对环境的保护和产品的销售起到了推动作用。

第五节　国际市场产品的品牌商标策略与包装策略

一、国际市场产品的品牌商标策略

(一)品牌、商标的含义

品牌是一种名称、术语、标记、符号或图案设计，或者是这些因素的组合运用。其目的是辨别一个或一组卖方的产品或劳务。以示同竞争者产品或劳务的区别。品牌包括品牌名称、品牌标志和商标。

品牌名称是指品牌中可以用语言表达的部分，如索尼、松下、雪碧、永久、牡丹等都是品牌的名称。

品牌标志是指品牌中可以被辨认，但不能用语言表达的部分，包括符号、图案或专门设计的颜色、字体等。

商标是指经过合法登记注册的名称、标志、符号，即合法注册的品牌。品牌在政府有关部门注册登记以后，企业就享有使用该品牌的专用权，其他任何企业不得仿效使用。商标与品牌的区别在于前者是一个法律概念，受法律保护，后者是一个商业名称；商标掌握在企业手中，而品牌则属于消费者，当消费者不再重视某个品牌时，品牌就一文不值了。

(二)品牌的基本特征

品牌是产品的知名度、美誉度和忠诚度的综合体。品牌具有很高的知名度，通过广告宣传，使产品家喻户晓，至少使其目标顾客耳熟能详。品牌具有很高的美誉度，消费者用了都说好，一传十，十传百，从而使其享有盛誉。美誉度能使消费者从品牌上产生丰富而美好的联想，使消费者为之向往。最重要的是，品牌还具有很高的忠诚度，消费者会反复购买使用该品牌的产品。忠诚度不仅是出于消费者对物质需要的满足，更在于消费者生活中感情和个性的表达得到了满足。

一旦品牌拥有了知名度、美誉度和忠诚度，它就产生了自己的独立价值。品牌的独立价值是企业长期苦心经营积累形成的，它是企业的无形资产。如 2001 年美国《商业周刊》公布了全球最知名的品牌：可口可乐以 689 亿美元的身价名列榜首；微软屈居第二，价值 651 亿美元；IBM 名列第三，价值 528 亿美元；第四是通用，价值 424 亿美元；第五是诺基亚，价值 350 亿美元。2000 年国内最有价值的品牌分别为：红塔山 439 亿元，海尔 330 亿元，长虹 260 亿元，五粮液 120 亿元，TCL105 亿元。

(三)品牌商标设计的原则

品牌作为企业产品的标志，是质量、特征、性能、用途、等级的象征，凝聚着企业的风格、精神和信誉。在市场上，这些众多的内容可通过品牌集中传播给消费者，给消费者留下深刻印象，并让这种印象得到迅速传播。因此为产品尤其是出口产品设计一个好的品牌无疑是至关重要的。一般来说，品牌设计的主要原则是：简洁醒目、新颖别致、易于识别、便于记忆。

1．简洁、美观，易于记忆。品牌作为一种实用艺术，要求能在一瞬间将顾客吸引住。在日常生活中，人们对某一品牌的注视不过几秒钟，要在这短暂的时间里给人留下深刻的印象，就需要将所要表达的内容进行浓缩，以简单而又优美的造型与图案使人产生强烈感受。图案复杂、文字过长，会冲淡顾客的记忆。许多著名商标都十分简捷，如三菱就是三个菱形的组合，奔驰是小方向盘，耐克则是充满动感的一笔，而麦当劳的金色 M 字母更是给人留下深刻印象。这些商标在进入人们的视觉之后，很难被人忘掉。

2．新颖、独特，易于识别。新颖、独特，富于时代精神的品牌，可以给人留下企业有朝气、产品有新意、可以信赖的印象；反之，则给人以保守、落后和陈旧的印象。企业参与市场竞争是接受市场选择的过程，只有那些有着强烈个性，形成与其他企业明显差异的企业才能赢得消费者的青睐。这一点从品牌名称上就应当体现出来。因而品牌设计无论从声音上、形象上，或是在一般理解上都不应与其他品牌相同或相似。

品牌最好能体现出一定的文化品位，使消费者感受到某种情趣，从而在市场上产生较大的影响。如“雀巢”，使人联想到雏鸟在巢中待哺，那种母子之情呼之欲出。而“红豆”，则借助人们熟悉和热爱的诗篇，渗透出爱的真诚。前者是现代文化的创意手法，后者是传统文化的移情手法，都产生了极佳的市场效果。

3．注意产品所销地区的风俗习惯。品牌应当注意不要使用大家忌讳的词语或形象，不要使用容易引起人们反感的标志，还要注意避免可能发生的误会。尤其是在国际市场上，品牌的名称和标志应符合当地的风俗习惯和人们的认知习惯。例如，“白象”是我国著名的电池品牌，在我国“白象”具有吉祥的含义，而英国人则理解为笨汉的意思，很难想像，这样的品牌能在当地打开市场。因此，企业必须充分认识和了解各国消费者对颜色、数字、动物、花卉、图案、语言等方面的喜好和禁忌。

资料卡

取个好名闯市场

在国内市场很有名气的“金利来”产品商标，最初的名字叫“金狮”。一次“金利来”有限公司的董事长曾宪梓先生，将两条上等的“金狮”领带送给一个亲戚，结果人家不高兴地说：“我才不戴你的领带呢，金输、金输，什么都输掉了。”原来，香港话里的“狮”与“输”读音相同。于是，曾先生彻夜未眠，绞尽脑汁想出一个万全之策：将“金狮”的英文“gold lion”用音译和意译相结合的方法，演变成新的名字，即把“gold”意译为“金”，“lion”音译为“利来”，全称为“金利来”。这样“金输”变成了“金利来”，既符合中国人的文化心理，又保持了名称的稳定性。曾宪梓先生以“金利来”这个吉祥的名字创造了一个“男人的世界”。

又比如，索尼公司的原名叫“东京电讯工程公司”，因为它读起来太拗口，在日本常被缩写成“东电公司”。公司创始人盛田昭夫在一次对美国的访问中发现，无论是原名还是缩写名，美国人都不会读。译成英文长达40个字母，又过于累赘。于是，盛田昭夫就决定为公司改名。原则是新名字的字母要少，最多不能超过5个字母；新名字要响亮易记，要在世界各国都易辨认，名称和商标用同一个名称，除此之外，公司不要任何标志。

按照既定的原则，盛田昭夫等人查了好几部词典，最后初步选出一个拉丁词“sonus”，意思是声音。他们又发现，当时日本人很喜欢借用英语中俚语给人起绰号，有人把聪明的小孩和机灵的年轻人称“sonny-boy”(索尼男孩)或“sonny”(索尼)。“sonny”和“sony”的读音都很清晰响亮，寓意又非常深，而且又与拉丁词“sonus”相似。遗憾的是“sonny”一词往往被日本人读成“sohnnee”，意思是“丢钱”。为此，他们巧妙地把中间的字母去掉一个，成为现在的“sony”。经过改造后的“sony”字母少，易读易记；因为没有实际词义，不会引起误解；从词的演变过程来说，又有深刻的含义；再加上世界大多数国家都是拼音文字，所以能够被讲不同语言的人们接受。就这样sony带着它的产品大步走向了世界，成为全球知名的品牌。

资料来源：黄新建，《制胜营销》，北京：民主与建设出版社2000年版。

4．品牌要符合法律规定。品牌要根据《商标法》的规定，及时注册，以便受到法律的保护。符合国际商标法的规定是国际产品商标设计必须遵守的一个重要原则。主要是遵循保护工业产权的《巴黎公约》和关于商标国际注册的《马德里协定》及《商标注册公约》等。此外，企业还必须了解和遵循目标国有关商标的法律法规，以避免法律纠纷和蒙受不必要的经济损失。例如，美国采用“商标使用在先”的原则，我国使用“商标注册在先”的原则。我国一玩具公司就因不了解美国的该项法律条款而蒙受了损失。该玩具公司于1993年10月在美国专利局申请注册了一个玩具商标，并于1994年3月用这个商标向美国出口玩具。但该公司从1995年起发现美国一家公司也在用同样的商标销售玩具。这家美国公司声称，他们是1994年1月注册并使用这个商标的，根据美国“使用在先”的法律，这个商标应属于美国公司所有，尽管他们注册该商标比我国公司晚3个月，但商标的使用时间却早了2个月。这样我国玩具公司不得不放弃已注册的商标。

(四)国际市场品牌商标策略

1．无品牌商标策略

产品使用品牌、商标，有利于企业宣传产品，也有利于购买者识别产品，但同时增加了产品的成本。因此在国际营销中，有些同质性产品可以不使用品牌和商标，如农牧、矿业初级产品，电力、煤炭及一些低值易耗的小商品，这样可以降低成本，增加销售量。

但是近几年由于市场竞争日趋激烈，一些传统上无须使用品牌的产品，如米、面等粮食类产品及其他一些小商品也开始使用品牌和商标，并注重包装，尽管成本上升了，但的确取得了良好的经营效果。

2．采用制造商或中间商的品牌商标策略

企业要开拓国际市场，其产品的品牌、商标可以使用制造商的，也可以使用中间商的。若制造商的知名度高、信誉好，则应该使用制造商的品牌、商标，这样有利于产品顺利进入国际市场，建立起生产企业的国际信誉。若制造商知名度不高，实力不雄厚，开拓市场有难度，则应使用中间商的品牌、商标，以利用中间商的知名度迅速打开国际市场。美国曾有一个有名的中间商——西尔斯，所销售的商品都用上了“西尔斯”商标，这样能很快为其他国家出口到美国的产品打开销路。另外，企业还应根据进入国际市场的方式来选择品牌、商标策略。如果企业是直接出口或者间接出口去开拓国际市场，可以根据企业实力的强弱选择制造商的品牌或者中间商的品牌；如果企业是以许可证贸易方式进入国际市场的，则许可方向受证方提供专有技术、专利使用权的同时，应提供商标使用权；如果企业以合资或独资的方式进入国际市场，其品牌、商标策略可以灵活多样，既可采用本企业的商标，也可采用合作伙伴的商标，还可根据产品的特性和当地消费者的爱好共同设计新的品牌、商标等。

3．统一品牌、商标策略

即企业经营的所有产品都使用同一品牌、名称，注册同一商标。一般实力强的企业均采用这种策略。如日本的索尼、松下，我国的海尔、娃哈哈集团，均采用统一品牌、商标策略。统一品牌、商标策略可以节约广告费用，可以用老产品将新产品带入国际市场；但若企业的产品存在明显的等级差别，或者企业的知名度不高时，不宜采用这种策略。

4．个别品牌、商标策略

企业根据不同产品的性质和特点可以分别采用不同的品牌和商标。如美国宝洁公司的洗发水分别使用飘柔、海飞丝、潘婷等商标。美国通用汽车公司的汽车分别有雪佛莱、别克、卡迪拉克等品牌。采用个别品牌、商标策略有利于消费者根据自己的爱好和需求来选择产品，同时企业产品品牌多，可以分散风险。但这种品牌、商标策略也有缺点，不同品牌的产品打入国际市场时，都必须分别作广告，这既增加了促销费用，也不利于企业树立统一的国际形象。

5．同一产品的国际品牌、商标策略

企业的同一种产品出口到不同的国家或地区，采用一个品牌、商标，这样有利于企业在国际市场上树立同一品牌形象。在经济全球化的今天，消费者不仅可以从电视、网络上获得产品在国际上的信息，还可以通过旅游到各国按品牌、商标认购产品，这就扩大了产品销售中的规模经济效益。但必须注意的是，产品的同一品牌、商标策略的使用，必须结合当地消费者的风俗习惯与当地的传统文化、宗教信仰，并与消费者的爱好相吻合。

二、国际市场产品的包装策略

(一)包装的含义

包装是产品的重要组成部分。包装是在流通过程中为了保护产品、方便储运、促进销售，按一定技术方法而采用的容器、材料及辅助物的总体名称。包装按其作用不同分为销售包装和运输包装。运输包装要求经济、牢固；销售包装要求美观、适销。

(二)包装的作用

1．保护商品

在国际营销中，商品要运送到世界各地，在流通过程中需要经过运输、储存、销售等环节。为了避免商品在运输途中受到振动而使其质量变坏或数量散失，必须进行科学的包装以抵抗各种外界因素的破坏，达到保证商品数量完整和质量安全的目的。

2．方便储运

在国际营销中，商品的进口、出口都有清点、计数、堆码、盘查等程序。科学的包装能够提高这些程序的效率，提高运输工具和仓库的利用率。同时在运输包装上设计恰当的储运标志，为各类商品的进出口运输和储存工作带来极大的方便。

3．促进销售

在国际营销中，为在国际市场上销售的产品设计新颖独特、造型美观、色彩鲜艳的销售包装，可以美化商品、吸引消费者、激起消费者的购买欲望。同时，一个好的产品包装可以提升产品的价值。

4．指导消费

科学的包装便于消费者携带、保存和使用。同时，在包装上用不同的文字、图形、绘画介绍产品的特性、成分、使用和保养方法，可以起到指导消费者正确消费的作用。

(三)国际营销中产品包装的设计要求

产品的包装在设计时除应符合科学、经济、牢固、美观、适用的原则外，还应符合以下具体要求：

1．体现商品的独特风格、准确传递商品信息

包装的文字、图案、色彩应与商品的特点、风格相一致，如服装、装饰品、食品的包装可以直接向消费者展示其特点，可以用透明包装或在包装上附彩色照片，但切忌包装上的文字、图案夸大商品的功能而误导消费者。

2．包装应与商品的价值相适应

贵重商品宜采用高档包装，以烘托商品的价值。切忌搞过分包装，使包装价值超过商品价值

的包装，这样不但不能促进销售，反而会影响销售。

3．包装的图案、色彩设计不能违背国际目标市场的禁忌

在国际营销中，包装的图案、色彩设计应满足不同国家、不同民族的偏好。不同国家的消费者有不同的审美观、价值观，有不同的偏好和禁忌。如日本人忌荷花；意大利人忌菊花；法国人忌桃花；埃及人喜欢绿色，忌用蓝色；法国人偏爱蓝色而讨厌墨绿色等。在包装的设计上要正确把握这些民族的风俗习惯。

4．包装设计要考虑国际目标市场的特点和要求

因不同国家气候条件不同，分销渠道的销售情况不同，消费者的购买习惯不同，同一种产品的包装在不同国家也应该有所差异。如出口到热带国家的食品，要求包装起到保质的作用，防止炎热的气候使产品变质。消费品在一些发展中国家的流通领域，可滞留 6 个月，而在美国只能滞留 3 个月，这就要求包装的材料应有所区别。

议一议：

有的人说，产品包装可以创造价值，那么产品包装越精致越好，你认为这种说法是否适合所有的产品？为什么？

(四)国际营销产品包装策略

1．类似包装策略

类似包装策略是指企业对销售到国际市场的不同产品均采用相同的图案、近似的色彩、相同的包装材料和造型进行包装的策略。类似包装策略可以比较方便地用老产品将新产品带入市场，消费者可以根据类似包装识别出企业的产品。类似包装可以促进销售、节约费用。但若企业产品的品质相差过大，则不宜采用这种包装策略。

2．配套包装策略

配套包装策略是指按照不同国家消费者的习惯，将有关联的产品配套包装在一起，成套出售的包装策略。如茶杯、茶壶的包装，家用器皿的组合包装等，这样的包装方便消费者购买、携带和使用，有利于企业增加销售量。新产品利用配套包装可以很快上市并普及。

3．多用途包装策略

是指当包装内的产品用完后，包装物还有其他用途的包装。如精美的食品盒可以作装饰物，药品包装可以作茶杯，精巧的酒瓶可以作花瓶。包装物的重复使用可以起到广告宣传的作用，同时一物多用也可以激发消费者的购买兴趣。

4．附赠包装策略

在商品的包装内附赠小的礼品或纪念品，可以吸引消费者重复购买。这种包装策略在国际营销活动中用得较好。特别是对儿童、妇女用品的销售，能起到良好的促销作用。如我国某化工厂

生产的“芭蕾珍珠霜”打入国际市场后，销售得很好，其中很重要的一个原因是采用了附赠包装策略，即在每盒珍珠霜的包装内附赠名贵珍珠别针一枚，消费者购买50盒珍珠霜即可得到一串美丽的珍珠项链。虽然珍珠霜的售价不菲，但购买者仍然十分踊跃。

5．更换包装策略

更换包装策略是企业根据消费者需求的变化和消费者购买心理的变化，不断推陈出新，更换包装的色彩图案、包装材料以赢得消费者喜爱的包装策略。更换包装策略迎合了消费者求新、求变、求美的心理，给消费者带来视觉上的新鲜感和美感，可以达到扩大销售的目的。但包装的更换不能太频繁，以免引起购买者的误解。

本章小结

国际营销产品策略是国际市场营销组合中的最重要因素。现代营销观念把狭义的产品概念变为广义的产品概念。即认为产品是能满足人们某种需要，能给人们带来某种利益的物质产品和非物质形态的服务。根据产品的这一概念，可以将产品分为三个层次，即核心产品、形式产品和附加产品。企业在国际营销中要树立产品的整体概念。

产品组合是指一个企业生产和销售的全部产品的结构。产品组合由多条产品线组成。每条产品线又由若干产品项目组成。产品组合包括广度、深度和关联度。国际营销组合策略，是指企业根据国际市场的需要、企业的经营目标和实力，对产品组合的宽度、深度、关联度进行优化组合，以达到最佳产品组合的策略。企业通常采取的产品组合策略有三种：扩大产品组合策略、缩小产品组合策略和产品延伸策略。

产品的生命周期通常经历四个阶段：介绍期、成长期、成熟期和衰退期。在国际营销中，同一产品生命周期的各个阶段在不同的国家或地区市场上出现的时间是不一样的。企业可以利用这种时间差异，进行国际营销决策。国际产品的生命周期也经历了四个阶段的周期变动：产品出口垄断阶段、产品开始在外国生产阶段、产品出口竞争阶段和产品向创始国出口阶段。了解产品的国际市场生命周期对企业开展国际营销有十分重要的意义。

国际产品标准化与差异化策略是国际营销中重要的产品策略。在经济全球化迅速发展的今天，企业在国际营销中采用产品标准化策略，对企业开拓国际市场、取得全球竞争优势有着重要意义。国际产品差异化策略也是当前各个国家的企业开展国际营销的重要策略，在国际营销中企业往往把二者结合起来综合运用。

进入国际市场的产品，因各国文化的差异、使用条件的差异、收入水平的差异及各国政府的政策不同要对产品进行修正。

国际营销中产品品牌商标策略和包装策略是产品策略中不可忽视的部分。国际营销中的品牌商标设计必须符合目标国消费者的风俗习惯和传统文化。包装是产品的重要组成部分。

国际营销中的包装策略主要有四种：类似包装策略、配套包装策略、多用包装策略和更换包装策略。

案例分析

汉肯公司的国际化品牌策略

荷兰汉肯公司是世界第二大啤酒厂家，其产品销往一百五十多个国家，是在世界上受到普遍欢迎的公司，汉肯品牌仅次于百威和米勒，排名第三。

汉肯公司在资金管理方面颇有经验，近年来销售额和利润一直处于大幅度增长之中。汉肯公司是一个注重实效的公司，在开拓新市场时总是先进行谨慎和周密的计划，然后再采取实际行动，以达到较好的收益。

欧洲是重要的啤酒产地，其产量约占全球的40%。在过去的四十多年中，啤酒消费方式产生了某些地区性的差异。在南欧地区，如西班牙、意大利、葡萄牙和希腊，啤酒消费一直保持增长趋势。而在啤酒消费已充分发展的市场中，如德国、比利时、丹麦和英国，不断增加的社会压力使消费者越来越意识到健康的重要性，从而使啤酒消费处于下降趋势。

作为欧洲最大的啤酒酿造厂，1991 年汉肯占据了这一地区啤酒产量的53%。荷兰、法国、西班牙是其最大的消费国家，在这三个国家的销售量超过了公司在整个欧洲销售量的一半。汉肯的地域范围和它的历史发展相联系，由于较早地进入并且处于支配地位，欧洲市场从荷兰到临近的其他国家都处于这个公司扩大了的范围之中。

海湾战争时期，到欧洲的观光者减少，引起了公司啤酒销售量的下降，特别是在咖啡馆、饭店和旅游部门的销量受到很大影响。除去这个暂时的下跌时期，汉肯的销量一直相当可观。

为迅速发展世界市场，汉肯开始直接向目标国投资，进行最直接的当地生产，当地销售，使通过中间商进行的出口变成直接出口，从而降低了成本。当然，在这个转变过程中，汉肯是相当小心谨慎的。

荷兰的情况：1991 年，汉肯啤酒在荷兰销售 690 万升，占该市场的 52%，是荷兰啤酒市场的领先者。这些数字大大超过其竞争对手，但是对汉肯而言，挑战也是存在的。汉肯品牌从 1980 年的 45% 的市场份额下降到了 1991 年的 30%，但是，由于公司采用了艾门斯德尔和布克勒品牌，第一批无酒精啤酒问世，阻止了汉肯啤酒市场份额的进一步下降。1990 年，公司成功地采取了降低成本的计划而提高了公司的利润率，此外公司还把财务利润同加强对销售网络的控制联系起来。由于在其网络中主要采用批发商直接装啤酒的方法，使得销售更容易，更具有充裕的后备力量。

法国的情况：汉肯对法国的兴趣开始于 1982 年，它瞅准了占有 8% 的市场份额、拥有两家酒厂的阿伯莱。1984 年公司吞并了阿伯莱・布拉斯里斯和格莱西里斯，精简了索格伯拉集团。

索格伯拉目前拥有25%的市场，正在向处于第一位拥有50%市场的BSN克罗内伯利挑战。

意大利的情况：汉肯在意大利的经营开始于1960年，并于当年获得了一个小酿酒厂的一小部分利润。1974年汉肯和怀特布莱德各自购买了这个酿酒厂42%的股票，并改名为伯拉·德莱赫。1980年，汉肯购得怀特布莱德42%的股票，成了德莱赫最大的股东。为了向拥有意大利市场的1/4目标迈进(市场领先者佩里约占40%)，德莱赫联合了两家先前不属于汉肯的酿酒厂，而使其规模进一步增大。

西班牙的情况：汉肯进入西班牙市场是在1984年，比其他欧洲国家要晚得多。当年，公司购买了当地的东印度艾奎拉公司37%的股票，目前这个比例已上升到51%，使得汉肯进一步占有了该市场。为了在西班牙市场获得成功，汉肯对东印度艾奎拉进行了大幅度改革，淘汰过时的生产设备，采用新的阿法勒比让品牌以改变艾奎拉啤酒品牌混杂的情况。对汉肯而言，西班牙是个极有诱惑力的市场，人均消费呈上升趋势，从1978年每人51公升的啤酒消费量迅速增长到1989年的71公升。当然，汉肯面临的竞争之激烈也是可想而知的。

希腊的情况：希腊市场被一家由汉肯和亨尼格控制的公司所主宰。汉肯的参与始于1965年的阿姆斯太龙公司。现在其在希腊约占有70%的市场，并拥有三个生产基地。当汉肯开始向希腊出口德莱赫和康斯啤酒时，这种稳固的地位进一步扩大了汉肯品牌的影响。

爱尔兰的情况：爱尔兰市场为吉尼斯和汉肯所垄断，两者共占约85%的市场。汉肯从1970年就开始通过当地酿酒厂生产汉肯啤酒，1983年拥有了自己的生产场所。莫菲的黑啤酒是个成功的典范，在爱尔兰和英国已成为黑啤酒的第二大品牌(在吉尼斯开之后)，这个牌子的产品现在仍在英国和法国出售。

汉肯公司在国际、国内各个市场推销其产品时，很注重在不同的市场区域提供不同的品牌。在国内市场销售的都是联合品牌的产品和为本国市场设计的乡土产品，这就要求公司提供一种品味、包装和设计与在国际市场销售的完全不同的品牌。同时，在国际市场的不同地区汉肯根据其市场特色也有针对性地采用不同的品牌策略。在高容量的市场地区使用国内的普通品牌，如在意大利用“法莱赫”，在法国用“33”，在新加坡用“虎牌”。为占领中心市场使用国内的另外一些品牌，比如在西班牙用艾奎特·马斯特或阿姆斯泰勒品牌。在重要的市场使用特定的汉肯品牌。这种品牌形式和质量由荷兰的高层首脑机构严格管理。

作为一种知名品牌，汉肯对北美、非洲、澳大利亚和欧洲大部分国家的消费者来说是十分熟悉的。在大多数国家中，它处于不同的竞争地位。面对不同顾客所具有的不同的消费方式，汉肯采取了不同的品牌策略。同时，公司在发展过程中，除了要顾及国内消费者的需要之外，还应注意用国际品牌来影响国内品牌的发展。

资料来源：甘碧群主编，《国际市场营销学》，北京：高等教育出版社2002年版。

问题：

汉肯公司在欧洲各国分别采取了什么样的品牌营销策略？

思考与练习

1. 试述产品的整体概念。结合实际分析产品的整体概念在企业营销中的作用。
2. 产品组合及其主要内容是什么？在国际营销中，企业应如何进行产品组合？
3. 研究产品的国际市场生命周期对企业开展国际营销有何作用？
4. 在国际营销中，产品品牌的设计应注意哪些问题？
5. 国际营销中产品的品牌策略有哪些？
6. 国际营销中产品的包装有哪些作用？有哪些具体的包装策略？

技能实训

1. 美国派克公司的高档金笔被人们视为身份的象征，是上层人士的首选。为扩大市场，该公司在 1984 年推出一种每枝仅 3 美元的低档笔，但低端市场的消费者根本不接受派克低端笔。结果不但没有顺利打入低档笔市场，反而失去了一部分高档笔市场，这种营销策略最终以失败告终。请分析：

(1) 该公司运用了什么产品组合调整策略？

(2) 这种策略有何优点与缺点？

2. 我国知名羊毛制品企业“恒源祥”，以生产毛线制品为主，现在准备将其在国内销售得很好的毛线产品打入国际市场，但在进入国际市场时受挫。原因是它在进入国际市场时，直接用品牌的汉语拼音为产品命名，结果名字复杂、累赘，根本无法引起国际市场消费者的注意，因此很难打开销路。现在请你为该公司的这一产品取一个好名字。

第八章

国际市场价格策略

【导读】价格策略是营销组合策略中极为重要的一个组成部分。在国际市场竞争中，价格也是最为常用和最敏感的竞争手段之一。由于企业在国际市场面临的营销环境更为复杂，国际市场产品定价比国内市场产品定价也更加复杂。因此企业应着重研究在国际市场特定的环境里如何进行产品定价，以增强价格的竞争力，实现企业的预期利润目标。本章主要介绍了影响国际市场定价的因素，国际市场产品的定价方法和定价策略，国际市场产品价格的管理与控制以及跨国公司定价策略等。

第一节　影响国际市场产品定价的因素

在国际市场中，产品价格的构成比在国内市场复杂得多。由于国际市场本身的复杂性和不确定性，会有许多因素影响产品价格的构成，因此了解并分析那些影响国际市场产品定价的因素，对于制定正确的国际营销价格策略具有重要的意义。

概括起来，影响国际市场产品定价的因素主要有以下几个方面。

一、定价目标

为了在国际市场激烈的竞争中求得生存和发展，企业需要有明确的定价目标。企业的定价目标取决于企业的经营目标。不同的企业在不同的时期有不同的定价目标。企业的定价目标主要有三种：

(一)维持生存

当企业由于经营不善，或由于市场竞争异常激烈，顾客需求偏好发生转移，产品大量积压，资金难以周转时，定价目标就不得不是维持生存，企业必须制定较低的价格。许多企业通过大规模的价格折扣，来保持企业的生命力。只要其价格能弥补可变成本和部分固定成本，企业的生存便可得以维持。

(二)当期利润最大化

如果当期利润最大化不是以牺牲长远利益最大化为代价的，企业就会追求当期利润最大化。实现利润最大化的价格是总收入尽可能大于总成本时的价格。因此，企业可以在综合分析市场竞争、产品特色、消费需求量、顾客的期望价格及各种费用支出等因素后，以总收入减去总成本的差额最大化的定价基点，确定单位商品价格，确保利润的最大化。追求当期利润的最大化必须具备一定的条件，即产品在目标市场上具有较强的竞争优势。值得注意的是，追求当期利润的最大化应以企业长远利润最大化为前提。

(三)提高市场占有率

美国有一项营销研究表明，市场占有率与利润率之间存在很高的内在关联度：当市场占有率在 10% 以下时，投资收益率大约为 8%；市场占有率在 10%—20% 时，投资收益率在 14% 以上；市场占有率在 20%—30% 时，投资收益率约为 22%；市场占有率在 30%—40% 时，投资收益率约为 24%。因此，以市场占有率为定价目标具有获取长期较高利润的可能性。企业可以采取不同的价格策略，来提高其市场占有率。当企业具有较强的高档品牌优势时，它可以采取高价策略，来吸引高消费群体的注意力，以提高其市场占有率；当市场对价格高度敏感时，企业可以采取低价策略来提高市场占有率。

二、成本因素

国际市场产品价格的构成中，应考虑的成本因素除在出口国发生的成本费用(生产成本、流通环节发生的费用)外，还应考虑在产品出口后发生的一切费用以及各种风险成本。简单地说，成本因素包括与国际营销有关的一切生产、销售和管理费用，是国际营销价格策略中一项非常重要的影响因素。

(一)关税、其他税收与管理成本

进口国征收关税是为了保护本国市场或增加政府收入，它可以是以进口商品的数量、重量、体积、面积、容量或长度为标准，对每一单位征收的从量税，也可以是按进口商品价格某一百分比计征的从价税，还可以是既征从量税又征从价税的混合税。此外，许多国家还制定了适用于各类商品的进货税或消费税，针对产品分销渠道的增值税或周转税、零售营业税等。另外，进出口许可证、各种单据等所发生的费用也与产品成本有关。

(二)中间商和运输成本

进口国中间商的介入，会增加一系列的成本，包括代理商的佣金、中间商的毛利、商品的储存费用开支、中间商的筹资成本、产品宣传推广的费用等。因此，若企业所采用的国际分销渠道比较长，产品的价格将会大幅度增加，因为中间商的毛利和其他费用支出会相应增加。但是，如果国际营销企业在进口国采用自销的渠道系统，则不但要承担全部的流程费用，而且要面临改善渠道基础设施和条件的各种意料不到的成本问题。

商品从出口国运往进口国，必然要增加运输成本，距离的长短影响运费增加的程度。海、陆、空运都会增加保险、包装、装卸等项费用。另外，许多国家的进口关税是按包括运输、保险、装船费用在内的到岸价计征的，因此它是一笔必须支付的成本。例如，一部心脏起搏器在美国的售价为 2 100 美元，出口到日本后售价增至四千多美元，这种差价给国际市场营销企业制定合理的价格带来了很大的麻烦。

(三)通货膨胀

在某些通货膨胀率高的国家销售产品，必须考虑通货膨胀对成本的影响。在存在通货膨胀的情况下，产品的生产成本和流通费用会随之增加，如果进口国通货膨胀率上升，出口产品若还保持原有的售价，就可能出现产品售价低于实际总成本的现象。为此，国际营销企业应采取措施来弥补通货膨胀带来的损失。例如，当企业签订长期合同时，必须考虑通胀因素对商品价格的影响，并采用不同的对策，或索取一些额外的服务费用，或有意提高成本重新定价，或将产品分解为组件，并分别拟定组件价格等。

(四)汇率波动

国际金融市场的汇率实行自由浮动后，没有人能够准确地预测某种货币将来的确切价值，而汇率差额往往可以累计成很大的金额。如美国惠普公司曾在1年中因汇率浮动而获得额外利润近50万美元，雀巢公司则在6年中损失了100万美元。汇率波动频繁时，赔钱赚钱都不足为奇，为此，企业应采取对策减缓或避免因汇率波动而增大成本的压力。其中主要对策有：以出口商品汇价比较稳定且趋上浮的“硬币”作为支付货币；提高出口商品价格，当收汇期短，且以“软币”作为支付货币时，将该货币在收汇时可能下浮的幅度作为相应提高产品价格的依据；通过金融期货市场达到外汇保值的目的；签订外汇保值条款，使交易双方免受汇率浮动的损失；通过保险公司转移外汇风险等。跨国公司的转移价格也是消除汇率变动的有效手段。

综上所述，外销产品的成本构成比内销产品要复杂得多，它是许多成本项目的总和(参见表8−1)。

表8−1　外销产品的成本构成

生产成本	国内生产产品的生产成本 外销产品修正的附加成本 国际营销公司新产品研发成本、管理成本和设计成本等
销售成本	各种中间商的毛利及佣金 国内运输费用 发生的进出口关税、报关费用等 产品从出口国到进口国的运输、保险、包装、装卸等各项费用 进口国征收的消费税、增值税等 选择、培训与激励中间商的费用 商品库存的费用 在国际市场上的各种促销费用 直接在国外建立分销机构的设施、人员及管理的费用
风险成本	汇率风险 进口国通货膨胀风险 法律纠纷的风险 买方不付款的风险

三、市场因素

(一)需求

需求是定价的重要依据之一，国际市场定价应对目标国家的需求状况进行具体的分析研究之后进行。首先，各个国家的经济发展水平、居民收入水平决定了消费者的需求水平及其对价格的承受力。例如，我国有些企业产品不管出口到哪个国家和地区，均一味强调价廉物美，把所有国家的消费者的需求水平和对价格的承受力等同看待，结果往往事与愿违。其次，消费者的消费偏好和消费习惯可直接影响价格的高低。例如，我国东北大豆在日本的售价较高，而在芬兰的售价就较低，因为日本人喜欢用蛋白质含量高的东北大豆做豆腐和豆制品，而芬兰进口大豆则是为了榨油，我国大豆的含油量较低。最后，需求分析还应对不同产品在不同国家的需求弹性进行分析。某一产品在某个目标国家的需求弹性比较大时，适当降低价格可以增加总收入；需求弹性小且缺乏替代品时，则宜采用较高的价格。总之，居民的需求会随各国的经济发展与经济波动而发生变化，最终导致价格的涨跌。为此，国际营销企业不但要通过市场调查掌握目标国家的需求状况，而且还要注意需求的变化，以便制定与需求相适应的价格。

(二)竞争

竞争是影响价格水平的又一个重要因素。如果说对产品的需求决定了产品价格的上限，产品的成本决定了产品价格的下限，那么市场竞争则在很大程度上影响了产品价格在上下限之间的变动。

对竞争因素进行分析，首先要搞清楚目标国家中的竞争对手的价格策略和同类产品在目标市场上的价格水平。在国际市场上，由于绝大多数产品都处在买方市场中，生产厂商之间的竞争异常激烈。当两家企业的产品相类似时，价格就成为消费者选择购买哪家产品的决定因素，因而价格竞争成为国际市场竞争的最主要的因素之一。但是，当价格竞争最终损害同行业其他企业的利益时，就可能通过“卡特尔”等形式来限制价格的竞争，或者以市场领导者的价格为参照价格来维护市场的稳定。其次，必须弄清目标国家同一行业的市场竞争程度。市场竞争按其程度不同可分为完全竞争、不完全竞争、垄断竞争和寡头垄断等几种情况。当前在国际市场上，一些大宗交易的产品，如谷物、石油、咖啡和矿砂等，基本处于完全竞争状态，而某些高技术产品和稀缺资源产品等，基本处于垄断状态，其余绝大多数产品均处于垄断竞争或不完全竞争状态。除了在垄断市场条件下，企业对产品有较大的定价权外，在完全竞争和不完全竞争市场条件下，企业在制定价格策略时，都必须充分考虑竞争对手所采用的策略。

(三)国际市场价格

商品的国际集散中心、经常大量进出口商品的地区、成交额大的著名国际交易会和博览会、国际商品期货市场的成交价格通常可视为国际市场价格。其中，世界上进行期货交易的商品主要有：稻谷、小麦、棉花、糖、大豆、咖啡等农产品；金、银、铜、铝等金属产品；原油、无铅普通汽油、天然橡胶等化工产品；还有木材等。这些商品在交易所的结算价格是国际市场定价的重要依据，因为它们能迅速反映国际市场上的供求信息，是千百万买家和卖家每天公平竞争产生的价格。为此，涉及这些商品及其深加工产品的定价都会受商品期货市场价格的影响。

四、政府因素

国际市场营销还会受到目标国家政府对定价的各种干预。这种干预主要表现在以下几个方面：

(一)限制共谋

各国政府有许多与国际营销产品定价相关的法律规定，《反托拉斯法》是其中的主要法律之一。美国《反托拉斯法》明确规定：任何限制与外国的贸易或商业活动的合并，以托拉斯或其他形式进行的合并或共谋均为非法。欧盟的《反托拉斯法》视价格歧视、限制供应和全行业共谋提价为非法行为。

(二)限制倾销

各国的《反倾销法》是直接针对进口产品而制定的法律。所谓倾销，主要是指把产品以低于生产成本的价格进行销售。对倾销商品必须加征反倾销税。20 世纪 80 年代以来，反倾销作为贸易保护的重型武器，已成为国际营销中的一个热点问题，使得国际营销企业不得不采取各种办法来避免进口国的反倾销指控。对于我国出口企业来说，更应重视这一问题。近年来对我国商品进行反倾销的国家越来越多，反倾销的商品也扩展到轻纺、化工、自行车、家电乃至抹布、曲别针等小商品。为此，我国企业除积极参加反倾销应诉外，还应考虑调整定价策略，不宜片面强调“物美价廉”，反对在国际市场上削价竞争。

(三)规定价格的上下限

许多国家对某些商品实行最低限价和最高限价，以保护相应的产业和防止暴利行为。如一些国家对农产品制定最低进口价格的限制，就是为了保护国内市场上农产品的生产和销售。

(四)限制价格变化

在某些国家，商品的价格不能随意变动，变动价格必须经政府有关部门的同意。如印度、西班牙等国有些商品价格的变动就要受到管制。

(五)通过直接参与竞争来管制价格

为了控制价格，一些国家的政府还利用拥有的物资直接参与市场竞争，使价格恢复到正常的水平。

(六)以补贴干预产品定价

政府补贴是许多国家保护本国产业的有效措施。政府对产品进行补贴后，该产品就能在本国市场上以较低的价格同进口产品相竞争；而出口补贴则可鼓励出口生产企业开拓国际市场，以解决国内生产过剩的问题。

资料卡

影响价格敏感性的主要因素

1．独特的价值：消费者越重视产品的某一独特优点，他们对产品的价格就越不敏感。

2．对替代品的认识：顾客知道的替代品越多，他们对产品的价格就越敏感。

3．难以比较性：当顾客难以把企业的产品同竞争对手的产品进行比较时，他们对价格就不太敏感。

4．总支出效应：当顾客购买的产品金额很大时，如超过5 000元时，他们对价格就很敏感。

5．质量效应：当消费者认为高的价格表示高的质量时，他们对价格就不敏感。

资料来源：傅浙铭，《定价与分销策略》，广州：南方日报出版社2004年版。

第二节　国际市场产品的定价方法和定价策略

一、国际市场产品定价的一般方法

在影响国际市场定价的诸多因素中，产品成本、需求状况和市场竞争是最重要的。因此，在定价方法不断多样化的情况下，企业最常用的定价方法主要有三种，即成本导向定价法、需求导向定价法和竞争导向定价法。

(一)成本导向定价法

成本导向定价法，就是在成本的基础上，加上一定比例的利润而构成的产品基本价格的定价方法。根据定价时的分析角度不同，这种方法可分为成本加成定价法、目标利润定价法和边际成本定价法三种方法。

1．成本加成定价法

成本加成定价法是以产品成本为基础，加上预期利润，结合销售量等有关情况，确定产品的价格水平。成本加成定价是企业最基本、最常用的定价方法。其基本公式是：

$$P=C(1+R)$$

其中：P为单位产品售价，C为单位产品成本，R为成本加成率。

上述公式中，C除了指产品的制造成本外，还应考虑许多国际营销所特有的成本项目，如关税、保险费、运费、外销中间商毛利、融资和风险成本等，根据这些费用是由生产厂家负担，还是由出口商或进口商负担，决定制定价格时是否要将这些成本计算在内。在国际营销实践中，有时采用简化方法，根据长期积累的经验数据，将上述因素简化成一个固定的加成比率，直接在原有国内加成率上加上这个固定的加成比率来确定产品的销售价格。

成本加成定价法往往受到企业的欢迎，之所以这样，主要是由于这一方法有以下几个方面的优点：首先，相对于需求的不确定性而言，成本的不确定性一般比较小，根据成本决定价格可以大大简化企业定价的过程。即使企业对国外市场上的需求、竞争等因素了解不多，只要产品能够卖得出去，根据成本加成制定出的价格就能保证企业的正常运营。其次，如果同行业中所有企业都采取这种定价方法，则价格在成本与加成相似的情况下也大致相似，价格竞争也会因此减至最低程度。成本加成法的主要缺点是忽视了市场竞争因素，使价格失去了灵活性。

我国企业在运用成本加成法制定产品价格时，还要考虑到国外市场对倾销的认定。我国劳动力成本低，导致了产品低成本和低售价，有时在国外市场上被他国政府认定为有倾销倾向。企业在制定产品价格时要充分重视这个因素。

2．目标利润定价法

目标利润定价法亦称为投资收益率定价法。它是根据企业的总成本和计划的总销售量，加上按投资收益率制定的目标利润作为销售价格的定价方法。计算时，先求出单位产品的固定成本和可变成本，再加上单位产品目标利润额。计算公式为：

单位产品销售价格＝(总成本＋目标总利润)/总销量

目标利润定价法将产品价格和企业的投资活动联系起来，一方面强化了企业管理的计划性，另一方面能较好地实现投资回收计划。不足之处在于价格是根据估计的销售量计算的，而实际工作中，价格的高低反过来对销售量有很大影响。销售量的预计是否准确对最终市场状况有很大影响。企业必须在价格与销售量之间寻求平衡，从而确保用所制定的价格来实现预期销售量的目标。

3．边际成本定价法

边际成本定价法是指产品售价以边际成本为基础，价格或收益大于边际成本或高于可变成本。由于企业往往面临产品供过于求的国际市场，因而按边际成本定价是较普遍的做法。采用这种定价方法，可以使企业在竞争激烈的国际市场减少损失，增加利润总额。企业采用边际成本定价方法，还可以达到开拓更大的国际市场的目的。不少企业的产品在本国市场保持较高的价格，并借助本国政府的关税壁垒，使自己在国内市场的已有份额得到保护，同时，看准机会采用边际成本定价方法大举向国外市场销售产品。例如，某出口服装公司生产 10 000 件服装，固定成本 20 000 元，每件服装变动成本为 38 元，预期利润率为 20%。

如果考虑以总成本为定价基础，则每件服装售价为：

固定成本	20 000 元
变动成本(38 元/件× 10 000 件)	380 000 元
总成本	400 000 元
利润(总成本×20%)	80 000 元
总成本加利润	480 000 元

服装单价　　　　　　　　　　　　　　48 元

如果以边际成本为基础定价则不考虑固定成本，若边际收益为 10 000 元，服装单价为：

变动成本　　　　　　　　　　　　380 000 元

边际收益　　　　　　　　　　　　　10 000 元

服装单价＝(380 000＋10 000)/10 000＝39(元)

与 48 元的原价相比，39 元的售价肯定要使企业亏本，但在国际市场供大于求的状况下，仍坚持按原价销售产品将使企业产品滞销或停产，这样企业损失更大。如果以边际成本定价，其边际收益 10 000 元可以补偿部分固定成本，减少企业损失。

(二)需求导向定价法

需求导向定价法是指根据国外市场需求强度和消费者对产品价值的理解来制定产品销售价格。这种定价方法主要是考虑顾客可以接受的价格以及在这一价格水平上的需求数量，而不是产品的成本。按照这种方法，同一产品只要其需求不同，就可以制定不同的价格，但这并不是说可以不顾产品的生产成本，如果产品的售价连成本都不能补偿，显然企业是无法接受的。需求导向定价法主要具体有三种：

1．差别定价法

这是指根据地域的差别、消费群体的差别、产品的差别及消费时间的差别等引起的需求不同而制定不同的价格。

2．倒推定价法

企业根据国外市场上同类产品的价格估算本企业产品在国外市场上的零售价格，然后扣除中间商的利润、关税、运费等，倒推出产品的出厂价格，然后同成本比较，最后定出产品价格。

3．感受价值定价法

测定国外市场上顾客对产品价值的感受和需求强度的方法，就是感受价值定价法。感受价值是指买方在观念上所认同的价值，而不是产品的实际价值。消费者对产品价值的感受主要不是由产品成本决定的。因此，企业可以运用各种营销手段，影响国外消费者对自己产品的感受，使他们形成对企业有利的价值观念，然后再根据产品在买方心目中的价值来确定国外市场价格。

感受价值定价的关键，在于准确地估算产品所提供的全部市场感受价值。企业对顾客感受价值的估计过高或过低都会影响定价的效果。要得到准确的市场感受价值，必须进行详细的市场调研。

(三)竞争导向定价法

竞争导向定价法是指企业以市场上竞争对手的价格作为定价的基本依据，随竞争状况的变化来确定和调整本企业产品的价格。当然，这并不意味着要与竞争对手的价格保持一致，而是说企业可以根据竞争对手的价格制定出或高、或低或相同的价格。其特点是，即使成本和需求发生变化；只要竞争者的产品价格不变，企业产品的价格就可以保持不变。竞争导向定价法主要有以下几种类型：

1．随行就市定价法。这是竞争导向定价法最常用的一种方法。它是将本企业产品的价格保持在同行业产品的平均价格水平上，这样做的好处是可以减少同行业之间的价格竞争，同时还能为企业带来合理的、适度的利润；而且平均价格水平在人们的观念中常被认为是合理的，从而易于被消费者接受。

2．主动竞争定价法。与随行就市定价法不同，它不是追随竞争者的价格，而是根据本企业的实力及与竞争对手产品的差异状况来确定价格，价格可以高于、低于或与市场价格一致。采取竞争导向定价法的企业，必须时时跟踪竞争产品价格的变化，及时分析原因，相应调整本企业产品的价格。这种方法大多被实力雄厚或产品独具特色的企业所采用。

3．投标定价法。它主要用于招投标交易方式。在报价时，既要考虑企业的成本费用和利润目标，也要考虑竞争状况，提高中标率。一般来说，报价高，利润大，但中标机会小；反之，报价低，利润小，但中标机会大。因此，最佳报价应为目标利润与中标率两者之间的最佳组合。运用这种方法，最困难的是估计中标率，这涉及对竞争对手投标情况的估测。

资料卡

英国经济学家弗兰克·杰夫金斯把价格分为四种类型：

经济价格：提供产品时能盈利的价格；

机会价格：类似机会成本的概念；

心理价格：消费者对价格的感受，表面价格可能会在心理上低于实际值；

市场价格：消费者希望支付的标准价格。

资料来源：傅浙铭，《定价与分销策略》，广州：南方日报出版社 2004 年版。

二、国际市场产品的定价策略

企业在以适当的方法确定产品基本价格之后，还须根据不同销售条件和购买心理等因素，灵活运用有效的定价策略对价格进行适当的修正，以确保定价目标的实现。

(一)新产品定价策略

在国际营销中，新产品指企业在国外目标市场首次推出的产品，它既可以是企业新开发的产品，也可以是改进产品，或者是在国内很畅销但初次推向国际市场的产品。为新产品定价具有一定的挑战性。新产品定价策略主要有两种：撇脂定价策略和市场渗透定价策略。

1．撇脂定价策略

撇脂定价策略是指企业在将产品投放市场时，制定较高的价格，以期在竞争对手以低价进入市场之前，尽可能多地获取市场利润，收回产品开发的成本和投资，就像从牛奶中撇取奶油一样。

撇脂定价策略适用于市场潜力和需求价格弹性小，时尚性较强的产品，或者有专利保护的产品。其优点在于：(1) 便于快速收回投资。产品处于生命周期的介绍期，市场上竞争性产品很少，产品的独特、新颖使消费者易于接受较高的价格，从而有利于企业快速收回前期的投资。(2) 便于价格调整。如果企业发现定价偏高，可以从容地降低价格。但如果是把产品价格从低往高调，则阻力较大。因此，高价为企业调整价格提供了便利。(3) 便于控制需求。给新产品制定较高的价格，有助于企业把需求保持在企业生产能力的限度内。其缺点在于：高价带来的高额利润将吸引众多的竞争者进入市场，企业较难在目标市场上建立稳定的市场份额，而且从长期看，企业的经营风险较大。

2．市场渗透定价策略

市场渗透定价策略是企业把新产品投入国际市场时，制定一个较低的价格，以便迅速占领市场，阻止竞争对手进入该市场的一种定价策略。日本企业在国际营销中取得成功的秘诀之一，就是采用新产品低价策略，从而迅速占领国际市场。

市场渗透定价策略的优点在于：能够使产品迅速占领国际市场，并有效地阻止新竞争者进入。其缺点是：低价不利于投资的尽快回收，也不利于日后提价，并有可能给消费者造成低价低质的印象。

该策略的适用条件是：市场需求弹性大，顾客对价格比较敏感；生产该产品的规模经济效应明显，企业的生产成本会随着销量的增加而降低；低价不会引起当地竞争者的报复和倾销指控。

(二)心理定价策略

企业在制定产品的价格时，一方面要从经济的角度考虑定价，另一方面还要运用心理学原理，根据消费者的购买动机和购物时的心理感受来制定产品的价格，这就是心理定价策略。这种定价策略主要有：

1．尾数定价策略

尾数定价也称奇数定价，是指给产品定一个以零数结尾的价格，如 999 元、158 元、299 元等。这是根据消费者求实、求廉的心理制定的价格，它可以使顾客产生价格低廉的感觉，还能使顾客认为价格是经过精确计算出来的，从而使顾客对价格产生信任感。例如，消费者会认为 198 元比 200 元要精确，而且显得更便宜。

2．整数定价策略

整数定价也称声望定价，与尾数定价相反，它是指企业利用顾客崇尚名牌和“以价论质”的心理，有意把价格定为整数或制定一个大大高于其他同类商品的价格。在国际市场上有许多知名品牌在消费者心目中有极高的声望，如全球知名的化妆品、汽车和服装等，消费者购买这些商品，可以通过消费此类商品而获得心理上的极大满足。他们重视的是商品的品牌，以及其价格是否能炫耀其身份和地位。因此，企业可以按照消费者对这类产品的期望值，制定出高于同类商品几倍，乃至几十倍的声望价格或者说整数价格。这样即能满足消费者的心理需要，又能增加企业的盈利，促进销售。但应当注意保证产品质量，否则会毁掉品牌声誉。

3．招徕定价策略

招徕定价也称促销定价，它是指企业利用顾客求廉的心理，有意降低几种产品的价格以吸引消费者的注意，然后通过另外一些产品的高价来弥补低价产品的损失。许多商场和超市经常会利用节假日、周年店庆及换季时机，对部分产品降价打折，以吸引消费者光顾，同时带动其他正常价格的商品的消费。

议一议：

一对收入不高的夫妇非常喜欢高雅的生活情调。一天，他们从杂志上看到一个作为广告背景的古玩钟犹豫了很久，终于打算以 500 元买下。这价格对于他们的收入来说，仍然是十分昂贵的。丈夫在和那位售货员谈价时，灵机一动说出了 250 元的价格，他们原本没有抱任何希望，没想到售货员竟同意了！这钟买回来，放在家里显得美丽极了，给房间增添了不少情调。二人却常常忧心忡忡，有时夜里都会起来看看，生怕那钟会随时崩溃。夫妇俩时时都会在怀疑，这么漂亮的钟怎么可能只卖 250 元呢？

从这个故事中是否能悟出心理价格的奥妙呢？

(三)折扣定价策略

企业为了鼓励消费者大量购买或淡季购买，可以在商品基本价格的基础上适当降价，这种价格调整称做价格折扣。常用的折扣定价策略有以下几种：

1．数量折扣

数量折扣是企业给那些大量购买某种产品的顾客的一种降价优惠，以鼓励顾客购买更多的货物。一般来说，购买量越大，折扣幅度也越大。例如，顾客购买某种产品 100 单位以下，每单位价格 10 元；购买量在 100 单位以上，每单位价格 9 元。数量折扣分累计折扣和非累计折扣两种。累计折扣是基于一定时期内顾客与企业所达成的交易总量而给予的折扣，旨在保持买卖双方长期稳定的购销关系。非累计折扣的目的是鼓励顾客一次多买。

在国际营销实践中，采用数量折扣还要注意一些国家的有关法规。例如，在美国，累计折扣一般被认为是违反《罗宾逊-帕特曼法案》的。根据该项法案，联邦贸易委员会可以裁定这种做法属非法的价格歧视行为，因为在一定时期内累计达到某一数量，不是所有买主都能做到的。不过，非累计折扣若能用时间成本、货币成本等营销成本的节约说明所给折扣是合理的，则通常是合法的。

2．现金折扣

现金折扣是为了鼓励顾客尽快付款，而对按期付款的顾客给予的价格折扣。例如，“2/10 net 30天”，表示付款期是30天，如果客户在10天内付款，将给予2%的折扣。这种策略可以加强卖方的收现能力，减少信用成本和呆账。

3．功能折扣

功能折扣又叫贸易折扣。它是企业给某些国外批发商或零售商的一种额外折扣，促使他们愿意执行某种企业在国外市场上不便于执行的市场营销功能(如调查、储存、服务等)。

企业常常对在分销渠道中承担不同职能的中间商给予不同折扣，来达到充分发挥中间商潜能的目的。如企业通常给进口商和批发商较大的折扣，而给零售商的折扣较小，从而促使进口商和批发商愿意大量进货，并有可能进行转批业务。采用功能折扣的目的在于促进各类中间商，使其充分行使各自的营销职能。

4．季节折扣

季节折扣是企业给那些购买季节性强的商品或服务的顾客的减价，使企业的生产和销售在一年四季保持相对稳定。生产商利用这种折扣鼓励批发商、零售商提早进货，从而使自己获得资金和维持稳定的生产。例如，一些旅游景点为了在非旅游季节吸引游客，采用对机票及旅店房间租金进行季节折扣的策略。

(四)地理定价策略

企业在国际市场上销售产品，由于各目标市场距离原产地远近不同而带来了成本费用的差异，因而企业需要对销售到不同地区的产品制定出差异价格。地理定价的形式有如下几种：

1．FOB与CIF

FOB(Free on Board)的意思是原产地定价或离岸价。按照这种价格，生产企业负责将这种产品运到某种运输工具(如卡车、火车、船舶、飞机等)上之后，交货即告完成。此后从产地到目的地的一切风险和费用都由客户承担。采用这种定价方法，与企业相邻国家的客户负担的费用低，离企业远的国家的客户负担的费用高，有可能导致离得远的国家的客户不愿意购买这个企业的产品，而购买离他们近、运费低的企业的产品，从而使本企业失去地理位置较远的市场。

CIF(Cost Insurance and Freight)的意思是包括成本、保险费和运费在内的价格条款，又称到岸价。按照到岸价格交易，出口企业要提供海外运输与保险。

2．统一交货定价

统一交货定价和FOB原产地定价正好相反，它是企业对于卖给不同地区客户的产品，都按照相同的出厂价加相同的运费(按平均运费计算)定价，保证企业全球市场上的顾客都能以相同的价格买到同一产品。这种定价策略便于企业的价格管理，有助于企业在各国的广告宣传中保持价格的统一。这种策略有利于巩固和发展离企业远的目标市场的占有率，但容易失去距离较近的部分市场。

3．分区定价

分区定价是企业把销售市场划分为若干区域，对于不同区域的客户，分别制定不同的地区价格。例如，出口到美洲各国用一种价格，在欧洲各国用另一种价格，在亚太地区用第三种价格。产品在同一地区的价格相同，在不同地区价格有差异，离得远的区域产品的价格略高一些。采用分区定价有利于企业在同一个大的市场区域内保持价格的一致，同时在不同的大区域之间体现出价格差别。

4．基点定价

基点定价是企业选定某些地点作为基点，然后按同样的价格向其他地点供货，顾客购买产品的价格差异只包含离基点远近运费的不同。采用这种方法，减少了顾客购买产品价格的差异，有利于统一产品的市场价格。企业可以选定多个基点，按照顾客离得最近的基点计算运费。例如，企业的产品出口到欧洲，可将产品先运到荷兰的港口，然后通过集装箱将产品运到欧洲各地。

5．运费免收定价

一些企业为了尽快进入国际市场，甘愿负担全部或部分实际运费。这样做的目的在于，通过产品销量的增加降低平均成本，以弥补运费开支。这种方法有利于企业在国际市场的快速渗透。

资料卡

关于定价决策还要注意以下几点：

1．在拟订价格计划之前，要发掘定价的问题和机会点，并照应整体营销策略；

2．利用价格传达产品的定位；

3．价格务必要有弹性，根据竞争压力及营销环境，进行适当的调整。

4．定价不能一成不变；

5．面对竞争，不宜反应过度；

6．如果想建立价值形象，原来就有竞争力的价格不宜再降低，应将重点放在产品的品质上。

资料来源：傅浙铭，《定价与分销策略》，广州：南方日报出版社2004年版。

第三节 国际市场产品价格的管理与控制

价格是企业的可控因素。但在情况比较复杂的国际营销中，国际营销企业对其产品的出厂价可以控制，但对国外目标市场的最终价格则难以控制。由于最终价格直接影响产品在国际市场上的竞争力，因此，有必要采取各种方法和对策来加强对价格的管理和控制。

一、外销产品的报价

外销产品的报价可采用工厂交货价、离岸价、到岸价、统一交货价或完税后交货价等多种方式，这些报价的基础是工厂的交货价即出厂价。出厂价也是目标市场最终价格的基础，控制最终价格必须首先控制出厂价。

出厂价的确定可采用成本导向定价、需求导向定价、竞争导向定价等方法，许多不太熟悉国际营销业务的企业，包括我国的外销产品企业，往往倾向于采用简单易行的成本导向定价法。不可否认，以成本导向定价法制定的价格难以适应各个国家竞争性的价格水平、需求水平、价格的波动、通货膨胀和汇率的波动，还可能受到各国相关法律的限制。从我国外销产品的企业来看，由于基本上是采取成本导向定价法，使我国的产品价格在国际市场上的价格普遍偏低。如在法国市场上最好的中国米酒只卖40法郎一瓶，还不及法国一瓶普通酒的价格；中国生产的绣花拖鞋，每双 10 法郎，比看一场电影还便宜。如此价格低廉的商品，一方面在发达国家可能被视为“低劣商品”，影响产品的销售和盈利水平；另一方面还可能被指控为倾销行为。综上所述，国际营销企业的产品出口价格的确定不能简单地采用成本导向定价法，而应根据各个目标市场国家的具体情况，综合地采用需求导向定价和竞争导向定价等方法。随着我国外销产品的迅速增长，我国企业在国际市场上地位的提高，作出这样的改变是有必要的。当然，需求导向、竞争导向定价法比较复杂，它要求企业必须进行深入的市场调查与研究，掌握目标市场国家的需求、竞争、价格、法律等信息，才能作出合理的价格决策。

外销产品的报价不但影响目标市场国家的最终价格，而且反映了国际营销企业与外国中间商的关系。因此报价这一定价行为应具有原则性和一定的灵活性，可以把它看成是一种技巧。国际营销企业运用报价技巧时要着重考虑以下几个因素：

1．与客户之间的关系。作为本企业的国际分销渠道成员的老客户，在正常情况下可按原价格条款报价，以便巩固与老客户之间的良好关系，维护国际营销企业的商誉；对新客户可参照对老客户的报价，使渠道系统的价格政策保持一致。

2．产品的竞争力。产品的竞争力可以在与同一市场的相似产品或替代产品的比较中体现出来，这就要求企业在报价时适当调整价格条款(包括单价、支付条件、交货期等)，以增强本企业产品的竞争力。

3．市场环境的变化。当目标国家市场的供求变化有利于买方时，可参照竞争对手的价格报价，以提升本企业产品的竞争力，或在原报价的基础上辅以较优惠的交易条件，以维护渠道系统；当目标国家市场供求出现有利于卖方的情况时，应及时提价，从中获得相应的利益。

4．新产品。刚进入国际市场的新产品的报价比较难以把握。当发现报价偏高不能被客户所接受时，企业可以适当降低价格或提供更优惠的交易条件，使新产品顺利进入目标市场国家；当发现新产品报价偏低时，可通过减少交易的优惠条件或适当地提升价格，使价格恢复到合理的水平。

二、价格扬升的控制

所谓价格扬升是指在国际营销中，同一产品的价格在出口国与进口国的不适当的差异。人们常常会发现这样一种现象，在本国市场上很便宜的商品到了其他国家却贵得惊人，不了解真相的人以为这是国际营销企业提价获取暴利的结果。事实上，在这一价差中，生产企业所获得的利润只是一小部分，绝大部分是将商品从一国出口到另一国所产生的附加成本，其中包括商品的运输、保险、包装、关税以及较长的销售渠道、中间商的毛利、管理成本、汇率波动等。

价格扬升是国际营销企业面临的主要定价障碍之一，因为高昂的价格只适合于对价格不很敏感的高收入阶层，但他们需要的高价商品是与高品质相符的品牌商品，而不是因附加成本上升带来的高价商品。另外，高价使得产品销量下降，中间商为维护自身的利益便会提高毛利水平，结果是价格再次扬升。国际营销企业要想在国际市场上取得竞争优势，就应该采取适当的措施控制国际市场上价格扬升的幅度，从而控制最终价格。

1．降低商品的生产成本

如果能通过降低商品生产成本来降低出厂价，就能有效地抑制价格上扬的幅度，这是解决价格扬升问题的根本途径。国际营销企业可采取在外国生产产品的办法来降低生产成本。具有一定实力的国际营销企业，可以在全球范围内寻找劳动力、土地等生产资料价格低廉的国家和地区，从事产品的生产和加工，以降低产品的生产成本。

减少成本高昂的功能特性或降低整体产品品质，是降低产品生产成本的另一种办法。某一产品在发达国家市场中所具备的某些品质与额外功能，在发展中国家就可能是多余的。如洗衣机的自动漂白剂、肥皂分配器、变温装置、适当时间响铃装置等，在美国市场是有必要的，但在其他许多国家就有可能是多余的。降低产品的生产成本不但可以降低出厂价，同时还可能降低关税，因为报价低所征收的从价税也随之减少，可见它具有双重利益。

2．降低关税

关税是生价格扬升的主要原因之一，如能降低关税，自然可降低价格扬升的幅度。在国际营销中，可采用许多办法来人为地降低关税。

(1) 产品重新分类。不同类别产品的税率不同，而且某一具体产品的归属类别有时是模棱两可的，这就有利于国际营销企业争取把自己的产品归入低税率的类别。如美国某公司在澳洲将资料通讯设备归为电脑设备，税率高达 25%，后来该公司说服澳洲政府把这一产品归类为电信设备，税率便随之变为 3%。

(2) 修改产品。即按较低的税率标准来适当修改产品。如在鞋类产品中，运动鞋上“鞋面皮”与“似鞋面皮”在征收关税时就有实质性的差异。为保护国内鞋类工业免受外国便宜的胶底帆布鞋的冲击，美国的关税表上列明：任何帆布鞋或塑胶鞋，若鞋面 1/4 以上使用鞋面皮，征收 48% 的关税；鞋面 1/4 以下使用鞋面皮，则以“似鞋面皮”征收 6% 的关税。这样，许多出口生产企业在设计鞋面时都以少于 1/4 鞋面皮为标准，以争取低关税出口到美国市场。

(3) 改变商品形式。一般而言，零部件与半成品的关税税率都比较低。为此，可外销零部件和半成品，然后在进口国组装和深加工，以达到降低关税的目的。有时重新包装商品也有助于降低关税。如龙舌酒进入美国时，以 1 加仑左右的容器装的酒的关税是每加仑 2.27 美元；而用较大的容器盛装时，关税仅为 1.25 美元。如果再装瓶的成本每加仑少于 1.02 美元，也就等于降低了关税。

3. 降低渠道成本

缩短渠道有可能使价格扬升得到控制。设计一条中间商较少的渠道，一方面可减少中间商的加价，另一方面又可减少整体税金。许多国家对进入分销渠道的商品征收增值税，增值税可以是累计的，也可以是非累计的。累计增值税按总销售价格计征，商品每换手一次都要征收一次；非累计增值税则是按中间商进货成本和销售价格之间的差额来计征的。为此，在征收累计税的国家中，人们通常会缩短销售渠道以降低纳税额。但销售渠道并非越短越好，因为中间商在国际市场中有其特殊的作用。因此，企业要对取消中间商前后的成本进行比较，才能作出正确的决策。

4. 利用国外贸易区降低成本

一些国家为了促进国际贸易，在本国纷纷建立了自由贸易区或自由港，在我国则称之为保税区。产品进入这些区域时不必征税，只有当产品离开这些区域时才征收所有的关税。国际营销企业可以把未装配的零部件运至进口国的自由贸易区，以降低成本。原因是：未装配的零部件运费较低；如果用进口国的包装物或部分零配件组装产品，关税可进一步降低；当进口国的生产成本较低时，最终产品的成本也就随之降低了。

三、平行输入的管制

所谓平行输入，是指同一生产企业的同一产品通过两条通道输入某一国家市场，一条是正规的分销渠道系统，另一条是非正规的分销渠道系统。导致平行输入的根本原因是同一产品在不同国家市场上存在价格差异。当价格差异大于两个市场之间的运费、关税等成本时，就可能产生这一行为。

产生价格差异的原因主要有以下三个方面：一是各国之间币值的变动。如德国奔驰轿车的供给在美国受到限制时，美国市场上每辆奔驰汽车售价高达 2.4 万美元，而当时美国人在德国市场只用 1.2 万美元便能买到一辆奔驰汽车，这一巨大价差产生的部分原因是配额限制与美元币值相对于马克币值的上升。为此，许多美国人从德国市场购买奔驰汽车，然后按近两倍于在德国价格的售价在美国销售，这种情况持续了相当长一段时间，直至美元对马克的币值下降到一定程度时才终止下来。二是国际营销企业实行差别价格策略。日本企业所采用的差别价格策略使同一产品的价格在国内高于国外，如“新力牌”随身听在纽约的售价为 89 美元，在东京的售价却高达 165.23 美元。因此，这些商品倒流回日本后售价低于其国内正常的售价后还有利可图。三是各国税率与中间商毛利的差异。各国的税率不同，征收的税种也不同；各国中间商毛利水平参差不齐，因此同一生产企业的同一产品在各国的最终价格会相去甚远，这种价格差异，就可能导致平行输入。

平行输入会导致目标国家市场产生恶性价格竞争，损害了正规渠道成员的利益，也损害了顾客的利益，顾客无意中购买了未经授权的进口商品，就不能享受该产品的品质保证和售后服务。当产品出现质量问题而得不到及时的维修时，消费者就会责怪生产企业，使企业和产品的形象受到损害。为此，国际营销企业必须加强对平行输入的管制，建立强有力的监控系统，以维护正规渠道成员的利益。

1．最有效的措施是授权经营，明确规定各国持证人(即经销商)的经营范围，一旦发现持证人超出经营范围或非持证人的侵权行为，便可借助法律解决问题。

2．加强对中间商的管理，通过考核和定期的培训，提高其经营水平和道德素养，制定奖惩制度，对信誉不佳的中间商要限期整改；对那些私自销售来自非正规渠道的中间商，应予以立即清除。

3．加强对持证人以下层次的销售商的管理和监督，以降低平行输入的影响范围和程度。

第四节 跨国公司定价策略

跨国公司是主要的国际营销企业之一。随着跨国公司的迅速发展，它所采用的定价策略对国际市场产生了重要的影响，也越来越受到人们的重视。

一、普遍定价策略

1．统一定价策略

统一定价策略指跨国公司的同一产品在国际市场上采用同一价格的策略，即母公司与各国子公司的同一产品出厂价折合为等额的母国货币或等额的可兑换货币。例如，某跨国公司在美国生产的产品的出厂价是 100 美元，在德国公司生产同一产品的出厂价是与美元市场汇价相等的马克，这就是同一价格。采用这一价格策略的优点是：简单易行，跨国公司不需要掌握各个目标国家的市场竞争状况等信息；有利于在国际市场上建立跨国公司及其产品的统一形象；便于跨国公司对整个国际营销活动进行控制。其缺点也是明显的：现实市场中汇率是不断变化的，因此确立同一价格很困难；各个子公司生产的产品出口到其他国家时，因各国的税率、税种、税制、中间商的毛利水平等不一致，导致产品的最终价格产生实质性差异；由于各国的生产成本、需求水平、竞争程度等均不同，因此同一价格在某些国家可能会失去获得最大利润的机会，而在另一些国家则可能会缺乏竞争力。由于上述原因，跨国公司较少采用统一定价策略。

2．多元定价策略

多元定价策略指跨国公司允许其国外子公司对同一产品制定不同价格的策略。采用这一定价策略，跨国公司对国外子公司的定价不提出硬性规定，各个子公司完全可以根据当地市场情况自行作出价格决策。采用这一价格策略的优点是：这种价格能体现出各国市场存在的差异性，充分考虑了各国生产成本、竞争、供求等影响定价的因素，有利于实现公司利润的最大化。但它的缺点是可能导致平行输入。例如，英国潘多拉公司的产品在本国市场以较低的价格销售产品，而美国子公司的同一产品则以较高的价格在美国市场销售，结果，英国中间商把产品运销美国市场，即使扣除运费、税收和中间商的毛利，也有 20% 左右的利润空间。这种跨国公司内部的价格竞争，不但给相关的子公司带来营销上的困难，也损害了跨国公司的整体利益。

3．协调定价策略

协调定价策略指跨国公司对同一产品既不采取同一价格，也不完全放手让各个子公司独立定价的策略。采用这一策略是为了利用统一定价和多元定价的优点，克服其缺点，以跨国公司的价格政策协调各个子公司的定价行为，对同一产品的定价既有计划性又有灵活性，从而能维护跨国公司的整体利益和各个子公司的特殊利益。这一策略允许多个子公司根据当地的生产成本、收入水平、竞争状况等进行灵活定价，以便提高产品的竞争力。但对跨国公司的各子公司之间的价格竞争须进行必要的管理，如划定商圈范围，统一控制分销渠道，适当调整可能发生平行输入的子公司的定价方法等。跨国公司采用这一策略时会增加管理的难度，从而要花费较大的精力。

二、特殊定价策略：转移价格

转移价格是跨国公司运用的一种特殊的定价策略。它是指跨国公司内部各公司之间，包括母公司与子公司之间以及各个子公司之间相互交换商品或劳务的结算价格。它不同于市场价格，在一定程度上不受供求规律的制约，而取决于跨国公司全球利润最大化的经营目标，由企业高层决策者人为地确定内部贸易的价格。

(一)转移价格的目的

跨国公司运用转移价格的主要目的是获取最大利润。具体来讲有：

1．逃避税收

所得税高低直接关系到产品的成本和获利水平。各国的所得税税率和税则的规定有所不同，因此跨国公司可以利用转移价格来逃避税收。高所得税国子公司以低价出售产品给低所得税国子公司，或以高价向低所得税国子公司购买产品，从而把利润从高所得税国子公司转移到低所得税国子公司，降低整个跨国公司的纳税总额。有时，把利润移入经营亏损的子公司用于弥补亏损额也可达到同样的目的。

跨国公司较彻底的避税办法是利用避税地。瑞士、巴拿马、 中国香港、开曼群岛等国家和地区都是著名的避税地，在那里跨国公司纳税的税率很低或根本不需纳税，公司的资金调拨和利润分配有极大的自由。为此，许多跨国公司在这些避税地设立象征性的子公司，通常没有实在的资本，而仅需一个管理人员和一部电话就可注册登记。这些子公司有计划地利用转移价格，将各子公司的资金集中到避税地，来逃避东道国的税收负担。例如，跨国公司的 A 国子公司出售产品给 B 国子公司，商品的实体流程在这两个子公司之间进行，避税地子公司却插入了商品的交易：A 国子公司以低价把商品出售给避税地子公司，再由避税地子公司以高价把同一批商品卖给 B 国子公司。这一过程虽然只是账面周转，但通过把 A、B 子公司的利润转移到避税地子公司，使跨国公司减低了税收负担。

2．调节利润

跨国公司的子公司利润过高可能会带来一些麻烦。例如，东道国可能会怀疑高额利润是偷税漏税、投资条件对跨国公司过于有利的结果，要求重新谈判跨国公司进入的条件；东道国雇员会要求分享企业盈利的权力、增加工资和福利开支；东道国占有多数股权会增加分配的红利等。这时，转移价格便成为调节利润的重要手段，跨国公司的高利润子公司以低价向其他子公司出售产品，或以高价从母公司或其他子公司那里取得设备、原材料、无形产品等，使高利润子公司的利润率降到预期水平。

3．转移利润和资金

跨国公司向国外直接投资建立子去司，总是希望能及时、安全地收回投资成本及利润，但许多国家一方面鼓励外资进入，一方面又对外资资金和利润的汇回设置种种限制。对此，跨国公司运用转移价格策略，让这些国家的子公司以低价卖出产品或以高价买进产品，顺利调回资金。

4．避免风险

国际营销会遇到各种风险，跨国公司可以运用转移价格策略适当减少或避免这些风险。主要表现在以下几个方面。

(1) 价格管制风险。各国政府为了保护本国市场的稳定和发展民族工业，一般会限制进口产品的廉价倾销。为此，跨国公司可由出口产品改为在当地投资、当地生产，只要以低价向这些国外的子公司提供生产资料和无形产品，就能降低生产成本，进而以较低的价格在当地市场销售，提高产品的竞争力。反之，也可以以高价向这些子公司提供生产资料和无形产品，以较高的价格在市场上销售，这样高成本高价格不但合法，而且可以提高整个跨国公司的利润水平。

(2) 外汇风险。一般而言，公司通常是在年终结算后方可将利润汇回总公司。在此之前，汇价随时可能发生波动，使公司蒙受损失。如果公司预测某一东道国货币将要贬值，可以采用转移价格及时将那里的子公司的利润转出，或以转移价格将其产品调往币值稳定或上升的国家，由当地子公司销售，获得坚挺的货币。反之则采取反向的行动。

(3) 通货膨胀风险。东道国通货膨胀会使该国货币贬值，跨国公司可以通过转移价格把通货膨胀东道国的子公司的资金或利润尽快地转入母公司或其他子公司，从而减少货币贬值的不利影响。

(4) 政治风险。针对某东道国的政治风险，跨国公司可利用转移价格，以高价向这些子公司提供商品，或索取高昂的服务费等，从而使其陷入亏损状态，即使被东道国征用或没收也不会带来太大损失。

(二) 转移价格纠纷的处理

跨国公司运用转移价格的结果是利润的转移和分配，这就涉及公司内部各方、母国政府和东道国政府的利益，纠纷由此而产生。

1．公司内部的纠纷

由于跨国公司内部各个子公司都是利润中心，有其独立的利益。因此，如果转移价格影响了各个子公司的内部报酬和收益，就有可能产生纠纷，跨国公司必须通过一定的办法加以控制和协调。跨国公司通常采用下列办法来缓解矛盾：(1) 总公司建立某种形式的组织，专门协调内部各方的关系和处理纠纷。(2) 设置双重簿记，一套簿记对外公开，反映应纳税的利润，据此向税务当局纳税；一套簿记内部掌握，反映真实利润，据此评估各子公司的经营业绩。(3) 在制定子公司预算和利润计划时，就考虑转移价格因素的影响，以便与运用转移价格后的经营结果比较并进行分析。(4) 向相关的子公司提供足够的信息，统一对使用转移价格的认识，消除误解。

2．跨国公司与母国及东道国政府的纠纷

跨国公司的母国大多是高税率的发达国家，利润被转移至国外会减少税收；同样，转移价格也会减少东道国政府的财政收入。这些矛盾促使母国和东道国政府通过立法的手段对跨国公司的转移价格进行监督和控制。例如，美国政府的国内税收法规定，跨国公司的母公司向国外的子公司提供有形产品和无形产品时，税务当局可根据“局外价格”进行监督，这一“局外价格”是美国政府部门审核的“独立、公平”的价格；许多东道国政府则以确定“臂长价格”来判断转移价格是否合理。“臂长价格”有三个依据：一是正常的国际市场价格，二是向外部企业出售商品的价格，三是公司成本加平均利润形成的价格。如果转移价格偏离这些价格标准，就会受到各种制裁。为此，许多跨国公司更多地在无形产品的内部贸易中大做文章，或在管制不严的东道国运用转移价格。

本章小结

价格策略是国际营销中的一个决定性的因素。在为产品定价时，企业必须注意产品成本、市场需求、市场竞争以及政府对价格的调控政策等因素。企业在确定产品的基本价格时，可以采用成本导向、需求导向、竞争导向三种定价方法。企业还要根据市场的具体状况采取灵活多变的定价方法和策略，包括新产品定价策略、心理定价策略、折扣定价策略、地理定价策略等。

基础价格确定后，企业还要在国际营销实践中密切关注价格扬升、平行输入等现象，采取有效的措施，严格管理和控制这两种现象，以维护正常的市场秩序，提升产品的竞争能力。

跨国公司的定价策略在国际市场中具有重大的影响。跨国公司常用的定价策略主要有统一定价、多元定价、协调定价和转移定价等，其中转移定价策略是跨国公司运用的一种特殊的定价策略。由于转移价格实质上是利润的转移与集中，它涉及跨国公司内部各子公司之间、公司与本国政府以及与东道国政府之间的利益，因此容易产生纠纷。跨国公司必须采取一系列办法缓解矛盾，解决纠纷，才能运用转移价格实现利润最大化的总目标。

案例分析

提价策略异曲同工

美国亚利桑那州一家珠宝店采购到一批漂亮的绿宝石。因为采购数量很大，老板很怕短期内销不出去，影响资金周转，便决定按通常惯例，减价销售，以达到薄利多销的目的。但事与愿违，原以为会一抢而光的商品，好几天过去了，购买者却寥寥无几。老板疑虑重重，认为一定是价格定得太高，应再减价销售。正在这时，外地有一笔生意急需老板前去洽谈，已来不及研究那批价格应降多少，老板临行前只好匆匆地写了一张纸条留给店员："我走后绿宝石如仍销售不畅，可按1/2的价格卖掉。"由于着急，字体没有写清楚，店员将其看成"按1—2倍的价格卖掉"。店员将宝石的价格先提高1倍，看到购买者越来越多，又将价格再提高1倍。结果大出意料，绿宝石在几天之内被一抢而空。老板从外地回来，见绿宝石销售一空，一问价格，不由得大吃一惊，当知道原委后，店员、老板同时开怀大笑，这可真是歪打正着啊！

还有另一例，与此有异曲同工之妙。

1982年在巴黎世界博览会上，一些法国人对我国景德镇出产的全套瓷器很感兴趣，有意购买。但当知道每套售价只有300法郎时，马上产生"便宜没好货"的感觉，打消了购买的念头。当我方人员知道是这种情况后，第二天便将售价从300法郎提高到400法郎，结果被一抢而空。

资料来源：李航，《营销企划》，北京：中国对外经济贸易出版社1998年版。

问题：

1．试分析该案例中提价策略成功的关键因素是什么。

2．我国产品在国际市场上的定价应着重考虑哪些因素？

思考与练习

1．影响国际市场定价的主要因素有哪些？

2．以成本、需求、竞争为导向的几种定价方法有何联系和区别？我国企业进入国际市场为什么不宜采用成本导向定价法？

3．产品出口到国际市场为什么会出现价格扬升？企业应如何控制价格扬升？

4．造成平行输入的主要原因是什么？如何解决平行输入？

5．跨国公司可采用哪些定价策略？试分析其各自的优缺点。

6．转移价格及其目的是什么？企业应如何解决转移价格中出现的纠纷？

技能实训

通过对中国化妆品市场的详细调查和前景分析，欧莱雅公司认为向中国大陆出口其新产品男性系列化妆品将大有作为。所以该公司向与有长期合作关系的中国地区的总经销商××公司发出邀请，请××公司代表到巴黎欧莱雅总公司参观视察并商讨有关出口事宜。

巴黎一行结束后，总公司于3月25日收到了××公司发来的对新推出的男性系列化妆品的询盘传真。具体内容是：我公司按CIF价格(成本、保险费加运费运至上海的价格)报盘如下，此报盘以4月15日前收到××公司的答复为准。

定价方案如下：

品名	男士香水		男士洁面乳			男士润肤露	
规格(ml/瓶)	30 ml	60 ml	100 ml	60 ml	120 ml	50 ml	100 ml
生产成本 (欧元/瓶)	11.00	22.00	36.00	1.5	3.00	6.00	13.00
数量(瓶)	5 000	10 000	5 000	10 000	20 000	10 000	20 000
总生产成本(欧元)					850 000.00		
出口包装费(欧元)					8 000.00		
证件手续费(欧元)					200.00		
前期运输费(欧元)					5 000.00		
海运保险费(欧元)					10 359.00		
海洋运输费(欧元)					8 000.00		
总成本					953 559.00		
出口单价(欧元/瓶)	13.00	26.00	43.00	1.8	3.5	8.00	15.00
总贸易额(欧元)					1 008 000.00		

资料来源：罗农，《市场营销实训》，北京：对外经济贸易大学出版社2005年版。

请根据上述内容分析欧莱雅公司采用的是哪种定价方法。

第九章

国际市场分销策略

【导读】国际市场分销策略是国际营销策略的重要组成部分。与国内市场产品分销不同的是，在国际市场分销中，企业与最终用户分别在不同的国家中，由于各国的市场环境和市场体系千差万别，因此，国际市场分销渠道的管理比国内市场复杂得多，这会给企业带来一系列的分销难题：企业将如何打入国际市场？如何选择和管理中间商？如何管理和控制国际分销渠道？围绕这些问题，本章将重点探讨国际分销渠道的结构、国际分销渠道的参与者、国际分销渠道的选择以及国际分销渠道的管理等内容。

第一节　国际分销渠道的结构

一、国际分销系统结构

国际分销渠道是指通过交易将产品或服务从本国生产者转移到目标国最终消费者手中所经过的途径以及与此有关的一系列机构和个人。在国际分销系统中，一般有三个基本的要素：生产厂商、中间商和最终用户。生产厂商和最终用户分别居于分销系统的起点和终点，然后通过各种性质不同的中间商完成商品的流通过程。由于各国商业习惯不同，产品的分销方式也有很大差异。这样，就会形成许多复杂的分销渠道结构。如图 9-1 所示。

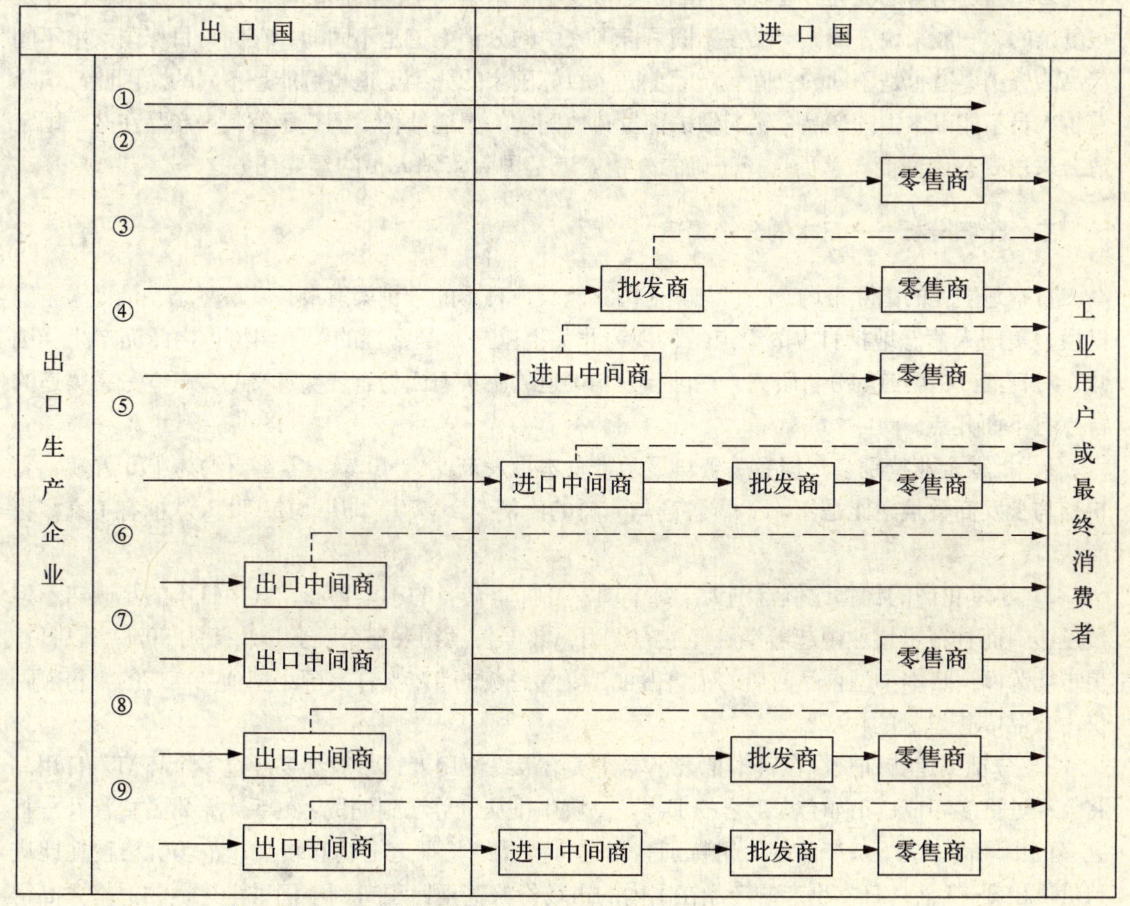

图例：— —表示向工业用户的分销渠道；

———表示面向最终消费者的分销渠道。

图 9-1　国际分销渠道模式

从图中可以看出，国际分销系统的结构是由出口国和进口国两部分组成的。出口生产企业的产品不通过出口中间商直接进入进口国的渠道形式可称为直接出口形式；而通过出口中间商进入进口国的渠道形式则可称为间接出口形式。图中第①—⑤种渠道结构是直接出口形式，第⑥—⑨是间接出口形式。

当企业选择通过国外中间商进入国际市场时，称为国际间接分销渠道；当企业、出口中间商通过邮购或在进口国直接设立销售机构等方式把产品卖给最终消费者时，称为国际直接渠道。如图中所示，①、⑥是国际直接渠道，其他方式都是国际间接渠道。

需要注意的是，上述国际分销渠道的结构是一般出口产品的流向，并不意味着每一次交易行为都必须经过所有的流程。在现实国际市场中，不同国家、不同产品的国际分销渠道结构往往是很复杂的。一般来说，同一产品在不同目标国家中的分销渠道是不同的；在同一目标国家中不同产品的分销渠道也是不同的；同一产品在同一目标国家的分销渠道也可能是不同的。因此，国际营销人员不能以本国的产品分销习惯去衡量其他国家的渠道结构。调查了解某一产品在某一国家适合采用哪些中间商，从而选择正确的分销渠道是国际营销人员的重要任务之一。

二、个案分析——日本的分销渠道

日本是主要的国际市场之一，与其他国家比较，日本的分销渠道最长、最复杂、最令人难以捉摸，美国人愤怒地把日本的渠道结构视为非关税壁垒，经常性的贸易纠纷也由此而产生。因此，对日本分销渠道的分析研究，在国际分销渠道的决策方面是有现实意义的。日本分销渠道的特点有下面几点。

1．批零企业特别多。据有关资料显示，日本批发商约有 40 家，零售商约为 170 万家；零售商与批发商数量之比是 4∶1，零售商与人口的比例为 1∶70，即平均每 70 人就拥有 1 家零售商店。

2．小零售商的销售比例特别大。每个国家都拥有众多的小零售商，其中日本的小商店不但数量多，而且在零售业中起着举足轻重的作用，其零售额约占整个社会零售额的 90%。以日、美市场为例：日本小型食品商店的销售占食品零售总额的 57.7%；美国小型食品商店的销售额则仅占食品零售总额的 19.2%。

3．分销渠道特别长。在日本把汽车零件卖给最终使用者，一般都要经过多个环节。日用品将会经过更多环节，正如有人形容的那样，一块牛排从饲养场到消费者的手中，常常要涉及一打之多的中间商。为此，产品的价格特别高，进口产品经长渠道七转八转后，市场价格往往比进口价高出 2—3 倍；日本生产的产品在国内的市场价格甚至比出口到中国香港等地的价格要高得多，一些日本人甚至到外国市场上购买日本货。近年来，日本还兴起个人进口商品的风潮，因为通过国际邮局寄回的服装、皮包等商品，即使加上邮费，售价也只有国内的一半。

4．进入日本市场特别难。日本市场的封闭性世界闻名，它所实行的商业经营制度令许多外国企业望而生畏、无所适从，如美国的加州杏仁在日本摸索了5年也找不到产品的分销渠道。这些特殊的商业制度和法律包括：(1) 日式退货制度。在日本，商品所有权甚至储存管理权均归厂商和批发商，零售商进了货只负责销售，商品卖不出去可随时无条件地退回给厂商和批发商，零售商不承担商品经营风险，这就迫使进口商对进口商品的种类、数量、质量等方面进行严格的控制。(2) 回扣制度。由于历史的原因，在日本进行市场营销，厂商或批发商需给零售商赠款或赠送礼物，赠送的数量不公开，且标准不统一，所以外国企业很难把握。(3) 系列店制度。日本的分销渠道多为厂商所掌握，厂商不但有自己的销售公司，而且还吸收中小批发商和零售商作为其特约店、代理店，外国企业根本无法进入这种销售网络。另外，日本的一些行业协会也对渠道进行严格控制，规定哪家协会成员只能与哪些企业打交道，并借助垄断渠道的优势以优惠的交易条件进口产品。外国企业企图通过行业协会外的商店分销商品有时也行不通，因为这些商店也害怕得罪协会而遭到报复。(4)《大店法》。日本出于历史(零售店历来规模小而数量多)、文化(消费者习惯在固定的小区域范围内购买商品)、社会(就业机会减少)、政治(选民投票选举的选择)等方面的原因，长期以来通过《大店法》来保护小零售商的利益。该法明确规定：凡是各地方要开设营业面积超过500m^2的大型商店，都必须经过地方政府主管商会的严格审批。而商会成员多为小零售店业主，所以开设大店的申请很难获得批准，这又给外国企业在日本自建分销渠道增加了一重障碍。

值得注意的是，自20世纪60年代末以来，由于日本的国内外的政治、经济等因素的变化和压力，日本流通业已分阶段逐步开放，外国产品进入日本市场的障碍逐步减少。例如，修改后的《大店法》把开设大店的审批时间由10年减至18个月；大店关门的时间由原来的晚6时延长至晚7时。日本的大型百货公司、超市连锁店发展迅速，外国产品通过它们可分销到日本各地市场。其中，连锁店直接从国外进口的商店占其进口商品经营总额的32%。据日本官方资料称，40%的商店已经或正要开始经销进口商品。某些外国大公司也可以在日本建立起自己的分销系统。如美国的苹果电脑公司1983年进入日本市场，因售价高和分销网络封闭而一度受挫。但经过十多年的努力，到1994年在全日本已拥有3 000个经销店，市场占有率达13.9%，成为日本第二大PC供应商。

第二节　国际分销渠道的参与者

国际分销渠道的参与者是指国际分销渠道的成员。在国际市场上，产品从出口国的生产商流转到目标国最终消费者的手中，既要经过出口国国内的营销渠道，又要经过进口国国内的营销渠道。在经过这些环节时，企业要与国内外不同的中间商打交道。因此，企业必须了解中间商的性质、经营范围以及不同种类中间商的优劣，通过比较分析，选择适合企业本身特性及经营目标的中间商。常见的国际市场上的进出口中间商可分为出口中间商、进口中间商和兼营进口的中间商三种。

一、出口中间商

出口中间商是指在本国经营出口产品业务的贸易商。按其是否对产品拥有所有权分为两大类：凡是对产品拥有所有权的中间商称为出口经销商；凡是以委托人的名义买卖货物并收取佣金，不拥有产品所有权的中间商称为出口代理商。出口中间商以国内为基地，提供国际营销服务，其局限是远离目标市场，因而在提供市场情报和开发海外市场方面不及国外中间商。

（一）出口经销商

凡以自己的名义在本国市场上购买产品然后再以较高的价格将产品卖给国外买主，从中赚取价差的贸易商，统称为出口经销商，简称出口商。出口商具有购买和销售产品的双重任务，因而与全能批发商相似，只是经营对象是国外客户。出口商一般都具有制造商所不具有的某些优势，例如，他们与国外的中间商有着长期的合作关系，具有较完善的信息网络，具有丰富的国际营销经验和良好的商誉等。出口商可以自行处理一切有关业务，并自担风险、自负盈亏。

出口商经营出口业务，主要有两种方式：第一种方式是先接受国外客户的订货，然后再向国内有关企业采购。这种方式风险较小，积压资金也少，但可能因组织货源不及时而违约。第二种方式是先在国内买进货物，然后卖给国外客户。这种方式风险较大，占用资金也较多，但有利于快速成交。常见的出口商主要有以下几种类型。

1．出口行。出口行是本国专门从事出口业务的批发商。他们熟悉国际市场，精通国际商务。其经营的特点是：从众多的出口生产企业那里购买产品后运销国外市场，从事国际营销活动；其分销网络包括自设的分销机构和其他的中间商；可以同时经营不同企业生产的竞争性产品；根据盈利高低经营供应商的产品，不与某一供应商建立长期的合作关系。

2．国际贸易公司。即主营进口和出口业务的进出口公司。日本、韩国称之为“综合商社”，我国一般称之为“外贸公司”或“进出口公司”。一般而言，国际贸易公司在国外都拥有庞大的分销网络和信息系统，具有丰富的国际营销经验和良好的商誉，以及完备的物质条件。许多中小企业，甚至一些大型生产企业，都是通过国际贸易公司将产品打入国际市场的。

对于中小企业和刚刚进入国际市场的企业来说，利用出口商出口产品比自己直接进入国际市场有很多优势：(1) 可利用出口商的特长为自己的产品在国际市场上打开销路。出口商具有国际营销的经验、信誉、分销网络和专门人才，这些正是某些出口生产企业所不具备的。通过该渠道出口产品，成功的机会就大得多。(2) 可减少国际营销的资金负担。通过出口商，出口生产企业就不必支出外销人员和设立机构的费用。(3) 可减少国际营销的经营风险。出口生产企业与出口商之间是一种买卖关系，商品的所有权已经转移，国际营销的经营风险都由出口商承担。(4) 可及时收回资金。交易发生在本国，不存在外汇风险；商品卖出后可及时解决资金周转的问题。

但利用出口商外销产品也存在不可避免的缺陷：(1) 企业远离国际市场，对市场的控制力很弱，或根本无法控制。这种国际营销活动完全由出口中间商负责，企业无法控制产品在国际市场上的销售状况，也难以利用国际市场反馈回来的信息开发适销对路的产品。(2) 企业很难在国际市场上建立自己的商誉。(3) 企业的产品难以得到足够的重视。出口商同时经营多种产品，有些甚至是竞争性的同类产品，除非给经销商特殊的利益，否则它不会不惜代价地关照某一企业的产品。

（二）出口代理商

出口代理商不拥有商品的所有权，他们接受本国卖主的委托，以委托人的名义，在规定的条件下，向国外市场销售商品，收取佣金。在国际市场上，出口代理商主要有三种：销售代理商、厂商出口代理商和国际经纪人。出口代理商可以是法人，也可以是自然人。

1．销售代理商。销售代理商代理委托企业经营出口业务，委托企业按销售额付一定比例的佣金作为报酬。销售代理商通常为出口企业提供全面的出口业务服务，如海外广告、接洽客户、拟订销售计划、提供商业情报等。他们要负责资金融通和单证的处理，有时还要承担信用风险。在国际市场上，食品、服装、木材和金属制品常使用销售代理。在纺织品、煤炭等竞争激烈的行业中，销售代理的使用更为普遍。此外，出口企业如果缺乏国际市场的销售能力和销售经验，也多采用销售代理的形式出口产品。

2．厂商出口代理商。厂商出口代理商又叫厂商出口代表，他们接受厂商的委托，从事商品出口经营业务，相当于执行厂商出口部的职能。他们接受生产企业的委托，为其代理出口业务，以佣金形式获得报酬。厂商出口代理商是以自己的名义而非厂商的名义开展业务的，他们所提供的服务一般要少于销售代理商，他们不负责出口资金、信贷、运输、出口单证等方面的业务。在国际市场上，中小企业大多使用厂商出口代理商。此外，在开拓新市场或推广新产品时，也多使用厂商出口代理。

3．国际经纪人。国际经纪人分为出口经纪人和进口经纪人两种。出口经纪人的职能是联系买卖双方并为之牵线搭桥达成交易。他们既不拥有货物所有权，也不实际持有货物，也不代办货物运输工作，只是根据卖方所定的价格和条件联系买方，在找到交易对象后，让双方在完全公开的环境中，聚集在一起就交易的各方面进行谈判。出口经纪人在双方达成交易后收取佣金，佣金率一般不超过货物总值的2%。出口经纪人与买卖双方一般没有长期、固定的关系。大宗货物或季节性产品的出口，如机械、大宗农产品等多用这种方式出口。

出口生产企业利用出口代理商外销产品，相对于利用出口商来说，具有以下优点：可适当控制国际市场营销活动；可在国际市场上建立自己的商誉；可得到代理商的密切配合；可灵活地进行出口经营活动。但是利用出口代理商也有缺点：由于商品的所有权未发生转移，生产企业必须承担国际营销的一切风险；所需资金较多，主要包括：商品出口业务活动的费用、商品运输费用、促销费用以及代理商的佣金等。

(三)厂商自设出口机构

这些出口机构是各生产厂商从事直接出口业务的部门，承担起出口中间商的任务。企业建立自己的外销机构直接出口，其目的是为了更稳定地占领市场、获得更多的利润，对海外市场的销售实行更有力的控制。

二、进口中间商

企业可通过自设的海外出口机构或者通过选择国外的进口中间商进行产品分销。国外的进口中间商与产品消费者同处一个国家，熟悉当地的市场环境和消费者的购买习惯，可以解决语言、运输、财务、广告及促销等一系列国际营销方面的问题。因此，为了进一步扩大国际市场规模，实现企业的长远发展，生产厂商越来越多地选择国外进口中间商。与国内出口中间商类似，可以根据其是否拥有产品的所有权，将进口中间商分为进口经销商和进口代理商。

(一)进口经销商

进口经销商是指从外国购进商品向其所在国市场出售的中间商。进口经销商拥有商品所有权，实际占有商品并承担商品经营的风险。其主要类型有：

1．进出口公司。进口国的进出口公司与出口国的进出口公司是同一种类型的中间商，当他们从海外购进商品时，就成为进口商。进口商熟悉所经营的商品和目标国的市场，并掌握专门的商品挑选、分级、包装等技术和销售技巧。进口商一般没有商品的独家经销权。

2．国外经销商。这是一种与出口国的供应商建立长期合作关系，并享有一定价格优惠和货源保证的从事进口业务的企业。他们从国外购买商品，再转卖给国内的批发商、零售商等中间商，或直接出售给消费者。经销商是在特定的地区或市场上，在购买和转售产品方面获得独家经销权或优先权的进口商。出口企业可以同他们建立密切的伙伴关系，对价格、促销、存货、服务进行适当的控制。还有一类经销商，专门从事工业品和耐用消费品的独家经销，他们所经营的商品主要来自单独的供应商或出口企业。

(二)进口代理商

进口代理商是接受卖方的委托，代办进口，收取佣金的贸易服务企业。他们一般不承担信用、汇兑和市场风险，不拥有进口商品的所有权。其主要类型有：

1．国外经纪人。经纪人是对提供低价代理服务的各种中间商的统称。他们主要经营大宗商品和粮食制品的交易。他们通常只根据委托人的产品目录或样品代签订单。他们熟悉当地市场，往往与客户建立良好的、持久的关系，他们是初级产品市场上最重要的中间商。

2．融资代理商。这是近几年发展起来的一种代理商。这种代理商除具有一般代理商的全部功能外，还可以为销售以及生产厂商生产的各个阶段提供融资，为买主或卖主分担风险。

3．厂商代理商。是指接受出口国制造商的委托，签订代理合同，为制造商推销产品收取佣金的进口国的中间商。其名称很多，如销售代理人、独家代理人、佣金代理人、订购代理人等。他们为委托人提供全面的市场信息，并为企业开拓国际市场提供良好的服务。但他们不承担信用、汇兑和市场风险，不负责安排运输、装卸，不实际占有货物。当企业无力在进口国设立自己的销售机构，又希望对出口业务予以适当的控制时，可以考虑选择使用厂商代理商。

三、兼营进口的中间商

兼营进口的中间商是指那些兼营进口业务的批发商与零售商。进口国的一部分批发商和零售商也可以直接进口产品，兼营进口业务。

(一) 兼营进口的批发商

兼营进口的批发商从国内外购进商品，然后批发给其他中小批发商和零售商。进口国的批发商绕开进口中间商和出口中间商直接从国外进口商品，这样可以减少中间环节，降低成本，获取更大的利润。例如，美国埃克逊公司就是兼营进口的大批发商，它从世界各国进口约 1 800 种商品，这些商品必须按其要求进行生产、包装，并贴上该公司的商标，然后批发给遍布美国和加拿大的零售商。

(二) 兼营进口的零售商

进口国的零售商直接向国外购买商品，这在欧美等发达国家和地区是一种新的趋势。大型零售商兼营进口业务，可以减低流通费用，同时能够与生产厂商直接沟通市场信息，使购进的产品更加适销对路。这类零售商主要有：

1．大型百货公司。如美国的西尔斯、沃尔玛等，这些百货公司都是大型的零售商，其经营范围广，种类繁多，覆盖面大。1996 年，沃尔玛拥有 2 133 家分店，248 家超级市场和 469 家货仓式会员商店，营业额达 1 050 亿美元。在这些公司中，一般设有进口采购部，它是出口生产企业与之接洽和谈判的主要部门。美国每年出版发行的《百货公司指南》所列出的各公司进口采购部及其主管人员名单，可供选择参考。

2．超级市场。各国大型超级市场有足够的能力直接进口商品。在美国，超市的总部一般设有采购委员会，其成员包括部门经理和商品经理(各条产品线的负责人)，他们负责决定商品的购买，其中起决定作用的是商品经理。另外，各分店经理也拥有本店直接采购商品的权利。

3．邮购公司。邮购业盛行于欧美等国。它存货量大，品种多，经营规模并不亚于百货商店，常采用直接进货的办法来降低成本。在欧洲，邮购公司可将商品邮购到其他国家，成为跨国销售的一种形式。由于邮购公司是靠商品目录来介绍商品，并吸引消费者的，因此，出口生产企业要在商品质量、规格、包装、交货期等方面严格把关；报价也要相对稳定；最好在同一地区市场与一家邮购公司建立业务关系，以免引起内部竞争。

第三节　国际分销渠道的选择

一、国际分销渠道选择的原则

企业在选择国际分销渠道时，应遵循以下原则：

(一)经济原则。经济原则是企业选择国际分销渠道的中心原则。它有两层含义：一是指企业通过所选择的渠道实现其经济效益的目标；二是指所选择的分销渠道本身应是经济的，即该渠道是以最少的费用、最合理的时间和流程来实现商品实体及其所有权的转移。

(二)市场原则。市场原则有三层含义：一是企业通过恰当的分销渠道将商品或劳务转移到目标市场，进入市场并占领市场；二是要树立消费者至上的观念，根据消费需求来选择和调整分销渠道，使商品在时间、地点、品种和质量上都能满足消费者的需求；三是要了解市场竞争状况，充分发挥自己的优势，实现高效市场营销。

(三)时间原则。在竞争激烈的国际市场上，时间就是机会，时间就是效率。选择最短最有效的分销渠道能使消费者在最短的时间、以最便捷的方式买到企业的最新产品，从而使企业在市场竞争中占据主动权。

(四)应变原则。国际市场千变万化，企业所采取的分销渠道应能随市场的变化而作出相应的调整。因此，企业在选择分销渠道时不能只考虑眼前，还要考虑到未来的调整和改变渠道的可能性，以适应市场的变化，增强渠道的应变能力。

思一思：

健力宝——昔日之“魔水”，现今已为一片“红海洋”(可口可乐)和“蓝海洋”(百事可乐)所淹没，失去了往日的辉煌。健力宝为何沦落到此种地步？

业内人士指出：渠道不畅和产品在销售终端铺开率不高是致命原因，而“两乐”经过多年精心编织，已建立起遍布全国的营销网络，其产品无处不在。值得注意的是，渠道网络布局的基本要求是：广泛布点，最大限度地接近消费群体。

考虑一下，健力宝应该怎样做才能扭转被动的局面？

二、国际分销渠道的类型

(一)国际分销渠道的长度

国际分销渠道的长度是指产品从生产者到最终用户所经过的中间层次的数目。在产品分销过程中，经过的中间环节或层次越多，渠道就越长；反之，则渠道越短。在国际营销中，产品从本国生产者流转到国外最终消费者手中，不仅要经过本国的分销渠道，还要经过目标国的分销渠道。它一般包括三个环节：一是出口国的分销渠道；二是国与国之间的分销渠道；三是目标国的分销渠道。因此，国际市场的分销渠道一般要长于国内的分销渠道。

分销渠道的长度因产品的性质不同而有很大的差异。因此，一般把商品分为消费品和工业品来分析分销渠道的长度。

1．国际分销直接渠道与间接渠道

国际分销直接渠道是指产品在从生产者流向国外最终消费者或用户的过程中，不经过任何中间商，而由生产者将其产品直接销售给国内出口商、国外消费者或用户。直接分销渠道是两个层次的分销渠道，也是最短的分销渠道。

在国际市场上，直接分销有以下几种方式和途径：(1) 生产企业直接接受国外用户订货，按购货合同或协议书销售。(2) 生产企业派推销员到目标市场国家专门进行个别访问，上门推销。这种方式既可以推销产品，又可以解答用户的疑问，提供咨询服务，开展市场调研。(3) 生产企业在本国开设出口部，或在国外设立分支机构，现货销售，或接受国外客户的订货。(4) 生产企业参加国内外商品博览会、展销会、交易会、订货会等，在会议期间直接与国外客户签订合同。(5) 采取邮购方式，直接将产品销售给国外最终用户或消费者。(6) 生产企业通过电视、电话、计算机网络、传真等，将产品直接销售给最终用户或消费者。(7) 生产企业直接将产品销售给国内出口商，再由国内出口商将产品销售到国外，如果企业是初次从事国际营销，可采用这种方式。

直接分销是工业品分销的主要方式，因为工业品技术性较强，有的是按用户的特殊要求生产的，售后服务非常重要。另外，这类产品的用户较少，购买批量较大，购买频率低，直接分销方便有利于节省费用，保证企业信誉，更可以获得较高的利润。但消费品则不同，消费品的技术性不强，在国际市场使用面广，每次购买量少，消费者也比较分散，许多生产企业不能或很难将产品直接销售给广大的国际市场消费者。所以，作为消费品，其分销渠道一般较宜通过国外进口商采取间接分销，而不是直接分销(当然也有特殊情况，如随着现代网络技术的发展，许多消费品生产企业也可以通过网络直销自己的产品）。

国际分销间接渠道，是指产品经由国外中间商销售给国际市场最终用户或消费者的一种分销形式，如以出口方式进入国际市场时，较典型的间接分销渠道是：制造商→出口中间商→进口中间商→经销商→最终消费者。间接分销渠道有三个或三个以上的商品流转层次。

2．国际分销长渠道与短渠道

产品从生产企业流向国际市场最终用户的过程中，商品每经过一个中间商就形成一个层次，层次越多，分销渠道就越长；层次越少，分销渠道就越短。在国际市场上，产品分销层次长的可达十多个，最短的只有一个，即直接销售。

在选择分销渠道时，企业应综合考虑进出口条件、国际市场容量，尤其是目标市场容量、中间商销售能力、产品特点、生产企业自身条件及消费者需求等因素。具体如何选择渠道层次，则视情况而定，如在某一国家使用短渠道效果极佳，而在其他市场则可能使用长渠道较为恰当。例如，在日本，多层次的小型批发商在食品分销中扮演十分重要的角色。有些厂商试图跨越这些分销层次，然而最后都以失败告终，因为大多数日本人已经习惯了就近购买食品。因此，貌似低效率的渠道形式可能正反映了市场特点和顾客的购买偏好。

从世界范围来看，总的趋势是减少分销渠道的中间环节，尽可能使产销直接联系起来，或至少使生产商和分销渠道的关键环节建立直接关系，特别是由于计算机网络的发展，许多厂商已经开始直接销售。尽管像日本等很注重传统的国家，分销渠道还是很长，但这种分销渠道模式还是受到了时代强有力的挑战。

(二)国际分销渠道的宽度

分销渠道的宽度是指渠道的各个层次中所使用的中间商的数量。根据分销渠道的宽度，国际分销策略可以分为宽渠道策略和窄渠道策略。制造商在同一层次选择较多的同类型中间商(如批发商或零售商)分销其产品的策略，称为宽渠道策略；反之，则称为窄渠道策略。企业在国际市场分销渠道的宽度上有三种可供选择的策略：

1．广泛分销策略

指在同一渠道层次使用尽可能多的中间商分销其产品。这种策略的主要目的是使国际市场消费者和用户能更方便地购买其产品或服务。在国际市场上，对价格低廉、购买频率高、一次性购买数量较少的产品如日用品、食品等，以及高度标准化的产品如小五金、润滑油等，多采用这种策略。选择广泛分销策略一般要进行大量的广告宣传，以引起更多消费者的兴趣。此外，采取广泛分销策略也会增加费用，对销售活动较难控制。

2．选择性分销策略

指企业在一定时期、特定的市场区域内选择少数中间商来经销自己的产品。选择性分销策略适用于消费品中的选购品、特殊品及工业品中专业性强、用户较固定的设备和零配件等。有些产品为了能迅速进入国际市场，在开始时往往采用广泛分销策略，但经过一段时间之后，为了减少费用，保持产品声誉，转而采用选择性分销策略，逐步淘汰那些作用小、效率低的中间商。与广泛分销相比，这种方式的渗透力有所减弱，但由于选择了高水平的中间商，提高了效率，降低了费用，增强了企业的知名度。缺乏国际营销经验的企业，在进入国际市场的初期也可以选用此策略进行试探性分销，待条件成熟后，再对分销策略进行调整。

3．独家分销策略

指企业在特定的市场区域内，只选择一家中间商来分销其产品。通常双方签订独家经营合同，规定这家中间商不能经营其他竞争性产品，而制造商也不在该地区内直销自己的产品或使用其他中间商分销其产品。消费品中的特殊品，尤其是名优产品，多采用这种分销策略。独家分销有助于加强制造商与中间商的联系，有利于企业对产品价格和销售状况的控制，增强信誉。但是，一个地区只有一家经销商，可能会因此失去一部分潜在的消费者，而且如果独家经销商选择不当，可能在该地区失去市场。此外，生产厂商广告的作用也会受到限制。

议一议：

对出口企业而言，选择销售渠道应越短越好，因为短意味着企业可以加强控制，你认为对吗？为什么？

三、影响企业选择国际分销渠道的因素

企业在选择国际分销渠道时一般要考虑六个因素：成本(cost)、资金(capital)、控制(control)、覆盖面(coverage)、特性(character)和连续性(continuity)。这六个因素被称为分销渠道的六个"C"。

1．成本

包括开发渠道的投资成本和维持渠道的维持成本。在这两种成本中，维持成本是主要的、经常的。它包括维持企业自身销售队伍的直接开支、支付给中间商的佣金、物流中发生的运输、仓储、装卸费用、各种单据和文书的费用、提供给中间商的费用、广告及促销等方面的维持费用，以及业务洽谈、通讯等费用。支付渠道成本是任何企业都不可避免的，营销决策者必须在成本与效益间作出选择。如果增加的效益能够补偿增加的成本，渠道策略的选择在经济上就是合理的。评价渠道成本的基本原则是以最小的成本达到预期的销售目标。

2．资金

这是指建立分销渠道的资本要求，如果制造商要建立自己的国际市场分销渠道，使用自己的销售队伍，通常需要大量的投资。如果使用独家中间商，虽可减少现金投资，但有时却需要向中间商提供财务方面的支持。这些都对从事国际营销的企业选择渠道类型产生影响。

3．控制

企业自己投资建立国际分销渠道，将最有利于对渠道的控制，但相应增加了分销渠道成本。如果使用中间商，企业对渠道的控制将会相应减弱，而且会受各中间商愿意接受控制的程度的影响。一般来说，渠道越长、越宽，企业对价格、促销、顾客服务等的控制就越弱。渠道控制与产品性质存在一定的关系。对于工业品来说，由于使用它的客户相对比较少，分销渠道较短，中间商较依赖制造商的产品和服务，所以制造商对分销渠道进行控制的能力就较强。而就消费品来说，由于消费者人数多，市场分散，分销渠道也较长、较宽，制造商对分销渠道的控制能力就较弱。

4．覆盖面

渠道的市场覆盖面，是指企业通过一定的分销渠道所能达到或影响的市场。营销者在考虑市场覆盖面时要注意三个要素：一是渠道所覆盖的每个市场能否获得最大可能的销售额；二是这一市场覆盖面能否确保合理的市场占有率；三是这一市场覆盖面能否获得满意的市场渗透率。一般来说，市场覆盖面并非越广越好，主要要看其是否合理、有效，能否给企业带来好的效益。国外不少企业在选择分销渠道时，并不是以尽可能地拓展市场的地理区域为目标，而是集中力量在核心市场中进行尽可能的渗透。如在日本，60% 的人口集中在东京、名古屋、大阪这三个连成一体的城市区域。企业若能在这种市场区域中成功渗透，虽然市场覆盖的地域范围不广，但却可以以较小的分销成本获得满意的销售额。从事国际市场营销的企业，在考虑市场覆盖面时还必须考虑各种中间商的市场覆盖能力。通常，大中间商虽然数量不多，但市场覆盖面却非常大；中小中间商虽为数众多，但单个中间商的市场覆盖面却非常有限。

5．特性

企业在进行国际市场分销渠道设计时，必须考虑企业自身的特性、产品的特性以及东道国的市场特性、环境特性等因素。

(1) 企业特性。企业特性涉及企业的规模、财务状况、产品组合、营销政策等。一般来说，企业的规模越大，越容易争取到中间商的合作，因此，可选择的渠道方案也越多；如果企业的财务状况好、资金实力强，可自设销售机构，少用中间商，反之则要借助中间商进入国际市场；如果企业的产品组合中的种类多、差异大，一般要使用较多的中间商，如果产品组合中产品线少而深，则使用独家分销比较适宜；另外，企业的营销政策也对分销渠道的选择产生影响，如果企业奉行的是快速交货的客户政策，就需要选择尽可能短的分销渠道。

(2) 产品特性。产品的特性如标准化程度、易腐性、体积、服务要求等对渠道决策和设计具有重要影响。如对鲜活、易腐产品，应尽量使用较短的销售渠道；单位价值较低，标准化的产品，分销渠道可相应长一些；技术要求高，需要提供较多客户服务的产品，如汽车、机电产品等，较宜采用直销的方 式；原材料、初级产品一般宜采用直接渠道销售给进口国的制造商。

(3) 市场特性。各国的市场各有其自身的特性。其主要包括市场特征、顾客特性、竞争特性、中间商特性等。

对于市场特征，这里主要分析市场集中程度即市场与顾客在地理上的集中与分散程度。如果市场集中，可采用短渠道或直接渠道；反之，则采用间接渠道。如果顾客多、市场容量大且分布地区广，则可采用较长的销售渠道。

顾客特性对分销渠道的设计有重要影响。各国消费者的收入、购买习惯及购买频率等千差万别，因此要求采取不同的分销渠道。从顾客的购买习惯及购买频率来看，日用品一般是就近购买，可采用较广泛的分销渠道。对于特殊品，顾客一般是在专业商店购买，则不宜采用广泛的分销渠道。如果市场中顾客购买某种商品的次数频繁，但每次购买数量不多，宜采用中间商；如果顾客一次购买批量大，可采用直接渠道。在国际市场营销中，必须认真研究东道国的分销体系并与本国反复比较，选择适宜的销售中介。

竞争者的分销渠道是渠道决策需要考虑的重要因素。国际市场营销者对付竞争者的分销一般采取两种策略：一是建立能与竞争对手相抗衡的分销体系；二是采取与竞争对手不同的分销方式，以获得竞争优势。

(4) 环境特性。就法律环境而言，东道国的法律和政府规定可能限制某些销售渠道，如美国的克莱顿法律禁止某些在实质上减少竞争或造成垄断的渠道安排。再如一些发展中国家规定某些进出口业务必须由特许的企业经办。就经济环境而言，当一国经济衰退时，可以采取短渠道，以降低成本。

6．连续性

是指国际营销企业持续不断地使用某一分销渠道系统。保持渠道的连续性是国际营销企业的重要任务。中间商是谋求自身利益最大化的组织，他们从生产商那里选择市场需要的产品，而不会为推销产品作出任何努力。产品一旦滞销，中间商就会弃之不用。分销渠道的连续性一般会受到三个方面的冲击：一是中间商的终止。中间商很可能会因为经营不善而倒闭，从而造成渠道中断。二是激烈的市场竞争。由于市场竞争日趋激烈，当产品销路不佳或利润下降时，原有的中间商可能会退出渠道。三是新分销渠道的出现。随着现代技术的不断变革，以及营销的不断创新，一些新的分销渠道模式会出现，而传统的分销渠道模式会因此而失去竞争力。因此，企业必须为保持渠道的连续性作出努力，加强对中间商的扶持、激励，培养新的中间商，同时制定正确的营销策略，增强产品的竞争力。

第四节　国际分销渠道的管理

国际分销渠道的管理包括国际分销渠道目标的制定、国际中间商的选择、国际分销渠道的控制、国际分销渠道的改进等过程。由于各国的分销体系及政治、经济、文化背景差异巨大，因此，从事国际营销的企业应该认真研究目标国的分销体系，选择切实有效的分销渠道，并能够根据环境的变化进行适时的调整，保持分销渠道的高效率。

一、制定国际分销渠道的目标

国际分销渠道管理的首要任务就是制定国际分销渠道的目标。国际分销渠道的目标是多样的，既有长期目标，又有短期目标；既有总目标，也有具体的中间目标。通常，企业进行国际营销的总目标是追求较高的利润率，或较大的市场占有率。为了达到这一总目标，企业往往会制定一系列的中间目标，如达到一定的顾客服务水平、与中间商保持良好的关系、获取国际市场信息、保持对国际渠道的控制、积累国际营销经验等，然后逐步地实现总体目标。一般地，各个层次的中间目标应与总体目标保持一致和协调。

在制定分销目标时，如果说满足目标顾客的服务要求是分销渠道的总体目标，那么为了实现该目标，也为了能真正为消费者提供实惠，为企业带来利益，企业必须综合考虑各种因素来设定自己的分销目标。在营销实战中，企业必须考虑以下几个方面的目标：

1．购买便利性。分销的目的就是使顾客能顺利而又方便地买到所需的产品。换句话说，只要顾客想买就能买到，买得快，买完还说好，这样的渠道就是好渠道。

2．较大的利润。企业的行为动机就是获取利润，分销目标也必须有相应的销售额和利润指标。

3．较高的成员支持度。前两个目标的实现，必须以各渠道成员的支持为基础，使中间商全力配合企业的各项营销策略，推广产品。

4．较强的售后服务度。企业必须确定一个基本的售后服务水平，来满足消费者对服务的心理预期，提高顾客购买的满意度。

企业国际分销的目标也可能随着市场的拓展而及时地调整。如生产厂商在进入国际市场初期，由于缺乏国际营销的经验，不会要求对分销渠道有控制权。随着出口规模的扩大，企业要在国际市场上树立自己的形象和品牌时，对渠道的控制就会变得很重要，这时，企业就会调整其原有的分销渠道的目标。

二、选择国际中间商

中间商的选择也是国际分销渠道管理中一个十分重要的问题。企业在选择中间商时，应慎重行事，以确保分销渠道的安全、高效。企业选择国际中间商一般有这样几个步骤。

(一)寻找中间商的来源

寻找中间商应采取主动的方式。企业寻找中间商有很多渠道，如外国政府机构、国外领事馆、常驻国外的商务团体、中间人团体等。企业还可以通过其他方式来寻找、吸引中间商。企业可以在当地的杂志、期刊上刊登广告，广泛地寻找中间商；可以通过参加贸易展览会来寻找潜在的分销商；企业还可以通过代理商机构或咨询服务公司来挑选中间商。如美国专门设立了两种寻找外国代理人的服务方式：一是代理商/分销商服务(A/DS)，它是用来寻找对美国企业递交的出口协议感兴趣的外国企业的；二是世界交易商数据报告(WTDR)，这是一种有价值的服务项目，它提供了具体的国外企业的贸易概览及由商务部官员拟定的对可靠的外国企业进行调查之后的一般描述性报告。所有的服务费用都不高，一次分销商/代理商服务的费用约 90 美元。

(二)确定选择的标准

企业应根据分销目标和自身的条件来制定选择中间商的标准。根据这些标准，对中间商进行分析、比较和筛选。但企业必须确定信息来源是可靠的。企业选择中间商的标准主要有以下几个方面。

1．中间商的商誉。以此作为首要考虑条件，因为其重要性是不言而喻的。商业信誉不佳者应首先剔除，即使其在其他方面都很优秀，此时忍痛割爱也是值得的，否则，“当断不断，必受其乱”。企业可以通过该中间商的客户、供应商、竞争对手和其他当地商业伙伴进行调查研究。

2．中间商的地理区位优势。地理位置的好坏几乎可以成为选择中间商的根本因素，只要其占得地利，就会有很强的分销优势，同时也能最好地满足目标顾客便捷购买的需求。

3．中间商的商圈。中间商应经常保持一定的客户流量，以维持其商品销售水平。这个客户流量就是商圈，它与中间商的地理位置、经营特色、促销力度、商业信誉及声望有关。商圈越大，说明该企业的商品销售量越大。

4．中间商的产品销售组合。制造商要考查中间商总共经营多少产品，产品特征如何，还要分析这些产品与本企业产品的配合程度以及中间商对企业产品的熟悉程度等，产品配合度越好，中间商对本企业产品越熟悉，成功的可能性就越大。

5．中间商的实力。包括资金、人员素质、增长幅度、经营状况、仓储及运输能力等。中间商实力越强，销售成功的概率越高。因此，实力强的中间商应是制造商重点考虑的对象。

6．预期合作程度。中间商同制造商合作关系的好坏，直接影响着企业产品的销售。中间商是否能全力以赴地配合制造商，对销售量的提高起决定性作用。

(三)中间商的筛选

选择中间商可以分为两个步骤：一是运用定性的方法初步筛选；二是运用定量的方法最后确定。

一般来讲，诚招中间商的广告打出之后，会有很多应招者。这些应招者良莠不齐，企业就要运用市场调研的方法，根据上述标准，对其进行初步筛选。企业在这一阶段应该做好以下几方面的工作：

1．派员前往该市场调研。了解该市场的产品结构，确知本产品在行业中的差异性和优劣地位等，进而明确在该市场的渠道结构及方式，进入该市场的时机以及市场期望目标等。

2．了解分销商的基本情况。包括经销时间长短、营业地点及其环境，为哪些企业代理过何种商品，家庭情况、生活习惯及其主要员工的学历、工作经历等。

3．了解分销商的背景及其在业内的口碑。通过其他分销商了解其经营能力、经营状况，与代理企业的关系状况，与客户之间关系等；通过与普通群众进行随机访谈了解其经济实力、品质特征、信誉等；通过向有关部门调查取证了解其资信情况等；通过实地考察了解其市场开拓能力、网络渠道建设能力、对企业政策的执行能力等市场综合能力。

4．观察分销商的反应，看分销商是否尊重企业的经营理念和价值观；是否能理解企业在市场价格、市场策略、品牌推广、长期战略等问题上的意图；是否在一定程度上理解企业的品牌文化。

经过初步筛选之后，余下的候选人从入选条件看，难分伯仲，这时就需要采用强制打分法来确定了。

强制打分选择法的基本原理是：对拟选择作为合作伙伴的每个中间商，就从事商品分销的能力和条件用打分的方法来加以评价。由于各个中间商之间存在分销优势与劣势的差异，因而每个项目的得分会有所区别。针对不同因素对营销渠道功能建设中的重要性程度的差异，可以分别对其赋予一定的重要性系数(或者称为权数)，然后计算每个中间商的总得分，再从得分较高者中择优录用。

(四)双方签订协议

当企业找到合适的中间商后，双方就可以签订销售协议书了。因具体情况不同，协议书没有统一模式，它一般应包括双方的权利与义务、合同期限、合作方式、合同终止和仲裁条款等。

议一议：

很多厂家急于推销产品，“饥不择食”，不经过充分调查，就草率地与某些信誉不佳的经销商或代理商签订合约，最后落得人财两空。要知道，选错了合作伙伴，后果将十分严重。那么，应该如何正确地选择经销商或代理商呢？

三、控制国际分销渠道

国际分销渠道的控制包括对中间商的业绩评估、激励及各中间商之间的关系协调的过程。国际分销渠道一般长于国内的分销渠道，这就增加了企业控制渠道的难度。国际分销渠道的控制主要有以下几个方面的内容：

(一)业绩评估

生产企业应定期对渠道成员进行绩效评估，据此实施管理手段，确保整个渠道高效运转。常用的对渠道成员进行绩效评估的方法主要有：将各中间商本期销售量与上期销售量相比较，得出上升或下降的比值，然后与整个渠道的升降百分比水平进行比较。对高于整体水平的中间商应予以奖励。对低于整体水平的中间商，则要进一步分析原因，若是因主观不努力或经营失误而造成的销售水平下降，企业应要求它在一定时期内改进，否则将采取严厉惩罚措施，直至取消其资格；若是因客观原因导致中间商绩效不理想，如销售地区经济不景气，则企业可以通过助销等手段，帮助其渡过难关。

以上是对评估中间商绩效的定性描述。在实际操作时，企业可以通过下列指标对中间商的业绩进行定量评价，发现问题，并及时诊断和改进。

1．中间商的销售增长率。

2．中间商的销售总额。

3．中间商为生产企业提供的利润及其发展趋势。

4．中间商订单的平均订货量及平均存货水平。

5．中间商定价的合理程度。

6．中间商的销售态度。

7．中间商同时经销竞争对手产品的情况。

8．中间商的回款情况，包括中间商是否如期付款、付款方式及期限、对承诺付款条件的兑现情况等。

（二）激励

对中间商的激励不仅包括给予物质上的报酬，还包括人员培训、信息沟通、感情交流、给中间商独家专营的权利等。在很多情况下，制造商只注重利益的刺激，如销售利润、折扣、奖赏、销售比赛等。如果这些未能发生作用，往往改用惩罚的办法，甚至中止双方的合作关系。高报酬的刺激方法的代价很高又不见得有很大的成效。实际上，制造商应更多地保持与中间商的沟通与联系，努力与其建立长久的合作关系。

（三）关系协调

销售渠道各成员之间既存在合作，又存在着矛盾和竞争，企业除了让各中间商了解企业本身的目标政策外，还应平衡各成员间的关系，彼此互相协调，共同受益。国际市场分销渠道的调整方法主要有增减渠道或中间商、改变整个渠道系统。后者的难度更大。如日本企业进入美国市场时，初期几乎是请美国中间商或制造商代销，并使用美国公司商标。经过一段时间后，日本企业开始尝试用自己的商标，自己开设门市部或直接找连锁商店和百货公司销售。当条件成熟后，日本企业完全摆脱美国公司，自己设立了分公司。

四、改进国际分销渠道

随着市场环境、分销渠道和企业内部条件的变化，必须对分销渠道进行适时调整。调整国际分销渠道包括更换渠道和改变整个分销体系。

（一）更换渠道

指废弃原有的国际分销渠道系统，建立新的国际分销体系。更换渠道的原因是多方面的：

1．国际营销企业目标的变化。有时国际营销企业为了能够在短时间内进入国际目标市场而建立的国际分销渠道，不适应企业进入目标市场后的长远发展目标。例如，企业在开拓美国市场时，最好选择专业批发商，因为他们信誉良好、网点多，又具有专业的推销技术，但是他们不会轻易销售无名的新产品，且条件苛刻。因此，初次进入美国市场的企业，可以先采用代理商来开拓市场，等产品建立了一定的知名度并形成合理的价格后，再转由批发商经营，这样既可以克服进入市场的困难，又可提高效益，从而实现企业的长远目标。

2．市场的变化。当目标国的市场环境发生变化后，企业应及时调整其分销渠道，以适应环境的变化。例如，欧共体统一市场建立之前，国际营销企业必须在每个成员国建立自己的分销渠道系统；而欧共体统一市场形成之后，产品可在各成员国间流动，这时企业若不及时调整其分销渠道，就可能引发同一产品的恶性竞争。因此，分销渠道"泛欧化"，使在欧洲市场建立统一的分销中心成为必然。

3．渠道成本的变化。直接销售与利用中间商等渠道系统的互相转换，就可能是重新评价渠道成本的结果。

(二)修改渠道

即在保留原有的渠道系统的前提下，适当地增减某些渠道成员或渠道层次，更换某些渠道成员。渠道成员或层次的增减，同样是为了适应企业目标、市场、渠道成本的变化。而渠道成员的更换，则往往是针对某些渠道成员未能履行其职责所采取的措施。

需要注意的是，不要对渠道的持久性抱有任何幻想。随着营销环境的变化及厂家渠道战略的调整，渠道也要相应地进行变更，如变更分销方式、撤换合作伙伴、加大或减少网点分布密度、重新制定渠道政策等。

本章小结

有多种国际分销模式可供企业选择。企业在选择具体的分销渠道时，应综合考虑企业自身的优势和特点、竞争者的分销渠道策略、目标市场国家的环境因素、最终消费者的生活习惯和消费模式等因素。此外，国际营销企业对国际分销渠道的管理和控制是十分重要的。

企业在国际分销渠道中可利用的中间商有许多类型。依据中间商所处的国家不同，可以把他们分为国内中间商和国外中间商；依据其是否拥有产品的所有权，可以把他们分为经销商和代理商。这些中间商根据具体情况又可以分为各种不同的类型。但是对中间商的划分不是绝对的，有些中间商是混合型的。

在国际分销渠道的选择中，有长渠道和短渠道、宽渠道和窄渠道之分。企业在选择分销渠道时，重点考虑六个因素，即成本、资金、控制、覆盖面、特性和连续性。

国际分销渠道的管理，包括确定分销渠道的目标和选择、激励、评价、控制渠道成员，以及分销渠道的改进等。

案例分析

寻找“带头牛”商店

20 世纪 70 年代，日本索尼公司为把彩电打入美国市场而绞尽脑汁。在当时的美国人眼里，索尼彩电是受人歧视的杂牌货。为此，索尼公司国外部部长卯木肇费尽心思，但一筹莫展。

一天，他偶尔路过一处牧场，当时夕阳西下，一个稚气的牧童牵着一头雄壮的大公牛走进牛栏，一大群牛紧随其后，温驯地鱼贯而入。眼前这种景象使卯木肇灵感大发，他暗自思忖，何不找一家“带头牛”商店率先销售索尼彩电呢？

卯木肇选定了当地最大的电器推销商作为主攻对象。第二天上班时，他兴冲冲地赶到马希利尔公司求见经理，但吃了闭门羹。在连续碰了三次壁后，经理终于同意接见，但甩下一句硬邦邦的话：“我们不卖 SONY 的产品，你们的产品像瘪了气的足球，踢来踢去没人要，只能降价拍卖。”

卯木肇始终不泄气，他打算继续说服这位经理，并在当地报刊上重新刊登广告，再塑商品形象。谁知马希利尔公司经理又提出：“SONY 的售后服务太差。”卯木肇没有争辩，而是马上设立特约服务部，负责维修等售后服务，并在报上公布特约服务部地址和电话，并保证随叫随到。

然而，在第三次会面时，马希利尔公司的经理仍在挑剔：“SONY 在当地形象不佳，知名度不够，不受消费者欢迎”，拒绝销售。尽管如此，卯木肇仍然没有气馁，他看到了希望。因为，这位经理挑剔的由头越来越少，这是成交的先兆，他持续努力着。卯木肇立即召集三十多位工作人员，规定每人每天拨 5 次电话，向马希利尔公司订购索尼彩电。这接连不断的求购电话，把马希利尔公司的职员搞得晕头转向，在忙乱中误将索尼彩电列入“待交货名单”，使得经理十分恼火。

在这种情况下，卯木肇十分镇静地面对经理，大谈索尼彩电的优点，并诚恳地说：“我三番五次求见您，一方面是本公司的利益，同时也考虑了贵公司的利益，索尼彩电一定会成为马希利尔公司的摇钱树。”精诚所至，金石为开，经理被说动了心，同意代销两台试试。卯木肇大喜过望，当即送上两台彩电，并选派了两名年轻能干的推销员和店员一起推销。卯木肇给这两名推销员立下了“军令状”：如果一周之内卖不掉这两台彩电，就不要回索尼公司了。

出乎意料的是，当日下午四点，两台彩电已经售出，马希利尔公司又订购了两台。至此，索尼彩电挤进了芝加哥市“带头牛”商店，一月之内竟然卖出七百余台。

有“带头牛”开路，芝加哥地区的一百多家商店也纷纷要求经销索尼彩电。没过多久，美国其他城市的销路也随之打开。

资料来源：隋广军，《定价与分销策略》，广州：南方日报出版 2004 年版。

问题：

1．企业应如何选出“带头牛”？

2．卯木肇如此执著的依据是什么？

思考与练习

1．简要分析日本分销渠道的特点。

2．试分析利用出口经销商和出口代理商对开拓国际市场有哪些利弊。

3．国际分销渠道的宽度主要有哪几种类型？在实践中应如何选择？

4．企业选择分销渠道应考虑哪些主要因素？

5．分析说明企业应如何选择国际中间商。

6．企业应如何控制国际分销渠道？

技能实训

假设我国知名品牌“好孩子”童车准备销往美国，请你为他们设计一条最佳的销售渠道。

|第十章|

国际市场促销策略

【导读】国际促销是企业为了实现其销售目标，在现实的和潜在的消费者中进行的信息沟通活动，是国际市场营销组合的一个重要部分。企业将有关产品和服务的信息在消费者中进行广泛的传播，以激发消费者的购买欲望。促销按其功能可分为告知消费者产品的功能和价值以及说服他们购买商品两种促销方式，从形式上分主要有四种：广告、人员推销、营业推广和公共关系。本章将主要围绕这几种促销方式进行阐述。

第一节　国际广告策略

一、国际广告的概念及其发展概况

广告是企业以付费的方式，通过大众媒体和目标顾客和公众进行信息沟通的主要工具之一，是一种非人员的促销活动。国际广告是为了配合国际市场营销活动，企业在东道国所作的产品广告。较之其他的沟通方式，国际广告具有以下优点：第一，公众性。广告公开地刊登在大众传媒上，可增加国外的消费者对企业产品的可信度，消除其顾虑，有利于产品顺利地进入陌生的国际目标市场。第二，渗透性。广告可以利用大众传媒，最广泛地接触国外的消费者，能够迅速扩大知名度。第三，表现性。广告是一种艺术，具有美的或情感的表现力和感染力，比其他促销方式更能表现企业和产品的价值，更能吸引国外消费者。

国际广告是随着国际贸易和市场竞争的发展而逐渐发展起来的。二战结束时，广告活动主要限于国内，随着经济全球化的发展，国际广告迅速发展起来。广告公司的功能，也由广告创作和广告代理发展成为今天综合性的信息服务行业。而且，随着市场日益全球化，全球竞争日益激烈，越来越多的企业认识到广告的重要作用。世界上广告费用每年以近 8% 的速度增长。其中广告业最发达的美国约占全球广告业支出的 75% 。1950 年，全世界广告费用约为 74 亿美元，其中美国为 57 亿美元。到 20 世纪 70 年代末期，世界广告费用猛增至 726 亿美元，其中美国为 380 亿美元。 1994 年，世界广告费用额达 3 120 亿美元。

广告在世界各国的地位和发展水平差距十分巨大。美国多年来一直占全世界广告费用总额的一半以上，其次是日本和德国。但近年来欧洲、亚洲一些国家和地区的广告业也发展得很快。1989 年，美国首次从广告费增长率排行榜的榜首跌下来。一般来说，广告业的发展与经济发展水平密切相关，其他因素如文化因素等也起到非常重要的作用。

二、影响国际广告的限制性因素

(一)语言的限制

语言是借助广告进行有效交流过程中的最大障碍之一，不同国家语言差异很大，有时一国之内语言差异也很大。许多企业发现，在美国作广告除主要用英语外，还使用西班牙语、意大利语、法语、日语等；在泰国作广告，要使用英语、汉语和泰国语；在新加坡作广告，要使用英语、汉语、马来语和泰米尔语。因此，从事国际营销的企业必须使用这些不同的语言向潜在顾客传递信息。

在处理多国语言问题时，稍有不慎就可能犯错误。如百事可乐公司的一幅 广告语“Come A life with Pepsi”意为“喝百事，万事兴”，但直译的意思是“喝了百事可乐等于是从坟墓里爬出来”。

在该企业刚进入德国市场时，被译作“百事可乐，死而复活”，让人哭笑不得。

国际营销企业在东道国作广告时，可雇用当地雇员帮助审核广告稿本，也可以完全利用当地的广告代理商，使广告能得到当地消费者的正确理解，达到扩大销售、提高声誉的目标和扩展国际市场的目的。

（二）文化因素的限制

国际广告最大的挑战之一，是克服在不同文化的交流中遇到的困难。文化和风俗习惯的不同，直接影响促销方式的选择和促销效果的好坏。因此，企业制定促销策略时必须要考虑各国的文化差异。文化因素包括的范围很广，如传统习惯、社会价值观、宗教等。因而，在一个国家是优秀的广告，而在另一国家很可能犯了禁忌。例如，男女共进晚餐的画面，在西方和大多数国家是习以为常的，但在中东国家，则会被认为是大逆不道的事情。孔雀在我国是“吉祥”的象征，但在欧洲却被视为“祸鸟”，因而所有带有孔雀图案的商品都遭到排斥。在一国之内的亚文化之间的差异同样值得重视。如在中国香港地区就有十多种不同的早餐方式。因此，企业应特别重视文化差异，使广告与东道国的文化习俗相适应。

（三）政府对广告的调控政策

国际广告除了受文化、地理环境、经济发展水平等因素的影响外，还要受各国政府对广告的调控政策的影响。各国对广告的管理和法规各不相同。如果企业不了解东道国政府对广告的有关政策和法规，不仅不能达到预期的促销效果，而且可能由于广告方面的某种行为违反法律而受到处罚。当今世界各国政府对广告的控制日益加强，他们对广告内容、媒体选择、广告费用等有侧重地加以限制。例如，英国、法国、加拿大、挪威、丹麦等国家，都禁止香烟广告。荷兰、法国、瑞士、德国、奥地利则分别限制电视广告的时间，每天广告播出时间分别不得超过 10 分钟、13 分钟、15 分钟、20 分钟及 27 分钟。在广告费用方面，印度政府规定，凡广告费用超过 1 万美元者，课以 55% 的税款等。

总之，企业要进行有效的促销沟通就必须充分考虑上述各种因素的影响，有针对性地开展促销活动，才能达到预期目标。

三、国际广告策略

广告策略是指企业在分析环境因素、广告目标、目标市场、产品特性、媒体可获得性、政府控制和成本收益关系等因素的基础上，对广告活动的开展方式、媒体选择和宣传说服重点的总体原则作出的决策。

制定国际广告策略，首先必须有一个具体的广告目标。总的来说，广告目标表现在两个方面：一是通过广告在公众中树立企业或产品的良好形象；二是引起和刺激公众对企业产品的兴趣并导致购买，当然最终目标是为了实现企业盈利。

(一)国际广告的标准化策略和差异化策略

从事国际化经营的企业都面临着国际广告标准化或差异化的选择。企业是采用国际广告的标准化策略还是差异化策略，取决于消费者的购买动机。当不同的市场对相同的广告作出相同程度的反应时，即对同类产品的购买动机相似时，或企业采取全球营销战略时，企业就可采用标准化的广告策略；当消费者对企业产品的购买动机差异很大，或企业采取差异化营销策略时，应采用差异化的广告策略。

1．国际广告的标准化策略

所谓标准化，是指企业在不同国家的目标市场上，使用同一主题与形象的广告宣传。例如，美国万宝路香烟和麦当劳快餐店的统一宣传，使不同国家的消费者，看到美国西部牛仔，就联想到万宝路，看到金色拱形的大 M 标志就联想到麦当劳。当今世界，经济全球化趋势日益深化，国与国之间的交流与合作蓬勃发展，各国之间的文化逐渐融合，特别是正在成长的年轻的一代，更使各国之间的文化传统习惯的差距大大缩小，跨国公司的出现，使统一协调的控制各国的营销和广告活动成为可能。这些变化，使国际广告出现了标准化的趋势。

标准化广告策略的优点在于：(1) 可以降低成本。企业只需要确定一个广告主题，就可在不同的国家稍加改进后进行宣传，从而节省许多开支。(2) 可以充分发挥企业人、财、物的整体效益。可以集中企业内部各种广告人才的智慧，设计出一流新颖的广告主题，同时能够将企业的广告费用集中使用，形成广告的竞争优势。(3) 可以树立产品的整体形象。企业把产品统一的整体形象传递给目标国的消费者，有利于加深消费者对企业和产品的印象。国际广告标准化的主要缺陷是没有考虑各国市场的特殊性，因而广告的针对性差，广告效果往往也不佳。所以很多企业采取差异化的国际广告策略。

2．国际广告的差异化策略

广告的差异化是指企业针对各国市场的特殊性，向其传送不同的广告主题和信息。如雀巢公司在世界各地雇用了 150 家广告代理商，为其在四十多个国家的市场上作各种主题的咖啡广告宣传，运用的就是国际广告差异化策略。

由于不同国家、地区存在着不同的政治、经济、文化和法律环境，消费者对产品的需求动机差异很大。因此，只有根据不同的市场特点，设计不同的广告主题，传递不同的信息，才能迎合不同消费者的需求。

国际广告差异化策略的主要优点是：(1) 能够适应不同文化背景的消费需求。如宝洁公司在巴西推销汰渍洗衣粉时，广告宣传中没有强调洗衣粉的“增白”主题，因为巴西人较少穿白色服装。(2) 针对性较强。不同国家的消费者对同一种产品可能有相同的需求，但对这种产品的看法是不尽相同的，因此广告宣传就要有不同的侧重点。差异化策略的缺点是：企业总部对各国市场的广告宣传较难控制，甚至出现相互矛盾的情况，从而影响企业形象。如西方某航空公司采用国际广告差异化策略，在一国的广告中，宣传该公司服务的高级和内部设施的豪华，而在另一国的广告中，则宣传该公司机票的实惠，结果损害了公司的整体形象。

（二）国际广告内容策略

广告内容是生产企业与消费者之间进行沟通的主要途径，选择适当的广告内容是广告策略的最重要的内容之一。在国际市场营销中，由于企业面对的消费者复杂多样，要做到广告内容有的放矢，选择适当的广告内容更为重要。在广告内容的选择上也存在着本地化与标准化的问题。应该说，这两种内容都各有优缺点而且适应性不同，应视不同企业、不同市场情况而予以取舍。

1．本地化广告内容

选择本地化广告内容的原因主要有以下几个方面：(1) 当地的购买动机与其他市场差别很大。这既包括个人消费者也包括机构消费者的购买动机，常常在某些市场会有很大的不同。因此，面对购买动机不同的消费者，同一产品的广告诉求应有所不同。例如，美国莱威牌牛仔裤畅销全球七十多个国家，其中本地化的广告内容是其成功的重要因素之一。如在英国，它强调莱威牛仔裤是美国货，塑造美国英雄——充满神奇色彩的“西部牛仔”形象；在日本的广告主题是“英雄穿莱威”，放映诸如詹姆斯·丁这样的偶像人物的影片片段，这个广告，使认识“莱威”的日本人从 35% 增加到 95%；在澳大利亚，其广告目的在于树立“莱威”的威信，为消费者带来更多产品利益，“合身不紧身，一夜好逍遥”的广告词突出了莱威的质量信誉。1950 年以来，莱威牛仔裤在各种牛仔裤品牌的竞争中大获全胜。(2) 可利用的广告媒体不同。在国际市场范围内有些市场中，电视是主要的广告媒体，但另一些市场中却没有电视广告，在这些国家必须要依靠印刷媒体宣传自己的产品和服务。这样在这两种市场中，广告的内容也应有所不同。(3) 在外国市场选择当地广告机构的那些国际营销企业可采用本地化的广告内容。原因是选择当地广告机构，具有较强的针对性，它能够根据本地消费者的需求偏好，有效地表达和传递消费者最想了解的信息。此外，对企业来说，在不同的市场使用不同的广告机构，确实很难作标准化的广告。

2．标准化广告内容

选择标准化广告内容主要是因为，虽然一般说来国际营销企业在其所有市场的广告不可能完全相同，但在各国之间却常常有很大的相似性。这种相似性有其形成的原因：(1) 跨国广告机构的发展。借助于跨国广告机构有许多有利方面，尤其是在广告标准化及制作成本上有较大的规模经济效应，因此适合作国际化的广告内容。(2) 总公司要加强广告的控制。有的国际营销公司，为了加强对各分公司的集权管理，往往对各种主要营销活动，包括广告活动在内都由总公司全权统一策划，这样在广告内容上往往会导致标准化。(3) 公司要树立统一的产品形象。有些公司的产品往往是在获得国内目标市场的普遍接受和偏爱后逐步推向国外市场的，这些产品之所以受到国内外购买者的偏爱，往往是由于这些产品具有国内外同类型消费者共同喜爱的形象，将这一形象在各国市场宣传，将便于各国消费者的选择，扩大产品的销量。(4) 国际间购买动机相似。有些公司的产品，在国际市场间的购买动机是很近似的。如各国消费者对埃克森公司产品的购买在利益追求上的动机就很近似。因此，埃克森公司在国际市场上以“在你油箱中放只老虎”的统一广告内容作宣传，在许多国家都获得了成功。

(三)国际广告媒体选择策略

广告效果的好坏在很大程度上取决于广告媒体的选择恰当与否。在国际广告促销活动中，可以利用的媒体很多，使用最多的是报纸、杂志、广播和电视等四大媒体。近年来利用电脑网络的广告业务发展迅速，成为一种新兴的广告传媒。

1．国际广告媒体的类型

(1) 报纸。报纸在很多国家都是首选的广告媒体。这是因为报纸作为广告媒体具有许多优点，比如传播面广、信息传递及时、制作简单、费用低廉等，但也存在保存时间短、吸引力差等局限。报纸作为广告媒体在不同国家或地区的使用受到限制：一是因报纸数量过多，每种报纸的覆盖面较窄，企业不得不在多家报纸作广告而使广告费用增加。例如，黎巴嫩人口才 100 多万，却拥有 200 多家报纸，每家平均发行量才 3 500 份，企业若要将广告信息传递给广大消费者，就不得不在多家报纸上同时刊登广告。二是企业要为协调各种报纸的政治立场而备受困扰。再如土耳其人口不多，却有 380 家政见不一的报纸，企业在刊登广告时，必须顾及每家报纸的政治立场，才能确保广告推介的产品不受到损害。

(2) 杂志。杂志作为广告媒体，具有针对性强、保存时间长、可信度高等特点，但在国际市场上企业较少采用杂志作广告媒体，因为杂志的出版周期长，发行范围窄，而且广告篇幅有限。同时，许多杂志仅有本国文字的版本，难以在更为广泛的国外市场发行。为缓解这种矛盾，同时也为适应国际营销企业国际促销的需要，一些最有影响力的杂志，正在采取扩大海外版的策略。例如，美国的《读者文摘》，就已用二十多种语言发行海外版。其他一些美国国际版的杂志，如《花花公子》、《美国科学》等，都扩大了世界范围的发行，这些媒体给美国的跨国公司和各国当地的广告主提供了更多的选择机会。

(3) 电视。电视广告由于实现了视听的结合，而且表现手法多样，从而具有很强的吸引力，在目前各种广告媒体中促销效果是最好的。近年来，随着视听技术的发展，生产销售的国际化以及电视普及率的提高，给电视作为国际性的广告媒体提供了有利的条件。尤其是经济发达的国家，电视已成为日常消费品，成为最为大众化的广告媒体。但是，电视作为广告媒体也有其自身的局限，比如广告时间短，易受其他节目的干扰，费用高昂等。而且许多国家对电视商业广告还有所限制，有时甚至限制很严格，不仅限制商业广告播出的时间，而且还限制广告的内容及目标对象。如加拿大魁北克省政府通过一项法令，严禁电视向儿童作广告，并禁止所有促使人们借款购物的商业广告。

(4) 广播。广播具有传播范围广、信息传递迅速及时、方式灵活多样、费用相对低廉等特点。虽然在电视等媒体发达的国家，其作用已远远逊色于印刷和电视媒体。但是在一些广告预算有限的国家，广播仍然是一种有效的沟通工具。另外，在文盲率较高或者电视尚未普及的不发达国家或地区，广播是传递广告信息的重要媒体。即使在发达国家或地区，无线电广播仍拥有许多听众。有的国家在汽车上装设有收音机，人们往往利用驾车时间收听广播，而食品或饮料等生产厂家也大量利用广播媒体播放商业广告。

(5) 因特网。因特网已经成为全球最大的传播媒体。因特网高速发展到今天，世界上超过 200 个国家，7 000 万以上的人口得以通过因特网彼此紧密地联系在一起。目前，因特网正以每月增加 200 万以上用户的速度发展着。因特网具有其他媒体所不具备的优势。首先是速度快，时效性强。它不受印刷、运输和发行等因素的限制，信息上网的瞬间便可同时发送到所有用户手上。其次是容量无限和全球联通的传播范围。电脑网络可以使人们“足不出户便知天下事”，此外，超文本的检索方式使信息变得生动活泼、易于接受。信息传递的交互性使用，使用户不再是被动的接受者，从而适应现代人崇尚自主、渴望参与的心理诉求。随着因特网用户成几何级数增长，网上广告越来越为商家看好。在因特网上作广告日益成为西方一些发达国家时髦的商业行为。但是，相对于电视、报纸来说，目前因特网的广告收入还很不乐观。与互联网络的迅速推广相比，互联网络的广告业发展却相对缓慢。因为虽然互联网络是新生事物，但要使它像电视和报纸那样被大众普遍接受还需时日。

(6) 其他广告媒体。主要包括户外广告、直接邮寄等形式。户外广告种类很多，如广告牌、招贴画、霓虹灯、车体广告等，它具有形象生动、保存时间长、成本费用低等特点。但是，户外广告针对性差，信息表达的形式与内容要受限制，促销效果难以评估。直接邮寄广告是工业品推销的有效媒体。企业通过邮寄样品、产品说明书或商品目录等，向目标顾客传递产品信息，进行推销。这种方式简单易行，成本低廉，对于国际营销经验不足的企业来说，是一种可行的有效方式。

2．国际广告媒体的选择

世界各国的广告媒体类型大体相同，只是质量和数量上有所差异，选择不同的广告媒体组合，其广告效果与广告费用也有所不同。

(1) 媒体数量。媒体数量又称媒体覆盖面，指媒体传播与影响的范围，如报纸、杂志的发行量等。一般来说，媒体的数量与广告传播的效果成正比，但是媒体数量越大，广告费用也会越高。因此，企业在选择媒体时，应从目标市场来考虑。在许多世界市场中，由于各种媒体各自为政，发展过快过多，因此各种媒体受众市场越分越细，于是一些经营大众消费品的公司，为获得较大的广告覆盖面，进入较大的市场，就必须使用许多不同的媒体。因此，企业在选择媒体的时候，必须深入了解该国各种媒体的覆盖面情况。企业要尽可能多地掌握一些媒体拥有量及覆盖面方面的统计资料，为恰当地选择广告媒体提供参考。

(2) 媒体质量。媒体质量，是指媒体在社会上的形象及影响力。广告媒体的名誉，对广告商品的名誉有重要影响。不同的媒体由于其大众形象不同，适宜的广告宣传对象也有所不同，有的适宜于宣传娱乐性广告，有的则适宜于宣传家用电器产品，有的则适宜于宣传机械产品等。媒体的质量因素虽然不能用数字去衡量，但对广告的接受对象来说，质量因素的作用往往比数量因素更为重要。

(3) 媒体成本。在大多数国家中，广告媒体的费用是可以讨价还价的，最终价格很大程度上取决于买方的谈判能力。有一项研究表明，在 11 个欧洲国家中，广告接触到每千名受众的成本，从比利时的 1.58 美元到意大利的 5.91 美元，高低不等。为取得更大的广告成本效应，还可以采取与东道国市场代理商联合作广告的办法。按照国际惯例，联合广告的费用一般在当地企业和国际企业之间分摊。如果代理商不愿或不能支付 50% 的费用的话，国际企业即使支付大半费用也值得。而且这种联合广告方式还有一个优点，即当地合作伙伴可以得到比外商更优惠的广告价格。

(4) 媒体的适用性。不同的广告媒体会把广告信息传给不同的消费者，所以企业选择广告媒体时应与目标市场消费者接触广告媒体的习惯相一致。最有效的广告媒体是那些能最准确、最迅速地将广告信息传达到目标市场消费者的媒体。在世界上的不同国家，效果最佳的广告媒体不尽相同。如在欧洲各国，妇女杂志读者众多，影响面大，是理想的广告媒体，对推广新产品效果明显。在拉丁美洲国家，广播广告是最强有力的广告媒体。在有些国家，只需在广告媒体中选择一种，便能影响整个目标市场，但在另一些国家则要选用更多的媒体才能向多数的消费者传播信息。这种情况下，就要应用媒体的组合来达到宣传产品的目的。

思一思：

某地市中心有一霓虹灯广告牌，闪烁着六个漂亮的大字“双汇牌火腿肠”。一段时间后，由于霓虹灯的质量不过关，部分画笔不亮了，于是招牌变成了“双汇片火腿肠”，又一段时间后变成了“双匚片火腿”，最后，闪耀在空中的竟是“又一片火腿”。

请问：霓虹灯“断手断脚”的表面原因是什么？深层原因又是什么？

(四) 国际广告机构选择策略

这里所指的广告机构，就是许多国家广告法中所说的广告经营者，即受委托提供广告设计、制作、代理服务的法人、其他经济组织或者个人。一般来说，广告主为推销商品或者提供服务，自行设计、制作、发布广告的很少，在国际市场促销中，更普遍采取的是委托广告经营者，即广告代理机构代理的做法。因此在所有的市场中，广告机构的选择是广告计划成功的最关键因素。国际营销公司为在外国市场促销选择广告机构时，有以下两种基本选择。

1. 当地的广告机构。就是国际营销公司在多国营销时，为每个不同的外国市场选择不同的广告机构，即当地的广告机构来为自己设计、制作广告或提供代理服务。

一个国际营销公司之所以在不同国外市场选择当地的广告机构，主要是基于以下几种情况的考虑：(1) 公司要树立的是民族形象，而非国际形象。在此种情况下，选择熟知本地文化背景、风土人情的当地广告机构来设计、制作广告，就能娴熟而入神地为公司塑造一个为东道国政府和公众乐于接受或欢迎的优良形象。例如，美国的国际商用机器公司在外国市场使用的多是当地的广告机构，强化自己是当地优良公民的形象。(2) 该外国子公司拥有较大的自主权。如果跨国公司实行较大的权力下放，给各个国外子公司很大的自主权，并作为一个独立核算利润的中心，它们往往会选择当地的广告公司。这一方面可充分体现各子公司自主权的行使，有助于提高子公司的主动精神；另一方面可获得当地广告公司在本土所获得的多方优惠，从而降低广告成本，增加利润。(3) 虽然与跨国广告公司相比，当地广告公司在最新广告信息及国别营销环境全面掌握、技术水平和制作水平上有一定的差距，但国际企业执行的是本地化的广告计划，其任务是为每个市场专作针对性很强的广告，而不是进行国际间的协调，因此当地广告公司仍能像跨国广告公司一样卓有成效地完成任务。

2．跨国广告公司。就是国际营销公司在多国营销时，为每个不同的外国市场选择同一个跨国广告公司在各国的分支机构为自己的当地公司设计制作广告或提供代理服务。

一些国际营销公司选择国际广告机构，也是有其多方面原因的：(1) 公司想在世界各地制作比较标准的产品形象，这时与一家在外国的市场覆盖面与自己分公司网点相吻合的国际广告公司打交道，就比与数个独立的广告机构打交道容易得多。(2) 公司在某些国家市场业务量有限。在此种情况下，最好选择国际广告公司。公司的广告如果都由一家跨国广告公司承办，那么不论市场的大小，总的广告预算都足以保证广告在该市场得到很有效的推广。(3) 如果公司想在没有分公司的市场作广告，也就是国际营销公司想在自己不设分公司，而是由经销商或被许可方代营的市场作广告，且没有采用联合广告的形式时，由于公司在当地市场没有自己的人员，要与该国家的广告机构打交道会特别困难。如果利用跨国广告公司，其在当地的分支机构即可作为本公司在该市场的代表，代为处理有关事宜，这样对该市场广告的控制既可行又节省。(4) 在不用当地广告机构的情况下仍能保证一定的广告质量和效果。一般跨国广告公司在各国市场的分支机构，往往也是这些市场的佼佼者，他们在这些市场经营多年，其技术人员对当地的社会经济和人文知识，都有较深的了解。委托他们设计、制作的广告一般会有较高的质量和理想的效果。

第二节　国际市场人员推销

人员推销又称直接推销，是一种传统的促销方式。在现代企业市场营销中，推销人员占有相当重要的地位和作用，被人们视为开拓市场的先锋。在国际市场营销中，人员推销也是最流行的促销方式之一，作用比在国内市场营销还要大。

一、人员推销的特点和任务

国际营销中的人员推销是指企业派出推销人员或雇用外国推销人员向国外中间商和最终用户介绍和宣传产品，以实现产品价值。

(一)人员推销的特点

与其他促销方式相比，人员推销具有自身的特点：

1．灵活性大，针对性强。这是人员推销的最大优点。人员推销是推销人员直接面对中间商和最终消费者推销产品，所以推销人员可以根据顾客对产品的不同要求、爱好、动机和行为，进行有针对性的说明，采用灵活的方式促成交易。

2．信息反馈快。人员推销是一种双向的信息沟通活动。推销人员在介绍产品信息的同时，还可以及时了解中间商和消费者的要求以及有关的市场情况，经过整理，及时反馈给企业，使企业决策者能及时掌握市场动态，调整市场策略，增强应变能力。

3．说服力强。人员推销可以当场对产品进行示范，消除消费者对产品的排斥情绪，消除其由于社会文化、价值观念、风俗习惯的差异而产生的各种顾虑。

4．交易及时。由于推销人员与中间商或是消费者进行了面对面的交谈，一旦对方认为产品物有所值，产生购买动机，交易便可立即进行。

5．利于建立长期关系。人员推销可以促进买卖双方的良好关系，这对于日后的进一步交易十分重要。在某些注重交往和友谊的地区，人们常常更为看重和谐的人际关系，如中东地区和非洲一些国家的企业就非常重视彼此间的友谊，他们很难与陌生人打交道，此时人员推销就显得至关重要，尤其是当双方建立起友谊之后。

6．成本较高。人员推销的成本比其他促销方式的成本要高得多，尤其是在发达国家搞人员推销，无论是雇用当地人员还是从本国外派人员，都要负担较高的促销费用。人员推销方式对推销人员的要求比较严格，一般需进行专门培训，也提高了促销成本。

7．范围小，收效慢。由于全球市场的范围太广，企业自己的推销人员不太可能完全覆盖整个市场。因此，人员推销不能适应在较大市场区域内促进销售的要求，特别是不适应迅速占领市场的要求。

(二)人员推销的任务

人员推销一般要承担这样几项工作：

1．寻找顾客。推销人员承担着开拓市场的责任，必须通过推销活动在市场上发现和培养主要目标顾客群。

2．沟通信息。推销人员应熟练地将企业产品、服务信息传递给顾客或潜在顾客，并将对方的需求信息及时反馈给企业。推销人员是企业与顾客之间联系的桥梁，应帮助企业更好地满足顾客的需求并提供第一手的信息。

3．推销产品。推销人员应能运用各种推销手段，促成与顾客的交易。在现代市场营销中，人们普遍认为企业的推销人员不仅是产品的推销员，更应是顾客的朋友和参谋，所以优秀的推销员除了要将企业的产品售出，还要与顾客建立起一种长期的相互信任的伙伴关系。

4．提供服务。推销人员要根据企业和顾客的要求，为顾客购买称心如意的产品提供全方位的服务，包括提供咨询、技术帮助、资金融通等。这就要求推销人员除推销工作以外，还要熟悉业务，精通技术，以便为国外的顾客提供各种销售服务。

二、国际市场人员推销的组织结构

国际市场人员推销的组织结构是指推销人员在国际市场的分布和内部结构。一般包括四种结构类型：

(一)地区型结构

指按区域选配推销人员，每个推销员负责特定地区本企业所有产品的销售。按照这种方式组织，推销人员责任明确，容易掌握推销重点，可与顾客建立长期友好的关系，有利于发挥推销员的综合能力。但是，当产品或市场的差异较大时，推销人员不易了解众多的产品和顾客，就会影响销售效果。

(二)产品型结构

指按产品类别来分配推销人员，每个推销员负责一类或少数几类产品的销售。这种方式有利于推销员深入地了解产品的技术性能，因此特别适合于产品种类多、技术性强的产品的销售。但这种结构的最大缺点是，不同产品的推销员可能会同时到一个地区推销，这既不利于节约推销费用，也不利于制定统一的国际市场促销策略。

(三)顾客型结构

指将顾客按职业、年龄、与企业的关系等进行分类，每一个推销员面向同类顾客。这种方式的优点是，推销员可以深刻地了解某一类型的顾客需求状况及所需解决的问题，有针对性地采取措施。但这种结构会由于在对顾客进行分类时所使用的标准不够严格而造成推销对象的重叠和模糊，增加成本，降低效率。另外，如果顾客分布的地区比较分散，也会增加销售费用。

(四)综合型结构

指将上述三种结构综合运用来组织国际市场推销人员。当企业规模大、产品多、市场范围广、顾客分散时，上述三种方式中的任何一种都无法有效提高推销效率，这时可以采用上述三种结构中的两种或三种的混合结构，在不同地区，向不同类型的顾客，推销多种产品。

三、国际市场推销人员的管理

国际市场推销人员的管理主要包括选择、培训、激励和评估等环节。

1．国际市场推销人员的选择

产品推销成败的关键首先是能否挑选到优秀的推销人员。优秀的推销人员除应具有强烈的进取心、熟练的沟通技巧外，还要具备对文化的适应力及独立工作的能力。

对于某个外国市场来说，国际营销企业的推销人员可以有三种来源：一是目标国当地居民；二是企业从国内选派的推销人员；三是除目标国和本国以外的第三国居民。在长期的国际销售中，企业主要使用当地居民作为他们的销售代表，因为这些人更熟悉当地的商业活动，管理上也更易于协调。此外，企业也可以从国内选派人员出国担任推销工作。这样做可以改进子公司的销售业绩；便于控制某些重要管理职位；便于传授销售策略、销售过程和销售技巧等。当然，企业选派的销售人员要熟悉当地的语言，要能够适应当地的社会文化环境。例如，派往伊斯兰教地区的销售人员最好能熟悉并尊重伊斯兰教。

2．国际市场推销人员的培训

为了提高国际销售人员的工作能力，更好地完成销售任务，公司应对推销人员进行严格的培训。一般来说，推销人员的培训既可在目标国家进行，也可安排在企业所在地或企业地区培训中心进行。培训的内容可根据推销员的来源确定，来源不同，对其培训的侧重点也不同。

(1) 对当地或第三国推销人员的培训。对他们的培训应侧重于介绍本公司和外销产品的情况，让他们了解并熟悉技术资料和企业所采用的销售方法，如企业的经营目标、组织结构、财务状况、主要产品销售状况、长远规划以及产品的结构、成分、性能、用途和维修方法等各方面的知识，以便为顾客提供咨询和服务。同时还要明确推销人员的工作程序和责任等。

(2) 对本公司外派人员的培训。对他们培训的重点是了解、适应目标国家的文化，进行语言、礼仪、生活习惯和商业习俗等方面的培训。

(3) 对推销人员的短期培训。随着知识经济时代的到来，产品创新和更新换代的步伐不断加快。为此，有时需要对推销人员进行临时性的短期培训。对于这种类型的培训，企业既可采取巡回培训组到各地现场培训的方法，也可将推销人员集中到地区培训中心进行短期培训。

(4) 对海外经销商的推销人员的培训。企业在国际市场营销活动中，经常利用海外经销商推销产品。为海外培训推销人员，也是企业重要的培训任务。对海外推销人员的培训通常是免费的，因为经销商推销人员素质和技能的提高必然会带来市场销量的增加，企业和经销商均可从中受益。

3．国际市场推销人员的激励

在国际市场人员推销的管理中，最常用的激励措施是根据推销人员的业绩给予丰厚的报酬。

如高薪金、酬金、奖金等直接报酬形式，并辅之以精神奖励，如晋升职位、进修和培训机会等，以调动其积极性。

一般来说，影响海外推销人员薪酬制定标准的因素非常复杂，制定公平和合理的奖酬制度也很困难，需要企业在实践中不断地探讨和总结。同时，由于海外推销员来自不同的国家和地区，有着不同的文化背景和价值观念，因而对同样的激励措施可能会有不同的反应。例如，对于来自北美国家的推销人员，可以给予直接的物质奖励和晋升机会；而对于在发展中国家选聘的推销人员，提供免费的海外旅游或度假机会是一种重要的激励措施，因为对他们来说，这种机会是很难得的。

4．国际市场推销人员的评估

对于海外推销人员的奖励，建立在对他们销售业绩的考核与评估的基础上。企业对海外销售人员的考核与评估，重要的在于找出销售业绩不佳的市场和人员，然后分析原因，加以改进。

企业的考评工作可以分两个步骤：收集信息和进行评估。最重要的是信息的收集，这是对海外销售人员进行考评管理的跟踪材料。管理部门可以从多种途径获得有关销售人员完成销售计划、服务质量、工作能力的信息。其中最重要的信息来源是销售报告，另外还应辅之以个人观察、消费者调查、消费者投诉以及与其他销售人员的谈话等。通过这些途径，可以得出有关评价销售人员的重要指标。

人员推销效果的考核评估指标可分为两个方面：一是直接的推销效果，包括推销产品的数量和价值、推销的成本费用、新客户销量比率等；二是间接的推销效果，包括访问的顾客数量与频率、顾客服务、市场调研的情况等。

第三节　国际市场营业推广

在国际市场上，营业推广是一种十分普遍的促销方式。它作为广告和人员推销的一种补充形式，一般服务于某种特定的短期市场目标。广告对消费者购买行为的影响往往是间接的，营业推广则刺激消费者立即作出购买决定。

一、国际市场营业推广概述

国际市场营业推广是指除人员推销、广告、公共关系以外，企业在国际目标市场上，采取的旨在刺激需求、鼓励购买、扩大销售的一系列促销措施。与广告相比，营业推广见效快，可以在短期内刺激市场需求，促使消费者立即购买。这也是近年来，营业推广在使用范围和程度上都有加速发展势头的主要原因。

营业推广的目的通常有两个：一是诱导消费者尝试新产品或新品牌；二是刺激现有产品的销

售，减少库存。20 世纪 90 年代以来，许多国际企业都十分重视运用营业推广的手段，成立营业推广部，由营销经理直接领导，并制定营业推广费用预算。目前，国际营业推广的总费用有超过广告费用的趋势，原因是营业推广对刺激消费有立竿见影的效果。同时，由于长期的“广告轰炸”，人们对广告已经有些麻木，广告效果正在相对减弱。在实践中，如果能把营业推广和广告结合起来运用，往往能取得较大的成功。

国际市场营业推广的特点是：(1) 促销效果的直接性。作为一种促销方式，营业推广见效快，可以在短期内刺激目标市场需求，使之大幅度增长，特别是对一些特殊的、具有民族风格的产品效果更佳。这种促销方式向国际市场消费者提供了一个特殊的购买机会，能够引起消费者的广泛注意。(2) 与其他促销方式相比，营业推广还具有灵活多样和非连续性等特点。销售推广的方式灵活多样，规模可大可小。企业往往可以根据销售的实际情况而采取促销的新方法。营业推广往往是企业短期的、暂时性的行为，一般不会对企业的长期营销政策产生实质性的影响。

值得注意的是，在国际市场上开展营业推广，必须在合适的条件下，以合适的方式进行，否则使消费者感到商家急于出售产品，甚至会使顾客担心产品的质量不好，从而会降低产品的身价，影响产品在国际市场上的声誉。在国际上开展营业推广，除了考虑市场供求和产品性质以外，还应考虑消费者的购买动机、购买习惯、产品在国际市场上的生命周期、市场竞争状况，以及目标市场的政治、经济、法律、文化、人口和科技发展等环境因素，进行适当的选择。

二、国际营业推广的类型

在国际市场上，企业可用的营业推广工具灵活多样，一般可分为三类：

(一)直接对消费者的营业推广

对消费者的营业推广大多数采取造成一种轰动效应，使一部分消费者的购买欲望高涨，然后进一步促使更多的消费者购买的办法。如免费样品、折扣、减价、发放奖券和代金券、有奖销售、现场表演、竞赛、分期付款、赠送礼品等。对于一些操作使用较复杂的产品，可以通过现场操作、使用演示等来加深顾客的印象，缩短消费者由于不了解而与商品产生的距离。走廊或橱窗的展示陈列、商品咨询和特别服务等也是营业推广的手段之一。对国际市场消费者的营业推广，其目的是提高产品的知名度，鼓励消费者购买，刺激销售量增加。

(二)直接对中间商的营业推广

这是指出口企业为了激发中间商(包括出口商、进口商及国际中间商)的销售积极性而采取的措施，如购货折扣、推销奖金、推销竞赛、合作广告和联营专柜、帮助设计橱窗、举办展览会等。这类营业推广的方式，旨在促成企业和中间商之间达成协议，提高中间商经营本企业产品的效率，鼓励他们增加进货，积极推销，尽力宣传产品，是企业占领市场的有效途径。对于进入国际市场不久或在国际市场名气不大的产品，通过中间商促销是一种重要的途径。例如，20 世纪

70年代初日本企业刚进入美国市场时，多采用独立的代理商代理销售，使产品在美国只通过两个环节就到达消费者。为了保证代理商和其他的中间商忠诚地为日本企业服务，日本企业给他们支付高额的代理费、推销津贴和推销奖金，每次见面或在重要的节假日、喜庆之日，都要送贺礼、纪念品，并在资金上给予融通。

（三）直接对国际市场推销人员的营业推广

主要针对企业的外销人员、企业在国外分支机构的人员、出口商的推销人员、进口国中间商的推销人员以及在当地雇用的推销人员进行推广。为了鼓励他们积极推销新产品，开拓新市场，发展新客户，企业可根据具体情况，在红利及利润分成、高额补助等方面给推销员优惠条件。还可采取如推销竞赛、提成、奖金等奖励形式。企业还可以对于表现出色的推销人员给予精神和荣誉鼓励。

三、国际营业推广策略的制定

营业推广虽然不像广告、公共关系等促销方式那样需要周密和长期的规划，但是，要使营业推广活动取得预定成效，必须结合产品、市场等方面的情况，慎重确定营业推广的地区范围、鼓励规模、途径、期限、时机、目标和预算等。此外，企业还应特别注意不同国家或地区对营业推广活动的限制、经销商的合作态度以及当地市场的竞争程度等因素的影响。在营业推广实施过程中和实施结束以后，企业还有必要进行营业推广效果的评价。

（一）营业推广的目标

每一次的营业推广活动都应有其具体的目标，如推出新产品，扩大已有产品的销量，减少销售额的季节性下降，增加企业知名度或应付竞争对手的挑战等。营业推广目标必须根据企业的国际市场营销战略和促销策略来制定。营业推广的对象不同，营业推广的目标也就不同。比如，针对推销人员的营业推广，其目标常常是开发新的客户；针对中间商的营业推广，其目标是加强与中间商的密切合作，建立友好的伙伴关系；针对最终消费者的营业推广，其目标则是希望他们能积极试用，立即购买。

（二）营业推广的规模

营业推广面并非越大越好，规模必须适当。规模太小，营业推广不能充分发挥作用；规模太大，或许会促使营业额上升，但由于成本上升，效益也会下降。合理的规模，一般通过推广方法、推广的费用和销售额的相互关系来确定，在一定范围内，通过确定合理的营业推广的支出与收益比，使企业获得最大利益。例如，国外许多大公司，在用营业推广方式推销老产品时，只要求营业推广收入能大于支出，甚至收支基本平衡就可以了。有时，企业为了推销长期积压的产品，只要求通过营业推广把产品卖出去，而不在乎其收支状况。

(三)营业推广的对象

在国际市场上，营业推广的对象可以是任何人，也可以是特定的人，通常是商品的购买者或消费者。但有时企业可以有意识地限制那些不可能成为长期顾客的人或购买量太少的人参加。比如，企业可以对国际市场的老客户或有长期往来的中间商提供优惠条件(购货折扣、开办联营专柜、合作广告等)，短期客户则不享受这些优惠条件。限制条件不可过宽，也不可过严，否则会影响新顾客的增加，排斥潜在消费者的加入，而达不到应有的效果。

(四)营业推广的途径

即企业通过什么途径向国际市场的顾客开展营业推广。比如说，营业推广的形式是发行奖券，那么，这种奖券既可放在出口商品的包装里，也可以附在国际市场广告中；既可以通过国外进口商、经销商或代理商在进货或购买商品时分发，也可以邮寄方式赠送给国际市场客户。此外，在当地市场通过抽签或摇奖的方式推广也可以。营业推广的途径和方式不同，推广费用和效益也不一样。企业必须结合自身内部条件、市场状况、竞争动态、消费者需求动机和购买动机等进行综合分析，选择最有利的营业推广的途径和方式。

(五)营业推广的时机和期限

不同产品，在不同的国际市场、不同的条件下，营业推广的时机是不同的。企业营业推广的措施必须在适当的时机推出，才能取得较好的效果。市场竞争激烈的产品、质量差异不大的同类产品、老产品，以及刚进入国际市场的产品、滞销产品等，多在销售淡季或其他特殊条件下，运用营业推广策略。在营业推广方面，企业应考虑消费的季节性、产品的供求状况及其在国际市场的生命周期、国际市场的商业习惯等来确定营业推广的期限。推广期限过短，许多潜在买主可能来不及得到开发，达不到其预期效果和目的；期限太长，费用增加，可能会得不偿失。据有关资料分析，在北美地区，每季度搞 3 周左右的营业推广比较好；在西欧，营业推广的期限可能有长有短，日用品以 1 个月为佳。一般情况下，在国际市场开展营业推广，其期限大都以消费者的平均购买周期为参考标准。

议一议:

近几年，法国新开发了工厂旅游，每年约有 5 000 万游客为此而来，为法国带来了可观的收益。赴法的游客可以到烟厂参观每分钟卷 4 000 支烟的设备；看汽车厂家生产标致车的工艺流程；参观电力公司的核反应炉；看航天工业公司最新式的超音速客机；看马爹利酒厂的酒库并听专人解说酿酒程序和如何评定美酒级别，参观农场制作奶酪的过程并亲自品尝等等。

无独有偶，日本东京生产玻璃制品的公司，也创办了观光工厂。游客按照观光路线可以自由参观玻璃制品成型、加工的全过程，并可在工匠的指导下动手参与制作玻璃工艺品等。

"工厂旅游"这种方法真的十分有效吗?

第四节　国际公共关系

一、国际公共关系概述

(一)国际公共关系的概念

国际公共关系作为一种促销手段，是指企业为了与公众搞好关系，树立企业的良好声誉和形象，增进公众对企业的信任和支持而采取的措施和策略。公共关系和其他促销方式不同，它是一种间接的促销手段。它并不局限于企业与顾客之间的关系，也不局限于交易关系，而是立足于企业的长远发展，致力于与社会公众建立起良好的关系。

(二)国际公共关系的优点

国际公共关系是近几十年来国际营销界越来越重视的一种促销方式。与其他促销方式相比，国际公共关系具有以下几个方面的优点：

1．社会性。国际公共关系更多的是对东道国社会热点问题的关注，因而可以赢得当地公众的注意力和某种程度的信任，进而能够迅速扩大企业的知名度和影响力。

2．间接性。国际公共关系不是直接地向东道国消费者推销产品，而是通过与社会公众的沟通，树立企业的良好形象，从而间接达到产品促销的目的。这样做，更容易得到东道国消费者的认同。

3．渗透性。国际公共关系是一种“民间外交”，它能比国际广告更好地突破当地政府的限制和障碍。

4．长远性。国际公共关系着眼于在东道国的长期发展，企业在东道国社会形象的树立，有利于其在东道国的长远发展。

(三)国际公共关系是企业在国际市场竞争中取胜的重要策略之一

公共关系对于企业进行国际化经营具有十分重要的作用。企业在开展国际营销活动时，要想顺利地进入目标国家市场，高品质的产品固然重要，但更为重要的是得到当地政府和社会公众的支持和认可，能够接受企业及其产品。企业的公共关系活动就是企业树立良好形象，争取当地中间商和广大消费者的了解、信任和支持的有效手段。公共关系活动能够以其有效的沟通手段，及时克服国际经营中存在的文化和其他障碍，进而打开市场并占领市场。公共关系是国际营销活动中必不可少的促销手段，也是企业在国际市场中取胜的关键策略之一。

二、国际公共关系在国际营销中的任务

企业在国际营销中进行公共关系活动的主要目的就是树立企业良好的社会形象和声誉。为此，国际营销中公共关系活动的任务主要表现为：

(一)加强与传播媒体的关系

大众传播媒体对企业的报道在消费者中具有极强的引导作用，因而在很大程度上能够影响企业的公众形象。企业要想利用传播媒体来为其服务，必须与之建立良好的合作关系，主动提供信息，使媒体了解企业，同时，积极创造具有新闻价值的事件，争取媒体主动的、正面的报道。

(二)改善与消费者的关系

与消费者的融洽关系是国际企业的生命线，国际上任何一家有信誉的公司几乎都把改善与消费者的关系列为头等重要的任务。运用公共关系同社会公众沟通思想，增进了解，使消费者对企业的形象及其产品产生感情，这对企业国际经营具有十分重要的意义。

企业还可以建立与公众的联系制度，答复公众对企业提出的各种问题，对来访、来电、来信询问或投诉的消费者，进行迅速、准确、友好的接待和处理，以此来树立企业的形象。如美国一些企业提出并坚持“24 小时接待服务”和定期回访制度，在社会公众中产生了良好的影响，效果极佳。

(三)协调与政府的关系

与国内经营的企业不同，国际营销企业要面临来自各个国家和政府的各种不同的要求和限制。企业一方面必须随时调整自己的行为以适应政府政策的变化，另一方面又要左右逢源，以应付可能发生的冲突和利益矛盾。这也是企业公共关系的一项重要任务。因此，公关部门必须加强与东道国政府官员的联系，了解他们的意图，了解所在国的法律和文化习俗，争取相互之间的谅解，以求得企业的生存和发展。为了达到这一目的，企业可以搞些公益活动，如为公共事业捐款，扶持残疾人事业，赞助文化、教育、卫生和环保事业等，树立为目标国家的社会与经济发展积极作贡献的形象。

(四)在不同时期、不同阶段进行不同的公共关系活动

在进入东道国的初期阶段，面临的问题较多，公关任务繁重，工作的重点是争取被东道国的政府及公众接纳。进入营运阶段之后，就要关注东道国政局与政策动向，以及公司利润汇回本国的风险问题等，工作的重点是扩大企业在东道国社会上的影响，确立良好的声誉。最后，在撤出阶段，仍然要注意保持与东道国良好的关系以维护其他方面的利益。

三、开展国际公共关系活动的程序

公共关系是一门科学，更是一门艺术。要取得良好的公关效果，需要有计划地开展工作，并通过一定的程序给予保证。企业开展国际公共关系活动，一般按照以下程序进行：

(一)开展公众调查

搜集、了解目标市场公众对本企业的意见和态度，分析企业及其产品在公众心目中的形象和知名度，总结经验教训，发现问题。企业既可以自行设立机构从事搜集信息、研究工作，也可以

委托公共关系代理机构来完成。美国、日本、西欧等都有专门的公共关系咨询公司和市场调研机构，帮助企业在国际市场上调查了解有关方面的问题。

(二)确定公共关系目标，制定公共关系计划

根据调查分析的资料信息和企业的促销目标确定企业开展国际市场公共关系应达到的目标，其中包括近期、中期和远期目标，按照目标，再制定具体的公共关系活动计划。例如，美国加利福尼亚一个酒厂请一家公共关系公司策划在英国宣传产品。这个酒厂提出了三个公共关系目标：一是让人们感到喝葡萄酒是快快乐乐过日子的重要内容；二是使英国人认为，喝该酒厂生产的酒是现代生活的象征；三是提高该企业产品的声誉，并增加市场份额。为了实现这三个公共关系目标，公共关系公司提出了产品宣传目标和宣传方案：第一，编写有关该厂葡萄酒的文章，并设法在英国颇有影响的报刊上登载；第二，撰文论述喝该厂葡萄酒对健康的好处，并用医学和营养学理论予以解释；第三，赞助老年人健身协会，捐款给英国食品博物馆；第四，介绍该酒厂已取得的成就和消费者对该厂产品的称颂。此外，该厂还对不同的细分市场(如老年人市场、妇女市场、少数民族市场、宗教市场等)制定了不同的宣传方案。

(三)实施计划与沟通信息

按照国际市场公共关系计划，企业通过多种形式、途径和渠道，把企业的所作所为告知社会公众，沟通企业与社会公众之间的关系。这样既可以扩大企业的国际影响和社会声誉，又便于倾听社会公众的意见，接受社会公众对企业的监督。例如，20 世纪 80 年代初，日本索尼公司研制出一种多功能超小型收录机。在新产品投放市场之前，公司就在东京闹市区的一著名公园举办新产品发布会和新闻记者招待会，给每位记者赠送一部超小型录音机，并在公园里到处悬挂介绍新产品的巨幅宣传标语。这些记者在世界各国报刊电台发布新闻报道以后，新产品声誉鹊起，要求订货的信函和电报雪片似地飞来，索尼公司的公共关系宣传一举成功。在实施公共关系计划和策略的过程中，索尼公司还不断搜集了解国际公众，特别是消费者、竞争者和消费组织对新产品的反应。

(四)公共关系效果评价

在公共关系实施过程中和实施之后，企业必须对公众信息进行反馈，了解国际公众对公共关系策略和企业产品的反应，以及公共关系目标是否实现，任务是否完成。评价和反馈工作，可以由企业公共关系部门完成，也可以聘请目标市场上有关机构和国际性公共关系公司、市场调查研究咨询公司代为进行。此外，当地市场的社会公众的密切配合是必不可少的。

本章小结

在国际市场中，不同的文化、习俗、法律体系等常常将企业与消费者隔离开来，因此，有效的沟通十分重要。将本企业的信息通过各种方式传递给国际市场的消费者或用户，以达

到扩大销售目的的一切手段，构成国际市场促销。国际市场促销主要有四种形式，即广告、人员推销、营业推广和公共关系。

广告策略指企业在分析环境、广告目标、目标市场、产品特征、媒体可获得性、政府控制及成本收益等因素上，对广告活动的开展方式、媒体选择和宣传重点的总体原则作出决策。国际广告是最重要的促销手段。随着经济的发展，广告在国民经济中的作用不断增强。国际广告使用最多的媒体是报纸、杂志、广播、电视。

人员推销是一种传统的促销方式，也是最流行的促销方式之一。国际营销中的人员推销是指企业派出推销人员或雇用外国推销人员向国外中间商和最终用户介绍和宣传产品，以实现产品价值。国际市场人员推销的组织结构，是指推销人员在国际市场的分布和内部结构。一般包括四种结构：地区型结构、产品型结构、顾客型结构、综合型结构。国际市场推销人员的管理主要包括选择、培训、激励和评估等环节。

国际营业推广是指除人员推销、广告、公共关系以外，企业在国际目标市场上，采取的旨在刺激需求、鼓励购买、扩大销售的一系列促销措施。与广告相比，营业推广见效快，可以在短期内刺激市场需求，促使消费者立即购买。国际营业推广的类型一般可分为三类：直接对消费者的营业推广、对中间商的营业推广和对国际市场推销人员的营业推广。企业在制定营业推广策略时，必须结合产品、市场等方面的情况，慎重确定营业推广的规模、对象、时机和目标等。

公共关系和其他促销方式不同，它是一种间接的促销手段。它并不局限于企业与顾客之间的关系，也不局限于交易关系，而是立足于企业的长远发展，致力于与社会公众建立起良好的关系。国际营销中公共关系活动的任务主要表现为：加强与传播媒体的关系、改善与消费者的关系、协调与政府的关系以及在不同时期、不同阶段进行不同的公关关系活动等。

案例分析

借机宣传出奇制胜

——法国白兰地开发美国市场

多少年来，法国白兰地生产厂家一直想将白兰地打入美国市场。美国在20世纪20年代颁布实施的禁酒法令，曾一度阻挡了白兰地进军美国的进程。禁酒法令取消后，随之而来的二战烽火烧遍世界，白兰地的美国梦再次破碎。战后，白兰地生产厂家觉得进军美国市场的时机已经成熟，决定大举开拓美国市场。目标确定后，策划人员便着手分析市场形势。美国是世界上最大的市场，也是竞争最激烈的市场，白兰地想要一炮打响，赢得美国人的青睐，必须出奇制胜。明确了策划思路后，策划人员推出了如下营销方案：

当时的美国总统艾森豪威尔即将过67岁寿辰，可以以此为宣传突破口，在艾森豪威尔总统寿辰前一个月，利用《美国之音》、《时代》等传播媒体散布信息：为了表示对美国人民的情谊以及对美国总统的友好感情，法国人民将选赠两桶极为名贵的、酿造达 67 年之久的白兰地酒作为贺礼。贺礼将由专机送往美国，白兰地公司为此付出了巨额保险费。在总统寿辰之际，将举行隆重的赠酒仪式：四名身着宫廷侍卫服装的法国人将抬着这两桶酒步行进入白宫。装着白兰地酒的酒桶亦是艺术家的精心之作。

无数的美国公众被这连续的报道所吸引，在总统寿辰前夕，关于这两桶酒的传说，便成了华盛顿市民街头巷尾议论的热门话题。

总统寿辰当天，为了观看这个不同凡响的赠酒仪式的实况转播，华盛顿竟出现了万人空巷的罕见场面。而有关白兰地酒步入白宫的各种新闻报道、专题特写、新闻照片挤满了当天各报的版面。

于是，法国名酒白兰地就在这种热烈的氛围中昂首阔步走上了美利坚的国家宴会与市民的餐桌，半个世纪的美国梦终于实现了。

资料来源：中国企业国际化管理课题小组，《企业国际营销管理案例》，北京：中国财政出版社 2002 年版。

问题：

1．试分析法国白兰地酒厂在美国的促销策略。

2．如果你是企业的管理人员，你还能想出什么促销手段？

思考与练习

1．国际广告应考虑哪些限制性因素？

2．试分析国际广告标准化策略和差异化策略的优缺点。

3．举例说明企业应如何选择国际广告媒体。

4．国际人员推广的主要任务是什么？

5．企业应如何加强对推销人员的管理？

6．国际营业推广主要有哪几种类型？

7．试述国际公共关系在国际营销中的作用及任务。

技能实训

我国某家电企业生产的高清平板电视目前主要销往东南亚和拉美市场。该企业决定在上述地区市场加大宣传力度。如果你是主管，你将采取什么广告策略来加强宣传？

第十一章

国际营销的组织与控制

【导读】在复杂多变的国际营销环境中，企业的营销活动要想不断地适应变化的市场，就需要建立适当的组织对之进行管理。职责明确、权责分明、精简高效的组织机构是企业国际营销活动能够顺利实施的有力保障和进行营销控制的基础。控制国际营销活动是国际营销管理过程中的重要步骤，控制的目的就是使企业的营销活动朝着既定的目标进行，所以必须不间断地对营销活动实施监控。

企业在进行国际营销活动时应建立何种模式的组织机构？国际营销的组织设计应遵循哪些原则？组织结构的分类以及组织结构的设计应考虑哪些因素？国际营销控制的必要性以及影响国际营销控制的主要因素是什么？国际营销控制有哪些程序？这些都是本章要讨论的问题。

第一节　国际营销组织

一、国际营销组织的目标

国际营销组织的目标应该包括以下几个方面。

(一)市场需求快速反馈

营销应该不断适应外部环境，并对国际市场的需求变化作出积极的反应。在信息现代化的今天，各种市场信息都要及时地汇集到营销调研部门以及企业的营销人员。了解到市场变化后，从新产品开发到价格确定以及营销组合的其他方面都要作出相应的调整。

(二)营销效率最大化

效率通常是结果与努力的比率。从组织的角度讲，效率要通过企业内部的专业化和程序化来实现。企业内部存在许多专业化部门，为避免这些部门间的矛盾和冲突，营销组织要充分发挥协调与控制功能，确定各部门拥有的权力和承担的责任。

(三)消费者利益最大化

市场营销观念就是把消费者利益放在第一位。这个责任主要由营销组织来承担，又在管理的最高层上设立营销组织来确保消费者的利益不受损害。

企业营销组织的目标最终是帮助企业完成整个营销任务，实现企业整体效益。组织本身不是目的，重要的是协调并指导人们获取最佳营销成果。

二、国际营销组织的设计原则

国际营销组织的设计原则是人们在营销管理过程中总结、概括出来的一些本质性的、带有规律性的东西。企业在设计国际营销组织时，必须遵循这些原则。

(一)系统原则

要把企业看做一个有机的整体。职工个人的业绩构成部门和子公司的业绩，进而构成整个企业的业绩。因此，企业在建立营销组织时，要依据企业总目标，为企业每个层次和部门制定子目标，各个部门又为本部门的职工制定具体的个人目标，从而构成一个目标体系。组织设置必须服从并服务于营销目标，与营销目标保持高度一致。因此，在设计营销组织时，应坚持目标导向，以“事”为中心，因“事”设职，因“职”配人。任何职位的设置都应考虑是否是实现企业营销管理目标所需要的。凡是与营销目标无关的职位，应坚决取消。对于那些可有可无、与营销目标关系不大的职位，应尽可能与其他职位合并。同时，企业组织结构要与企业外部大环境相适应，要从动态的角度考虑企业与员工以及外部环境的关系。要使企业的组织结构具有整体性，首先必须使其具有较强的适应性，以根据外部环境的变化随时作出调整。

(二)最佳经济效益原则

许多因素会影响企业组织结构层次或部门的多少以及每个层次或部门的权责，诸如目标市场环境、产品、渠道的状况、促销的力度以及信息反馈速度等。无论企业采用多少层次的组织结构，其目标都是一致的，即提高组织效率，创造出最佳经济效益。

(三)集权与分权统一原则

集权是把权力集中于最高层领导，分权是将权力分散于组织的各个层次。企业组织结构的设计必须处理好集权与分权的关系。集权有利于集中统一领导，增强对整个组织的控制；有利于协调组织的各项活动，提高工作效率；有利于充分发挥高层领导的聪明才智和领导能力。但是，权力高度集中，企业的其他人只有责任而没有权力，会使得管理层次增多，信息沟通渠道变长，子公司缺乏独立性和自主权，高层领导的负担过重。分权则正好相反，它使得管理层次减少，信息沟通渠道缩短，高级管理层可以从具体的事务中解脱出来，集中精力抓重点，同时又有利于调动基层管理人员的积极性和主动性。但权力过于分散，企业就无法形成一个有机的整体，也有可能失去对整个组织的控制。可见，权力过于集中和过于分散，都不利于发挥整个组织的作用。因此，企业各层次和各部门之间应该分工明确，有责有权，构成一个既相互合作又相互监督和制约的有机整体。一般而言，集权应以不妨碍基层人员的积极性的发挥为限，分权应以不失去对下级的有效控制为限。这样才能使组织结构在实现企业营销目标的过程中发挥最佳作用。

(四)分工协作原则

分工与协作是社会化大生产的客观要求，企业在设计营销结构时，要充分考虑这一客观要求。企业首先要在组织内部进行分工，明确各个部门和各个岗位的工作内容、工作范围，解决干什么的问题。专业化分工有利于发挥企业员工个人的聪明才智，使其逐渐成为某一个方面的专门人才；有利于降低培训费用；有利于减少非生产性时间；有利于采用专门的设备。营销工作的专业化，已成为现代营销管理发展的一大趋势。有分工就必然有协作，协作包括纵向协作和横向协作。纵向协作是纵向等级链各环节之间的协作；横向协作是各个部门、各个岗位之间的协作。分工与协作二者之间有着密切的内在联系。一般而言，分工越细，专业化水平越高，责任越明确，工作效率越高；但是分工过细，会造成机构增多、协调工作量增大等问题，使协调工作变得较为困难。相反，分工较粗，组织机构可以减少，协调工作量可以减少，有利于培养多面手；但是分工过粗，专业化水平就较低，工作效率会随之而受到影响，并且容易产生相互推诿责任的现象。分工粗细，各有利弊，企业可根据自身需要作出合理的选择。

(五)命令统一原则

在当今企业的经营管理中，尽管企业组织结构日益多样化，纵横关系极为复杂，但命令统一仍然是必要的。对于企业来说，无论是在生产经营过程中还是在营销活动中，都必须遵循这一原则。命令统一原则的实质，就是在管理工作中实行统一领导，形成统一的指挥中心，避免多头领导。命令统一原则要求各管理层形成一条等级链。从最高层到最低层的等级链必须是连续的，不能中断或有缺口，每一级只能有一个最高行政主管，统一负责本级内的全部工作。下级组织只接受一个上级组织的命令和指挥。对上级的命令和指挥，下级必须无条件服从，不得各自为政，各行其是。下级只能向直接上级请示汇报工作，不能越级，如有不同意见，可以向再上一级请示。上级不能越级指挥下级，以维护下级组织的领导权威，但可以越级检查工作。

三、国际营销组织结构的分类

企业在发展，企业的经营战略也在发展，企业的组织结构一般也会随着企业经营管理的新需要而加以调整。实际上，一个企业的产品在进入国际市场的过程中，企业的营销组织也从国内营销机构的附属逐步演变为全球机构。

通常采用的国际营销组织结构有：出口处(科)、国际部、地域型组织结构等。

(一)出口处(科)

随着企业国外销售业务的开展，企业需要建立出口处(科)来统一处理其国外业务。在营销部设立的出口处(科)，负责与所有海外市场和海外顾客保持联系，解决出口中的问题，履行管理和财务职责，选择并监督代理商，具体机构如图 11–1 所示。

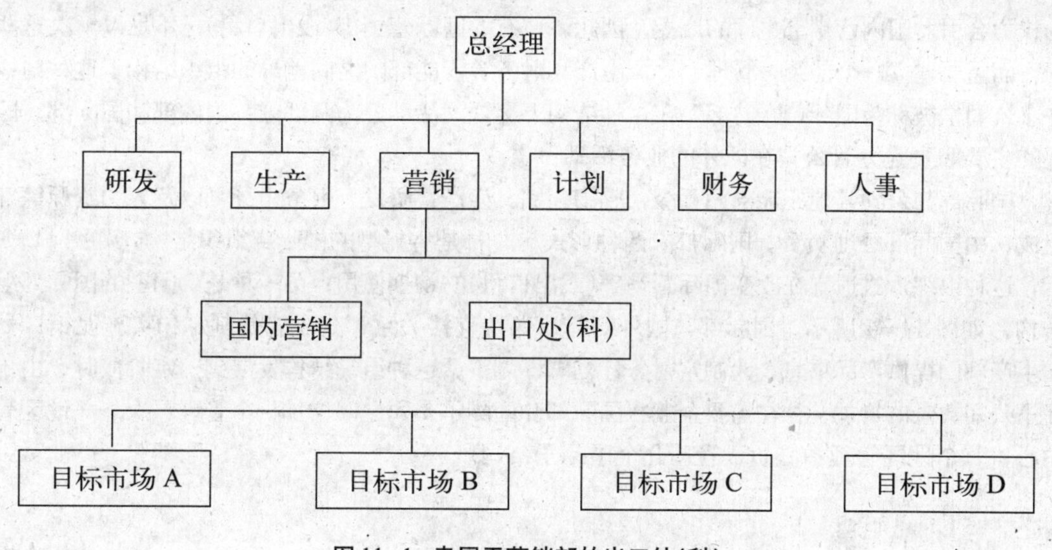

图 11–1　隶属于营销部的出口处(科)

但在实践中随着销售业务的开展，出口处往往缺乏公司总部和其他职能部门的支持，从而影响海外业务的扩展。为了解决这个问题，企业在出口业务发展到一定程度时会把出口处(科)从原来的营销部门独立出来，变成国际营销部，将国际营销部和国内营销部分设，如图 11–2 所示。

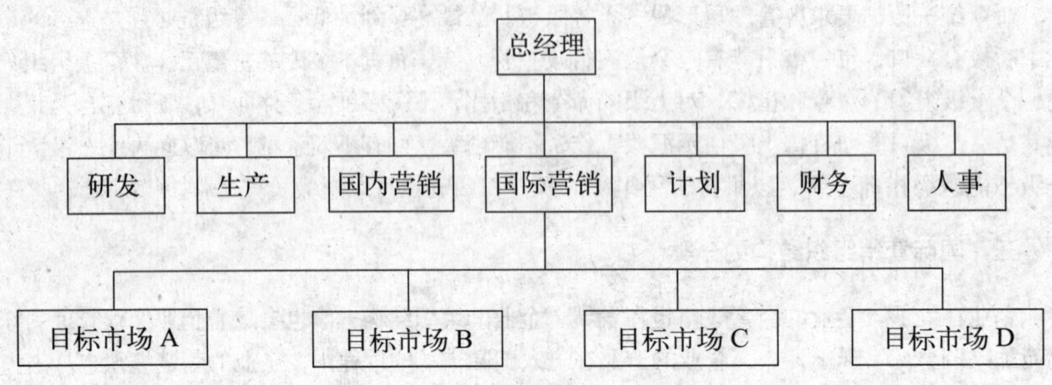

图 11-2　国际营销部组织结构

(二)国际部

随着国际业务的不断发展，企业进入国际市场的方式日趋多样化，国际式的协调国际市场活动的职责超出了国际营销部(或出口科)的范围。同时，由于国际营销部在国际业务方面与日俱增的权力会引发国内营销部之间的摩擦，因此，原有的国际营销部(或出口科)已不足以解决这些问题，而需要建立一个能统一管理、协调生产和财务等职能部门之间差异的组织结构，这种结构在许多公司里被称为国际(业务)部。在这种结构下，公司活动分为两部分：国内部和国际部。国际部的主要职责是分管公司在国外的业务活动。

国际部与公司其他职能部门平级，它由营销、生产、研发、财务、计划以及人力资源等部门组成，由国际部经理负责。国际部有两种形式，一种是智能型的国际部组织结构，如图 11-3 所示，这种组织形式适宜在改变国际营销部(或出口科)的初期使用；另一种是部门型的国际部组织结构，如图 11-4 所示。国际部与国外的客户保持直接关系，其职能是制定和实施促销计划，向生产部门提供产品信息，为制定财务计划出谋划策。这种组织结构发展到一定阶段时，由于国际子公司数量的增加，往往需要企业在国际部和国际子公司之间增加一个管理层次——地区管理中心，每个地区管理中心负责管理几个国际子公司。

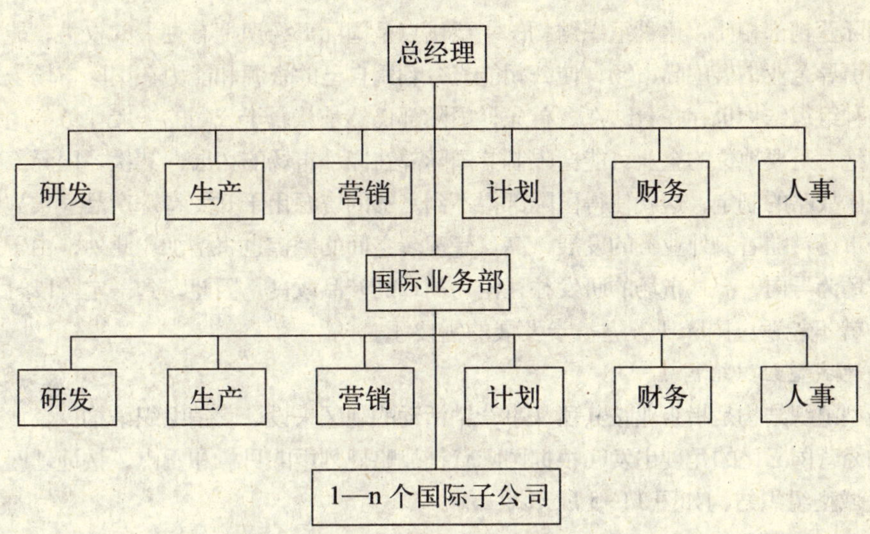

图 11-3　职能型国际(业务)部组织结构

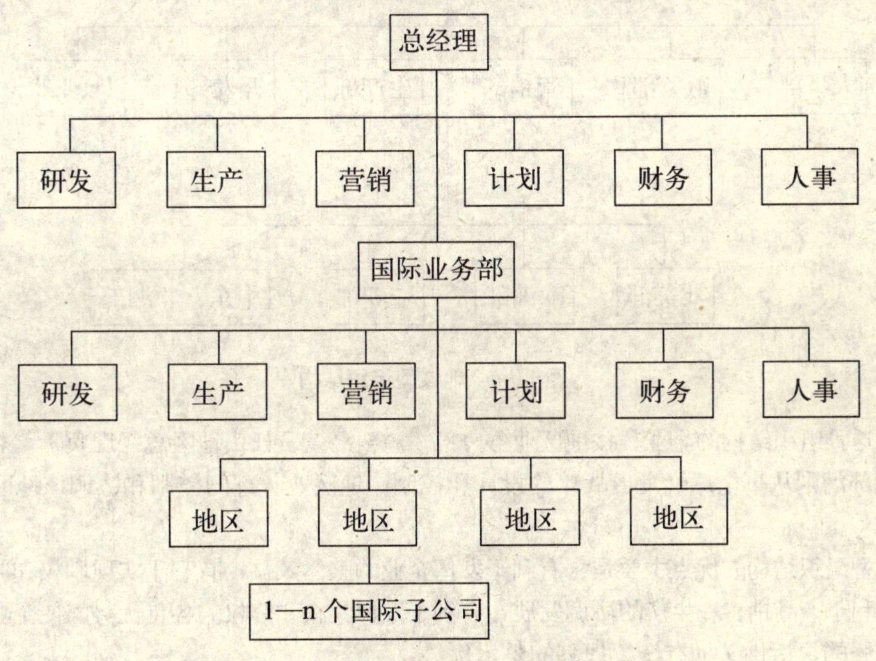

图 11-4　部门型国际(业务)部组织结构

与国际营销部相比，这种组织结构的主要优点是国际部经理拥有更大的权力，能在更大的程度和范围引导企业拓展国际市场，使公司能充分利用自己的资源和能力在国际市场上施展拳脚。但是，这种组织结构也存在着缺点。首先，国际部仍然是从属于公司的一般业务部门，那些在国内市场占绝对重要地位的企业可能会限制其国际部在国外市场的拓展；其次，国际部往往不能参与公司整体战略的制定，这就使得国际部得不到足够的资源用于开发特殊产品、实施促销计划和拓展海外市场；随着海外业务的发展，高层管理者之间的摩擦也将增加；此外，由于公司的研发以国内市场为导向，海外市场的研发往往沦为简单的产品改良。因此，到一定阶段时，这种组织结构形式就不能适应国际业务进一步发展的需要了。

（三）地域型组织结构

地域型组织结构是指企业按其所从事营销活动的地区来设计营销组织结构。企业通常从市场全球化和经营国际化的角度出发，根据国际营销战略规划中的目标和重点，按地理区域设置组织机构。地域型组织结构如图 11-5 所示。

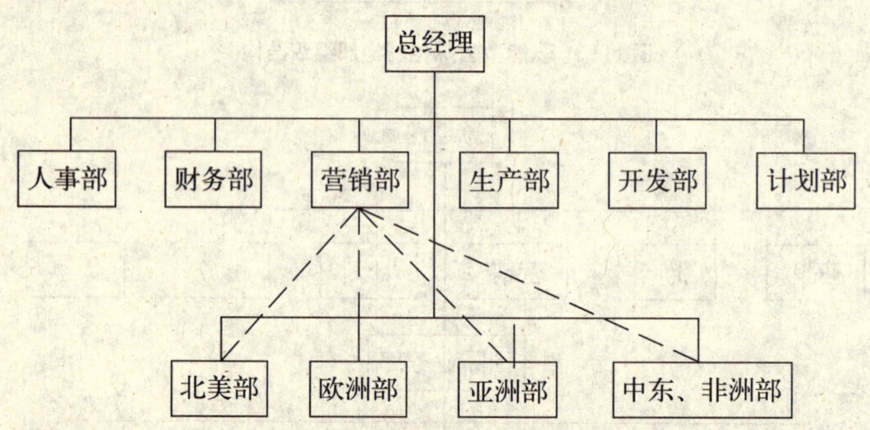

图 11-5 地域型组织结构

采用这种组织结构的企业，按地区业务分部，主要经营责任由地区总经理负责。总部及其所需的职能部门则从事全球性发展战略的设计和控制，地区业务部门控制和协调该地区的所有职能。

地域型组织结构的优点主要是：有利于发挥企业的整体效益；有利于实现职权和职责的明确委派；有利于产品销售和生产的协调发展；有利于发挥集权和分权的各自优势，使企业组织结构既具有较强的灵活性又拥有统筹规划的整体优势。

这一组织结构的明显缺点是：需要大量的执行经理来有效地管理该机构组织；由于没有专人负责特定产品的经营活动，从而可能造成单项产品管理上的混乱；也可能导致各地区各自为政从而牺牲全局利益的局面。

这种组织形式主要适用于各地区市场差别较大，而各地区内部市场差异较小、产品系列较少，产品关联性较强、技术性能较稳定的国际企业。食品加工、医药和石油企业大多具有上述特点。当产品系列复杂，按地区组织不容易处理好产品的开发与资源分配，各子公司间存在技术传播等问题时，国际企业便转向按产品划分的组织形式。

（四）产品型组织结构

产品型组织结构是指企业根据其所经营的产品类别来设计其营销组织结构。采用这种营销组织结构的企业通常是有多少个产品大类，就设立多少个产品部，由各产品部经理负责全球营销活动。产品营销经理的职责是指定产品开发计划，监督其实施结果并提出改进措施。企业在总部一级还应设有地区专职人员，负责协调该地区内的各种产品的业务活动。产品型组织结构如图 11–6 所示。

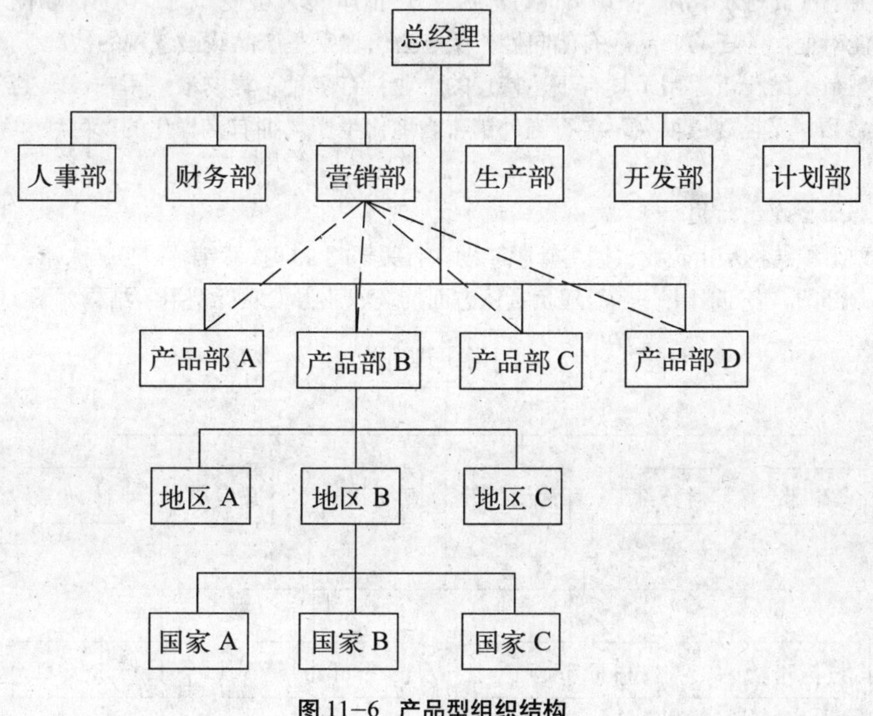

图 11–6 产品型组织结构

事实上，图 11–6 显示的是世界性产品型企业的组织结构，各产品系列都同时从事国内和国际的营销业务，企业对产品生产、市场营销和资金流转等进行全球性的统一规划。

这种组织结构的优点包括：具有较大灵活性，当企业涉足新的产品领域时，只要在组织结构上增加一个产品系列部就行了；有助于企业对各个产品系列给予足够的重视，防止企业忽视开发新产品和那些销售量虽小但有发展潜力的产品；此方法的显著特征是分权化，能充分调动部门领导的主动性和积极性；对国外市场变化反应灵敏；增加新产品和减少老产品对综合整体经营活动没有多大影响；可以比较稳定地控制管理产品生命周期；产品部经理可以根据国际市场对其产品的需求变化及时调整营销策略，清除滞销品种，增添创新产品和短线产品；有利于优化企业的投资结构；按产品线设立直线部门，便于部门集中精力搞好市场调研、开发创新产品、争取最佳经济效益；便于企业领导对比和评估不同产品部门对企业的贡献，为资金投向效益最佳的部门提供了依据。

不过该组织结构也存在不少缺陷：例如，缺乏整体观念，各产品部之间会发生不易协调的问题，会为保持各自产品的利益而发生摩擦；产品经理们未必能获得足够的权力，以保证他们有效地履行职责，这就使他们要靠劝说的方法取得广告部门、销售部门、生产部门和其他部门的配合与支持；由于权责划分不清，下级可能会得到多方面的指令；被提升到公司总部职位上的原部门领导，可能对他们前任的产品线有偏向性，于是会出现某些产品线被忽视的情况。

产品型组织结构最适用于具有下述特点的企业：有多种多样的最终用户；既生产工业用品又生产消费品，而且规模很大；实行国外销售当地化生产；拥有多样化的产品线和高水平的技术能力。

（五）职能型组织结构

职能型组织结构是指企业根据主管职能设立有关部门，即按营销、财务、人事、研发、生产等职能划分部门，各部门由一名经理负责该方面的全球业务。职能型组织结构如图 11-7 所示。

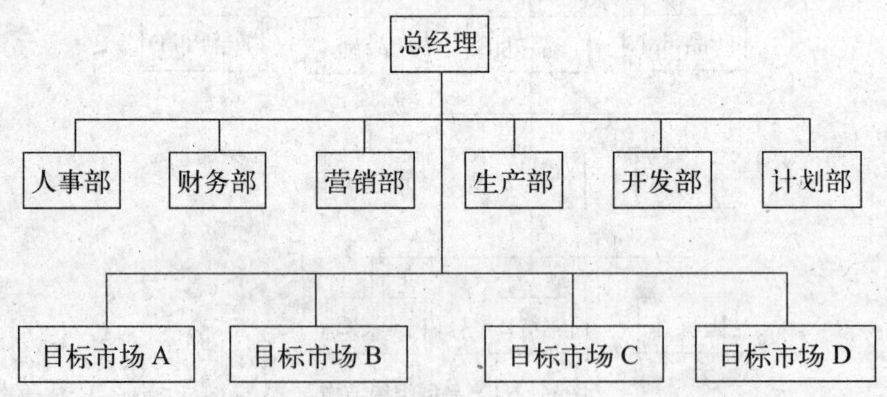

图 11-7 职能型组织结构

这种组织结构要求企业拥有高度专业化的人才，企业各部门主要是按管理职能划分的，各职能部门集中着专业人才，任何职能部门的一切业务活动都围绕企业的主要职能展开。产品范围相对狭小或产品较为标准化，在市场上已站稳脚跟，没有强手竞争的企业可以采用这种组织结构。

职能型组织结构的优点是：可以使企业把管理的侧重点放在内部功能上，每个职能区域都能取得规模效益，节省企业人力；专业化经理对整个企业实行集中控制，从而使专业的重复设置降低到最低程度；此外，成本核算和利润获取的主要职责集中在企业高层，子公司不存在利润换算问题，不会产生利润中心彼此冲突的情况。

职能型组织结构的主要不足是：需要重复安排地区专家，且这些专家之间难以协调；生产活动和市场营销活动分离；职能部门经理不可能具备所有产品的专业知识，因而难以开展多种经营；此外，经理人员容易滋长过于强调本部门职能的狭隘看法。

（六）矩阵型组织结构

矩阵型组织结构兼顾地域和产品两大变量在营销决策中的重要性，应用于产品经营高度多样化和地域经营也高度多样化的跨国经营企业。许多跨国公司为了帮助计划、组织和控制相互依赖的业务、关键资源和战略以及地理区域，而采用矩阵型组织结构。

地域和产品两种基本组织结构形式各有其优点和缺点，将两者相混合可以取长补短，充分发挥每种形式的优势。矩阵型组织结构相对于其他简单的组织结构形式来说，结构要复杂得多。矩阵型组织结构如图 11-8 所示。

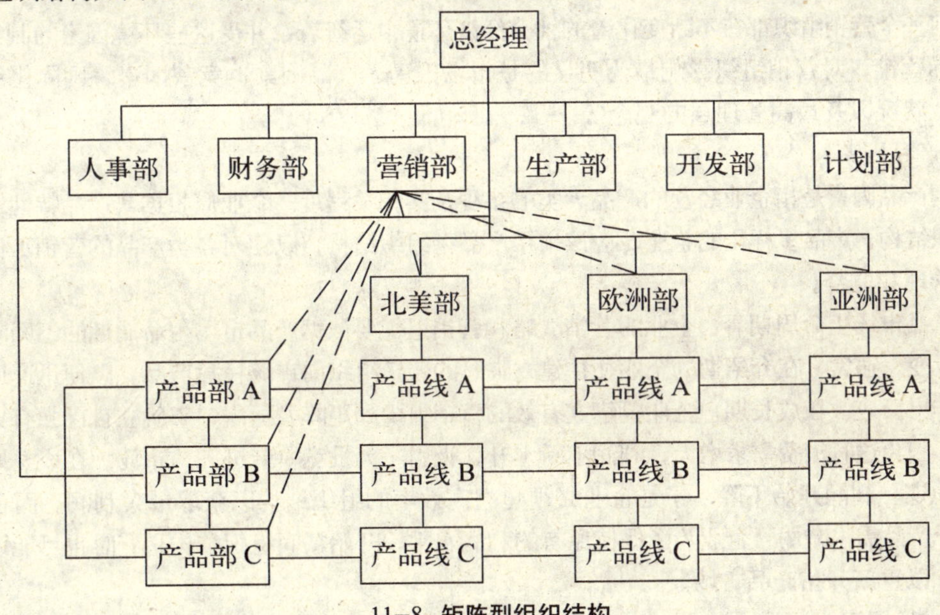

11-8 矩阵型组织结构

矩阵型组织结构的优点在于：能适应复杂的业务环境的需要；能综合分析和处理多种环境因素；应变能力较强，能较好地解决市场反应灵活与规模经济之间的矛盾；加强了公司总部对各个区域的经营活动的计划和控制；加强了企业内部之间的协作，能集中各种专门人员的知识技能，又不增加编制，组建方便，适应性强，有利于提高效率。此外，这种结构试图创造一种协同力，使经理人员相互依赖和协作，具有整体观念，能根据对整个企业而不只是仅对某个部门的影响来判别是非，衡量某项决策的得失。

矩阵型组织结构的不足之处是：容易引起矛盾和摩擦，产品部和区域部可能会更多地从自身利益出发来考虑问题；组织结构较为复杂，基层部门要同时受区域部和产品部的领导、监督、检查和评估；双重指令体系和双重核查体系会造成额外的管理费用，抵消了一部分效率；过于分权化，稳定性差。

四、设计国际营销组织应考虑的因素

国际营销组织的目标是协调本企业在其海外市场的经营活动。为了有效地推进国际营销活动，企业必须设计最恰当的组织结构。有两类因素对设计产生影响，一类是企业内部因素，另一类是企业外部因素。一个合适的组织结构绝不会是永久性的，企业在必要时须改变其组织结构，以适应新形势的需要。

(一)分析营销组织环境

任何一个营销组织都在不断变化着的社会经济环境中运行着，并受这些环境因素的制约。特别是国际营销，对营销组织影响最为明显的是市场因素、产品因素、竞争因素、国际化经营程度、企业状况以及最高管理层的观念等。

1．产品因素

所谓产品因素是指企业经营的产品大类的多少及其相关程度。企业应根据其产品特性选择相应的组织结构。产品多样化的企业，应该采用产品型组织结构，以便对各类产品的营销工作进行有效的管理和监督。

从产品市场生命周期看，企业的营销战略和营销组织要依据产品市场生命周期的不同阶段作相应的改变。通常，在介绍期的企业往往建立临时的营销组织向市场投放产品，以便迅速地对市场行为作出反应。在成长期，企业要建立有效的营销组织如矩阵型组织，来确立自己强有力的竞争地位。因为这时消费需求增大，利润不断上升，吸引了大批竞争者进入该市场。在成熟期，消费需求稳定，利润开始下降，于是企业必须建立高效率的组织结构以获取最大利润。而在衰退期，由于产品需求减弱，企业为了保持原有的利润水平，开始精简组织结构，有时也可能设立临时机构，以重新开拓产品市场。

2．市场因素

市场因素首先指市场的稳定程度。通常来讲，市场越不稳定，营销组织就越需要具有高度的灵活性，它必须随着市场变化及时调整内部结构和资源配置方式。一些市场，如食品和工业原料市场，消费者购买行为、分销渠道、产品供应等在一个较长的时期内变化不大，并且显得十分稳定；而另外一些市场，如妇女流行用品市场，由于产品生命周期较短，技术和消费需求变化快，因此，这些市场变化多而又不稳定，营销组织结构要随时进行调整来适应这种变化。

有些企业经营地区范围很广，各目标市场之间在经济发展水平等方面有较大的差异，对此企业可采取地域性组织结构，以更好地满足不同市场消费者的独特需求。

3．经济因素

企业竞争的焦点是争夺市场。企业竞争的表现形式主要有质量竞争、价格竞争、技术竞争、人才竞争、分销及促销竞争等。营销组织首先必须知道竞争者是谁，了解他们在干些什么，然后才能对竞争者行为作出反应。企业必须从应付竞争的角度不断改变和调整其营销组织结构。

企业收集竞争对手情报的方式也多种多样，既可以设立专门的机构，也可以通过其他部门获得；既可依靠外部机构，也可由本企业员工收集情报。不同的选择将直接影响营销组织的结构。

4．企业因素

高层管理者的经营思想对企业营销组织的设计影响较大。经营思想的不同势必造成营销组织结构的差异。最高管理层对国际化经营的态度以及对外籍雇员的看法，都对企业组织结构的选择有着直接的影响，如果高级领导层强调向外发展并能够大胆使用外籍员工，可建立和使用矩阵型组织结构，否则，可采用较为简单的国际营销组织形式，如建立出口部等。企业的业务规模、从事国际营销的目标、企业在海外经营的市场数目、企业从事国际营销的经验、企业营销任务的性质、企业产品的性质和产品线的宽度以及营销活动的多元化程度都会对设计营销组织结构产生影响。

（二）确定营销组织内部的各项活动

营销组织内部的活动主要有两种类型：一是职能性活动，二是管理性活动。

1．职能性活动

它涉及营销组织的各个部门，范围相当广泛，有广告、国外营销业务、情报收集、革新控制、法律、订单处理、个人晋升、计划和战略、定价、包装、预算、控制、协调、信贷、消费者服务、经销关系、分销、预测、产品开发、产品管理、公共关系、采购、高层研究、销售管理、推销、海上运输以及存储等。企业在制定战略时就要确立各个职能在营销组织中的地位，以便开展有效的竞争。

2．管理性活动

它涉及管理任务的计划、组织、协调和控制等方面，企业通常在分析市场机会的基础上制定营销战略，然后再确定相应的营销活动和组织的专业化类型。如果企业产品销售区域广，并且每个区域的消费者购买行为与需求存在很大的差异，那么企业就可以建立地域型组织结构。

（三）设计组织结构

和纯粹的国内组织相比，国际组织的基本特征是国际化程度越高，结构就越复杂。对组织结构的分析和选择要注重外部环境因素，要强调组织的有效性。同时，还要节约成本和费用，并考虑效率。组织的效率通常表现为以较少的人员以及较高的专业化程度去实现组织的目标。这取决于两个因素：一是分权化程度，即权力分散到什么程度才能使上下级之间更好地沟通；二是管理幅度，即每一个上级所能控制的下级人数。假如每一个职员都是称职的，那么，分权化程度越高，管理幅度越大，组织效率往往越高。

此外，营销组织总是随着市场和企业目标的变化而变化的。所以，设计组织结构要立足于将来，为将来组织结构的调整留下更多的余地。

(四)配备组织人员

在分析营销组织人员配备时，有两种情况需要考虑，即新组织和再造组织。比较而言，再造组织的人员配备要比新组织的人员配备更为复杂和困难，原因是人们常常不愿意让原组织发生变化。他们视再造组织所提供的职位和工作是一种威胁。事实上，组织经过调整后，许多人在新的职位上仍然从事原有的工作，这就大大损害了再造组织的功效。同时，企业解雇原有的职员或招聘新的职员也非易事。考虑到社会安定和员工个人生活等因素，许多企业不敢轻易裁员。

但是，不论哪种情况，企业配备组织人员时必须为每个职位制定详细的工作说明书，从受教育程度、工作经验、个性特征及身体状况等方面进行全面考察。而对再造组织来讲，还必须重新考核现有员工的水平，以确定他们在再造组织中的职位。

(五)检查和评价营销组织

任何组织都会存在不同程度的摩擦和冲突。因此，必须经常检查、监督营销组织的运行状况，并及时加以调整，使它不断得到发展。调整营销组织的原因有以下两个：

1．外部环境的变化

主要指商业环境的变化，竞争的加剧，新技术的出现，工会政策、法律法规和政府政策、产品系列或销售方法的改变等。

2．组织主管人员的变动

新的主管人员试图通过改组来体现其管理思想和管理方法。改组是为了弥补现存组织结构的缺陷。有些缺陷是由组织本身的弱点所造成，如管理幅度过大、层次太多、信息沟通困难、部门协调不够、决策缓慢等。组织内部主管人员之间的矛盾，也可以通过改组来解决。为了不使企业组织结构变得呆板、僵化和缺乏效率，企业必须适当地、经常地对组织结构加以调整。

重新构建改变了现状和原有的办事形式及机构。组织中的人员也许不能或不愿意对结构性变化作出适应性调整，因此，他们会抵制变化，特别是涉及职责和权力变化时，这种抵制会更强烈。为了确保组织机构的和谐，这种变化调整通常是逐步推进的，而不可以用激变的方式进行。

综上所述，企业营销组织的设计和发展大体要遵循以上五个步骤，这五个步骤相互联系、相互作用，形成一个动态有序的过程。为了保持营销组织的生机和活力，企业领导要根据这一过程进行有效决策。

随着企业地区多样化和产品多样化战略的实施，以及海外销售比例的增加，企业组织结构从简单的出口部门向复杂的产品组织结构，或矩阵组织结构，或各种混合结构发展。我们可以利用“结构紧跟战略”去推断某个企业营销组织的形态及其变化，根据实际情况进行某种修正。

第二节 国际营销控制

控制国际营销活动，是国际营销管理过程中的重要步骤。由于在营销计划执行过程中会出现许多意外情况，所以必须不间断地对营销活动实施监控。

一、营销控制的必要性

所谓营销控制，就是对营销计划执行过程的监督与评价，并据此采用适当的措施以纠正计划执行过程中的偏差，确保既定的营销目标的实现。

作为营销管理的主要组成部分，营销控制的必要性取决于企业管理的分权程度。从地理区域来看，跨国公司的母公司与子公司在地理上距离较远，各地所处的外部环境不一，需要及时沟通信息，协调营销策略；从市场来看，跨国公司的目标市场分布在世界各地，在执行营销战略的过程中，子公司会出现各种偏差，需要协调和控制；对子公司来说，各子公司之间的实力相差较大，要正确评估其业绩，必须加强对子公司的控制。

企业通过制定国际营销计划，确定了企业在海外营销活动的目标及达到目标的策略。企业通过组织结构的设计和选择，确定了权力责任的分工。为了指导和监督企业国际营销活动的实施过程，保证营销目标的实现，企业应对国际营销活动进行有效的控制。只有营销计划和组织而没有必要的控制，就难免在执行计划的过程中出现偏差，甚至导致经营目标的落空。可见，营销控制就是对营销计划执行过程进行监督和评估，纠正计划执行过程中的偏差，保证既定营销目标的实现。

二、影响国际营销控制的主要因素

(一)控制方式

企业在进入国际市场后，一般可沿用那些在国内营销中行之有效的控制方式，但也应根据国际营销的复杂情况而因地制宜。

(二)环境差异

母公司与海外子公司所处的环境差异越大，对子公司授权范围越广，对子公司的控制程度就越小。海外子公司所处环境越不稳定，母公司对子公司的控制就越弱。

(三)产品性质

对文化环境不敏感的产品，母公司可制定统一的控制标准和绩效评估方法，而对文化环境敏感的产品则不行。

(四)母公司与子公司之间的距离

在相同条件下，其间相距越远，控制就越困难，子公司的自主权也就越大。跨国企业对子公司的控制程度还受制于交通和通讯系统的发展水平。

(五)子公司的经营表现

海外子公司经营越好，母公司对其控制会越松；海外子公司国际营销业务比重越大，母公司对其控制就越紧。

三、国际营销控制的程序

国际营销控制的程序主要分为明确标准、绩效评估、纠正偏差、选择控制方法、确定负责人和建立信息反馈系统六个步骤。

(一)明确标准

明确标准就是指使所有计划执行人员都明确对其工作进行评估的标准。一般来说，衡量下属单位业绩的标准就是其完成营销目标的情况。而这些目标通常都包含在企业的国际营销战略规划之中。明确标准又可分为两步，第一步是确定控制对象和目标；第二步是建立衡量标准和考核指标。

(二)绩效评估

绩效评估是指根据已明确的控制标准对计划执行人员的工作进行检查和评估，以判定是否偏离了标准及偏离的程度。对下属机构进行评估的形式主要有定期检查和不定期检查，并建立报告制度。除报告制度外，企业还可建立督导制度，定期对营销工作进行巡回检查，通过实地调研了解企业出口营销情况和执行营销计划的进度。在通过各种方式了解企业出口营销现状之后，还需要对营销绩效进行评估，即分析和判断哪些营销人员完成了预定目标，哪些人员在哪些方面背离了预定目标或出现了偏差。

(三)纠正偏差

纠正偏差是指对偏离了预定目标的子公司提出纠正建议，要求子公司迅速采取措施，以保证计划的完成。营销计划履行的过程中产生偏差的原因是多方面的：一是市场发生了变化，例如，消费者对产品的需求偏好有所改变，从而导致企业产品销量下降；二是企业决策或人员决策的失误，例如，促销广告宣传效果不佳使企业销量下降，市场份额减少；三是营销计划本身的问题，例如，营销目标定得过高，控制标准选择不当，都有可能使实际情况与计划目标产生偏差。纠正偏差具体有两层含义：一是对于因营销规划定得过高或因外部环境突然发生变化，导致既定目标无法实现，应该重新修订营销规划；二是对于因下属单位执行不力，没有达到预期目标，应协助下属寻找原因，及时调整经营策略，尽快实现预期目标。国际营销是动态发展的，企业应以不间断的方式来审查计划执行情况，并采取纠偏措施。

(四)选择控制方法

国际营销机构的控制有两种基本方法可供选择：直接控制法和间接控制法。直接控制法是与国外营销机构签订合同，并以股东身份参与管理。间接控制法则是让竞争发挥作用，依赖于相互沟通。如果企业总部能直接参与其国际业务代理机构的管理，那么就能确保较高控制程度。

(五)确定负责人

无论是何种组织结构，只要有可能，就应将基本职责集于一人，使之有权对他人工作进行协调和控制，进而实现各种组织机构之间的沟通和协调，并且在不同层次都有人最终负责。

(六)建立信息反馈系统

信息系统和控制系统是企业的中枢神经系统。控制的一个重要功能就是收集企业内部各类信息并加以整理，作出报告，供总部分析、审计之用。信息的收集必须迅速、及时、准确，反馈系统也须直接、快捷。只有这样，信息才不会失真，控制分析才有可靠的基础。同国内营销相比，国际营销的信息系统应当更加正规化和系统化。

本章小结

企业开展国际营销活动必须有职责明确、权责分明、精简高效的组织机构，同时要进行适时、适度的控制。

国际营销组织在整个营销活动中起着重要的作用。营销组织的设计应遵循系统原则、命令统一原则。应根据企业的具体情况来确定采用什么样的国际营销组织结构。

由于营销活动过程中会出现意外情况，因此必须对营销活动实施监控。控制的程序主要包括明确标准、绩效评估、纠正偏差、选择控制方法、确定负责人和建立信息反馈系统等。

案例分析

案例11－1　宝洁公司的“2005年组织”

全球化使宝洁公司代号为“2005年组织”的组织再造运动的核心。这次组织再造使宝洁公司充分意识到，在全球140个国家销售产品与真正在全球基础上计划和管理产品线之间存在着巨大的差异。“2005年组织”的五个关键要素是：

①全球业务单元。宝洁公司把原来按地理区域划分的4个业务单元改成了按产品线划分的7个全球业务单元。宝洁通过专注于全球战略和品牌而非地理区域的盈利能力，激发了企业的创新能力，同时也提高了对客户的反应能力。

②市场开发机构。公司正在建立 8 个市场开发机构，这些区域性机构可以根据本地的市场情况来调整执行公司的全球化计划，并在优秀的本地客户和客户知识的基础上制定市场战略以及建立起宝洁公司的整个业务体系。

③全球化商业服务公司。全球商业服务公司负责公司的每个全球化机构的会计、人力资源系统、订单管理和信息技术，目的是确保以最高的质量、最低的价格和最快的速度为宝洁公司所有的业务单元提供优质服务。这些全球商业服务公司位于美洲(美国的辛辛那提和哥斯达黎加的圣何塞)、欧洲(英国的纽卡斯尔、比利时的布鲁塞尔、捷克的布拉格)、中东、非洲和亚洲(日本的神户、菲律宾的马尼拉、中国的广州、新加坡)。

④公司的职能机构。宝洁重新定义了员工的作用。多数员工已经开始了新的业务单元工作，其余的员工也在努力学习最前沿、最新的知识，随时服从公司的需要。例如，公司解散了拥有 3 600 个员工的信息技术部，该部门原有的 97% 的员工如今工作在宝洁的各个产品小组、市场小组和业务小组中，或者成为了全球商业服务公司的成员，为宝洁在各地的子公司提供诸如基础设施之类的共享服务，剩余的 3% 则留在原部门。此外，有 54 个“变革代表”被分派至 7 个全球业务单元来领导企业文化和业务部变革，他们通过 IT 技术，特别是实时的协作工具来帮助各个国家进行更重要的合作。

⑤企业文化。宝洁的企业文化变革是为了创造一种良好的环境，以产生更大胆的、更富有想像力的目标和计划，激发起更大胆的创新和更强的客户反应。经过重新设计的薪酬制度能更好地把经理人员的薪水同新的工作目标和工作业绩相联系。具体如图 11−9 所示：

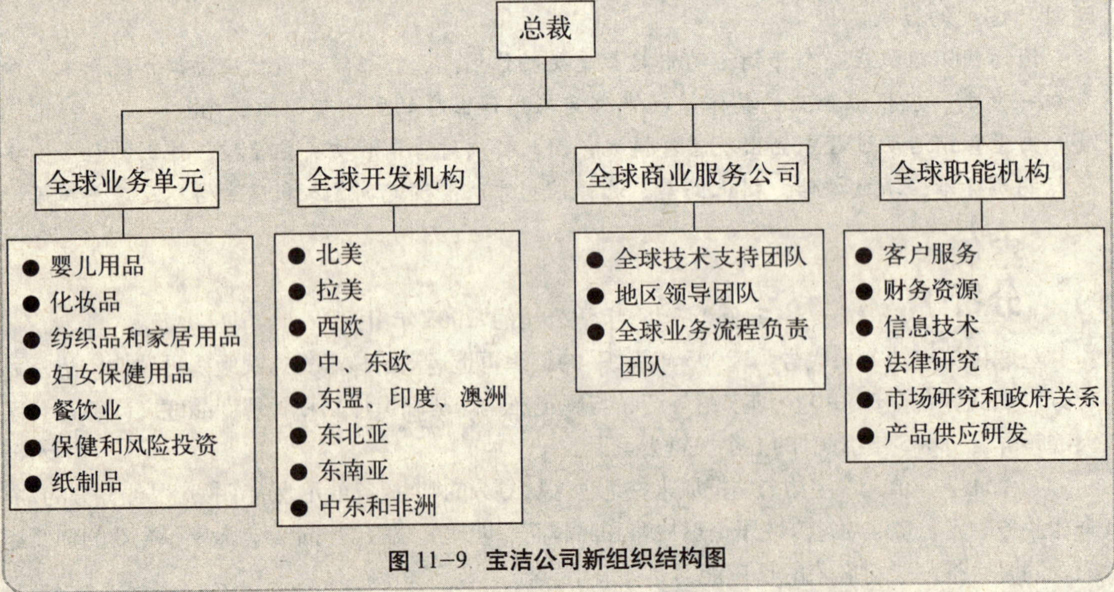

图 11−9 宝洁公司新组织结构图

更好的协作的例子是一种名叫 Swiffer 的除尘器的开发和上市，它内附经过处理后带有静电的废布料，除尘器依靠它们来吸附灰尘。1999 年 8 月推入市场的 Swiffer 是宝洁公司内部包括纸产品和化工产品在内的多个产品小组的全力协作的结晶。Swiffer 在短短的 18 个月内就完成了从市场测试到打入全球市场的全过程。而在过去，一件产品推向全球市场，可能要花上数年时间，因为每个地区的管理人员都要对产品的成功上市作出努力，其中包括从市场测试到产品最终摆放到零售商货架上的全部环节。包括公司局域网在内的技术协作，正在把公司的保守文化转变成一种鼓励员工更加率真、大胆，更具冒险精神的企业文化。

资料来源：迈克尔·津科特、伊尔卡·朗凯恩著，《国际市场营销学》（第 6 版），北京：电子工业出版社 2004 年版。

问题：

1. 宝洁公司的组织结构有什么特色？
2. 从宝洁公司推出 Swiffer 的例子中，可以得到什么启示？

案例 11-2　麦当劳公司的控制系统

1955 年克拉克在美国创办了第一家麦当劳餐厅，因其食品质量上乘、价格低廉、供应迅速、环境优美等特点，其连锁店迅速遍布美国各州。1976 年，麦当劳在加拿大开办了首家国外分店，之后国外业务发展很快。到 1985 年，国外销售额已占其总销售额的 1/5，在 40 多个国家和地区每天都有 1 800 万顾客光顾麦当劳。

麦当劳许诺每个餐厅的菜单相同，而且“质量超群、服务优良、清洁卫生、货真价实”。它的产品、加工和烹饪程序乃至厨房布置都是标准化的。因为法国第一批特许经营分店未能达到快速服务和清洁卫生的标准，所以它撤销了在法国的第一批经营分店。

鉴于在快餐业中食品和服务水平是经营成功的关键，麦当劳公司在采取特许经营战略开辟分店和实现地域扩张时，特别注意对世界各地连锁店的管理和控制。如果控制不当，使顾客吃了变味的汉堡包或受到不礼貌的接待，其后果不仅是这家分店失去顾客，还会影响到其他分店的生意，乃至损害整个公司的声誉。为此，麦当劳公司制定了一套全面而周密的控制系统。

麦当劳公司主要是通过授予经营权的方式来开辟连锁店，购买特许权的人成为分店的所有者和经营者，从而可直接分享利润而把分店经营得更出色。当然，麦当劳在出售其经营权时非常慎重，总是通过详细调查后才选择那些具有卓越经营管理才能的人作为店主，而且一旦事后发现其经营不符合要求就会撤回这一授权。精心挑选管理者是预防控制的基本方法之一。

麦当劳公司还规定了详细的程序、规则和条例，使分布在世界各地的所有麦当劳分店的经营者和员工都遵循一种标准化、规范的作业流程。麦当劳公司对制作汉堡包、炸土豆条、招待顾客和清理餐桌等工作都事先进行了翔实的动作研究，确定各项工作开展的最好方式，然后再编成书面规定，用以指导各分店经营管理人员和一般员工的行为。公司在芝加哥开办了专门的培训中心——汉堡包大学，要求所有的特许经营者在开业之前都接受为期一个月的强化培训，回去之后，他们还被要求对所有工作人员进行培训，确保公司的规章制度得到准确的理解和贯彻执行。

为了确保所有特许经营分店都能按统一的要求开展活动，麦当劳公司总部的管理人员还经常出访，巡访世界各地的经营店，进行直接的监督与控制。例如，管理人员有一次在巡查中发现某家分店自行在店厅里摆放了电视机和其他物品以吸引顾客，这种做法因与麦当劳的风格不一致，立即被纠正。

除了直接控制外，麦当劳公司还定期对各分店的经营业绩进行考评。为此，各分店需及时提供有关营业额、经营成本、利润等方面的信息，这样，总部管理人员就能把握各分店经营的动态和出现的问题，以便商讨和采取改进的对策。

麦当劳公司的另外一个控制方法，是在所有的分店中发展公司特殊的组织文化，即“质量超群、服务优良、清洁卫生、货真价实”这一口号所体现的文化价值观(S.Q.C.V)。麦当劳公司的共享价值观的建设，不仅在世界各地的分店和上上下下的员工中进行，而且还将顾客吸引进来。麦当劳的顾客虽然被要求自我服务，但公司特别重视满足顾客的要求，如为他们的孩子们开设游戏场所，提供快乐餐和组织生日聚会等，以形成家庭式的氛围，这样既吸引了孩子们，也增强了孩子的家长对公司品牌的忠实度。

资料来源：闫国庆，《国际市场营销学》，北京：清华大学出版社 2004 年版。

问题：

1．麦当劳的控制系统有什么特点？

2．试讨论麦当劳营销控制成功的主要原因是什么。

思考与练习

1．国际营销组织的目标是什么？

2．国际营销组织的设计应遵循哪些原则？

3．国际营销组织的结构有哪几种类型？各有什么优缺点？

4．影响国际营销控制的主要因素是什么？

5．试述国际营销控制的程序。

技能实训

选择一家企业，编制该企业开展国际营销的组织、控制流程图。

参考文献

1．万成林、佟家栋，《国际市场营销理论与实务》，天津：天津大学出版社 1998 年版。

2．罗农，《国际市场营销》，北京：中国金融出版社 1998 年版。

3．徐子健、朱明侠，《国际营销学》，北京：对外济贸易出版社 2001 年版。

4．顾春梅，《国际市场营销学》，北京：中国物资出版社 2002 年版。

5．甘碧群，《市场营销学》，武汉：武汉大学出版社 2001 年版。

6．梁云，《国际市场营销学》，重庆：重庆大学出版社 2002 年版。

7．Jeffrey Edmund Curry. *International Marketing: Approaching and Penetrating The International Marketplace*. Scan Rafacl: World Trade Press, 1999.

8．王秀村、何永琪，《国际市场营销学》，广州：暨南大学出版社 2000 年版。

9．范恩·特普期特拉，《国际市场营销》，北京：商务印书馆 1996 年版。

10．甘碧群，《国际市场营销学》，北京：高等教育出版社 2001 年版。

11．叶万春、宋先道，《国际市场营销学》，武汉：武汉工业大学出版社 1999 年版。

12．吴晓云，《全球营销管理》，天津：天津大学出版社 1999 年版。

13．中国企业国际化管理课题组，《企业营销国际化管理案例》，北京：中国财经出版社 2002 年版。

14．寇小萱、王永萍，《国际市场营销学》，北京：首都经济贸易大学出版社 2002 年版。

15．梁修庆、邱志强，《市场营销管理》，北京：科学出版社 2002 年版。

16．纪宝成、吕一林，《市场营销学教程》，北京：中国人民大学出版社 2002 年版。

17．胡正明、张喜明，《国际市场营销学》，济南：山东人民出版社 2002 年版。

18．迈克尔·津科特、伊卡尔·朗凯恩著，陈祝平译，《国际市场营销学》，北京：电子工业出版社 2004 年版。

19．闫国庆，《国际市场营销学》，北京：清华大学出版社 2004 年版。

20．逯宇铎、常士正，《国际市场营销学》，北京：机械工业出版社 2004 年版。

21．杰弗里·埃德蒙·柯里著，竺彩华译，《国际营销》，北京：经济科学出版社 1999 年版。

22．傅浙铭编著，《定价与分销策略》，广州：南方日报出版社 2004 年。

23．菲利普·科特勒著，《营销管理》(第 11 版)，上海：上海人民出版社 2003 年版。

24．黄新建，《制胜营销》，北京：民主与建设出版社 2000 年版。